JN227358

日本人と経済

労働・生活の視点から

橘木俊詔 著

東洋経済新報社

はしがき――日本経済を読み解く視点

日本経済に関する書物は、研究書から啓蒙書、そして入門書まで含めて無数にある。そこに橘木による日本経済論を世に問うには、何らかの特色を前面に出さないと無視されること必至である。

その特色を一言で要約すると、次のようになる。すなわち、第1に、経済活動の担い手として労働に励む人々の姿と、第2に、経済活動の成果で得た賃金や所得をどのように使い、そして労働以外の時間を何に使うのかの姿に、注目した。後者を生活者と理解すれば日本人はどのような生活者であったかの姿を分析するのである。労働者としてと、生活者としての日本人を幅広い視点から議論することが本書の目的である。

この目的を成就するために、次のような具体的な方法を用いる。

第1に、日本が近代化を達成したのは明治時代なので、それ以降の100年以上の長期間にわたって、日本人がこの二つの分野においてどのように歴史的な活動なり行動をしてきたかを分析する。

明治維新は封建時代からの脱却を目指し、かつ富国強兵、殖産興業の策を導入した。しかし殖産興業策は徐々に進んだにすぎず、第二次世界大戦までの日本は基本的に働く人の割合からすると農業国家であった。さらに格差の大きい旧社会でもあった。

日本の高度経済成長は戦後に始まったと言ってよい。そこで日本の高度成長の秘密を労働者と企業の役割に特化して考察する。その後日本経済は安定成長期、バブル期とその破裂による長期の不況期に入ったが、それらがどのような経緯で発生して、そしてどう経過したかを詳しく議論する。

第2に、人々が働くとか生活するということになれば、自己のまわりにある制度にどう対応するかが重要となる。例えば、人は教育を受けてから勤労を始めるが、教育をどれだけ受けたかがその人の職業や所得を決めるうえで重要である。人々は勤労から引退すれば年金給付を受けるし、病気や要介護になれば医療・介護保険の給付を受ける。これらの社会保障制度の存在は人々の労働と生活の行動に大きな影響を与える。これら教育と社会保障の制度を筆頭にして、働き方にまつわる諸々の制度（労使関係や賃金制度など）に注目する。日本が持つ様々な制度がどのような契機の下で創設されてその後にどう発展したか、そして人々はこれら諸制度にどのように対応してきたかを考察する。

第3に、労働と言えば大多数の人は企業に雇われて働くことによって賃金を得ているので、日本の企業がどのような役割を果たしてきたかは重要な関心事となる。企業と労働者との関係がどのように発展してきたかを分析することによって、生活の糧となる賃金・所得の伸び率や所得の大小がどのように変化したかを知ることができる。それに際して、企業の行動様式、労働者の行動様式がどのようなモティベーション（動機付け）の下で変化してきたかを、経済学の論理を用いて解釈するように努めた。一方で企業に属さず自営で労働する人もいるので、そういう人にも注意を払う。

第4に、教育や社会保障に関して言えば政府の役割が重要である。教育制度や社会保障制度を企画するのは政府なので、政府がこれらをどう設計してきたかを分析する。政府はこれらの制度を運営するに際して、国民から税金や社会保険料を徴収する必要がある。この徴収と支出の兼ね合いは重要であるし、徴収と支出に対して国民と企業がどう対応してきたかに注意を払いながら、政府が日本社会で果たしてきた役割を、客観的に評価する。同時に、政府は企業の味方であったか、それとも労働者・生活者の味方であったかについても言及する。

第5に、特に関心を払うことは女性に関することである。戦前の日本では多数の女性が働いていたが、戦後になって専業主婦の数が少し増加した。最近になって再び既婚女性の働く比率が高まるようになったし、結婚しない女性も増加した。労働者でいるのかそれとも生活者でいるのかが端的に現れるのは女性、特に既婚女性である。女性にとって典型的な生活の姿は、家事・育児であった。そこで女性の一生をたどることによって、労働と生活をいかにうまく両立させてきたのか、あるいは逆にどう両立させられなかったのかを、経済学の立場から考察する。将来を予想すれば、男性は労働者、女性は生活者という区分はなくなるであろうから、その効果についても考えることにする。
最後に、筆者が格別の関心を払ってきた分野は、格差の問題であった。所得分配、資産分配の動向に関心が集まっており、ここで述べてきた様々な論点がこの動向とどういう関係にあるのかを分析する。経済成長率を高くする（すなわち経済の効率化）には、分配の平等性は犠牲にならざるをえないというトレード・オフ関係についても注意を払う。このトレード・オフ関係の意味を経済学の視点から評価して、筆者なりの好みを提示する。

日本経済の全容を語るには金融、貿易の問題も考慮せねばならないが、本書は筆者の特質を活かすために、それらは最小限に抑制し、労働と生活、あるいは広い意味では人間活動から経済を語ることを中心に論じてきた。
経済学の知識はなくとも本書を理解できるようにしたつもりである。大学での初級テキスト、あるいは一般の方の読み物として準備したので、ここでの話題が確かに興味深いことであると読者にわかってもらうことができれば、望外の幸せである。編集はいつものとおり村瀬裕己氏にお世話になり、いい本に仕上げていただいたことに感謝したい。もとより本書に誤りや魅力のない点があるのなら筆者の責任である。

２０１５年９月

橘木俊詔

目次

第4章 戦前から戦後において、人はどこで働いていたか――71

第5章 日本企業の特色とコーポレート・ガバナンス――87

図表目次

図目次

表目次

第 1 章

戦前における旧体制の日本経済

封建国家
本百姓と水呑百姓
士農工商の身分制
寺子屋と藩校
識字率
士族と平民
職業選択の自由
地主・小作人関係
地租改正
西南戦争
株式会社
国立銀行条令と第一国立銀行
日露戦争
第一次世界大戦
軍国主義
殖産興業と富国強兵
政商と財閥
義務教育と森有礼
帝国大学令、小学校令、中学校令、高等学校令
第一次産業、第二次産業、第三次産業
エンゲル係数
賃金格差
労働時間
工場法と労働基準法
マルクス経済学：講座派と労農派
帝国主義
治安維持法
農地改革
連合国軍総司令部（GHQ）
バブル経済

第二次世界大戦後の日本経済は高度成長期を経験して、先進国の仲間入りを果たしたが、そこに至るまでのプロセスを理解しておくことは、現代の日本経済を評価するうえで役に立つので、この章では戦前の日本経済を簡単に展望しておこう。

1・1 どの産業で、どういう職に就いていたか

江戸時代の経済

江戸幕府時代の日本は政治的には幕藩体制による封建国家、経済的には農業を中心にした未発展産業と細々とした商工業というイメージが強いが、第二次世界大戦後になされた日本経済史の研究成果によると、言われるほどの暗黒の経済ではなかった、ということになる。例えばJ・ナカムラ［1969］によると、1868（明治元）年の日本の米の生産額は反当りで1・6石（240キログラム）と推計され、20世紀後半の東南アジアでの米生産額より高いので、日本の農業生産性は江戸時代においてもかなり高かったことがわかる。なぜ日本の農業生産性が他のアジア諸国よりも高かったかといえば、官民を挙げて灌漑設備の充実に熱心であったこと、農作物の品種の改良が多少なりとも進んだこと、新田の開発に取り組んだことなどの理由がある。

このように農業の生産性は比較的高かったが、農民の生活水準は高くなかった。江戸時代の農民は、公式には自分の土地を持つ本百姓と、土地を持たない水呑百姓に区分され、後者は土地を地主から借りて耕作するので小作料を払わねばならず、しかも大名からの年貢米の要求に苦しんだ。どれだけの数の小作人がいたのか、正確な推計は困難であるが、

封建国家

本百姓と水呑百姓

20〜30%の比率とされている。本百姓も水呑百姓と同様に重税に苦しんだのであり、総じて農民の暮らしは苦しかった。それに時折発生する天候不順による農作不振の時には、飢饉すら発生して娘の身売りや餓死などが起こることも珍しくなかった。

商工業はどうかといえば、士農工商の身分制により工業人や商人の身分は低かったが、ごく一部の商工業者には塩、木綿、呉服、酒造、茶、肥料などの生産販売などで成功したことによって、豪商や豊かな工業者になる人もいた。それらの人々は大阪、京都、江戸などで財を成して時の幕府、大名などを脅かしたり、あるいは逆に権力側に付いて権勢を誇った者もいた。とはいえほとんどの商工業者は零細な規模の経営であり、経済的にも所得は低く生活は苦しかった。

以上をまとめると、ごく一部の上層部の人を除いてほとんどの人は、日本がまだ未発展国であったことの特徴として、最低生存水準の生活しかしていなかった。ほとんどの人が貧困だったのである。

江戸時代に関して、本書との関係から一つだけ付言しておきたいことがある。それは江戸時代の人々の教育水準の高さである。ドーア［1970］の指摘を待つまでもなく、かなりの割合の人々が読み・書きができたのである。それは寺子屋教育としてよく知られており、支配階級である武士の子弟のみならず、町人や農民の一部の子弟が僧侶や武士・町人が教える私的な学校に通い、そこで読み・書き・算術などを学んだのであり、これが

士農工商の身分制

寺子屋

人々の経済活動における生産性の向上に貢献したことは間違いない。例えば明治元年には日本人の男子で43%、女子で10%の識字率であったとドーアによって報告されており、当時の西欧諸国よりも高かったのである。

識字率

もう1点、教育に関しては、支配階級である武士の子弟は各藩の運営する藩校で、儒教の一派である朱子学を中心とした思想を学んで、封建体制や社会秩序の維持をはかるための支配階級としての教育を受けていた。いわばエリート教育のはしりとみなしてよく、橘木[2013b]はこのことを詳しく論じている。とはいえ幕末になるとこのような儒学、朱子学という古いタイプの教育とは異なり、薩摩藩や長州藩、福井藩などのいくつかの藩校や私塾では、洋学や実学を教えるようになり、倒幕運動の中心者を輩出したという歴史の皮肉もある。

藩校

明治維新と殖産興業

1868(明治元)年に天皇を君主とする新国家が成立するが、本書は経済の本なので政治のことよりも維新政府はどのような経済改革を行ったかを考えてみたい。

まず重要なことは、士農工商という身分制度の廃止を実行したことにある。しかし旧武士を士族、その他の人を平民という新しい区分を設けたので、古い身分制が消滅したのではなかった。この身分制度の廃止は第二次世界大戦の終了まで待たねばならなかった。む

士族と平民

しろ経済に関しては、職業選択の自由が導入されたことが大きい。江戸時代にあっても多少の例外はあったが、武士の子は武士、農民の子は農民、商人の子は商人というように職業の親子間継承が普通だったのであるが、それを強制しないようにしたのである。もとより名目上は職業選択の自由は与えられたが、現実の世界においては明治、大正、戦前の昭和の時代において、多くの家庭では親子間で職業の継承が見られたのであり、いわゆる社会移動の程度（親子の職業が異なる）はかなり小さかったのである。

換言すれば、これらの時代は旧社会の特色を保持していたのであった。農業に関して言えば、明治維新以降から第二次世界大戦の終了まで、日本の旧時代を象徴する地主・小作人関係が進行する時代であった。ここで地主とは農地を保有して、それを小作人に貸し与えて農作業をやってもらう。小作人は借料として小作料を地主に払わねばならない。そこに支配・従属関係が存在していると考えるのは自然である。江戸時代でも本百姓・水呑百姓の関係のあったことは既に述べたが、明治に入るとそれがかなり進行したという特色がある。明治維新というのは日本が封建社会から近代社会に移行することを意味したが、土地所有に関してなぜそれに逆行することが発生したのであろうか。

その前に地主・小作人関係がどのように進行したのであろうか。明治時代中期では全農地のうち小作地比率は35・9％であったが、戦争開始直前の１９４０（昭和15）年では45・7％に上昇したのである。小作地比率が10％ポイント増加したことがわかる。この10％という数字は、私はかなり大きな進行具合と解釈している。その根拠は、封建社会から

職業選択の自由

地主・小作人関係

近代社会への移行であるならば、本来は小作地比率は小さくなってしかるべきであるが、それがむしろ増加傾向を示したということは、農地の保有関係において強い大土地保有への意思が働いたし、地主は小作地を増加させることに大いに励んだし、農民は自分の土地を地主に売らざるをえない事情が強く働いた、と理解できる。すなわち数字で現れた以上に地主・小作人関係の強化が進行したのである。

地主・小作人関係の強化、あるいは小作地比率の上昇や大土地保有の拡大はなぜ進行したのであろうか。いろいろな理由がある。まずは明治維新の時に地租改正があり、そのために政府が土地所有者が誰であるかを確定・確認する必要性が生じたので、地主が権利者として容認されることとなった。当然地主は地租を払わねばならない。これを支払うことのできる人は資産を多額に保有するので、大土地保有者が自然と誕生する。

さらに明治時代は西南戦争後のインフレーション、松方デフレと称されるデフレーションの時代を経験するが、その両時期ともに地主に有利、自作農家に不利に働く。まずインフレ期には、地租が固定されているので米価の高騰によって地主の実収入が増加し、土地買収の余地を高めることになる。一方デフレ期では、米価が下がるので農民の所得が低下して生活が苦しくなり、土地を地主に手放して小作人となる道を選ばざるをえない。

次は商業と工業に関することである。江戸時代の商工業はごく一部を除いて、どうしても家内での商工業から脱しきれなかったが、明治政府は経済を強くするには会社方式、そ

地租改正条例
1873(明治6)年公布

西南戦争
1877(明治10)年

れも株式会社方式を導入して、大規模での生産・販売を行う企業、そして金融業を育成せねばならなかった。会社の経営には資金の必要なことは明らかで、もしそれが株式会社ならば、株式発行に応募できる資金提供者が存在しておらねばならない。それらの人は幕末から明治時代の初期にかけて資金を保有していた大地主や大商人であった。

日本で最初の株式会社は、国家の法律（国立銀行条令）の下で1873（明治6）年につくられた民間銀行である第一国立銀行である。初代頭取は明治時代の大経済人であった渋沢栄一である。最初の株式会社は金融機関であったが、いわゆる非金融業での第1号は日本郵船である。1885（明治18）年が会社設立であり、株式会社になったのは93年である。なお明治時代の初期は会社と株式会社の区別が明確ではなかったので、文献によっては創設の年代に関して様々であり、不正確さが残ることに留意しておこう。

明治時代から第二次世界大戦にかけて日本ではどの産業が重要であったかは表1-1である程度わかる。明治時代の初期と中期は、まず金融業がもっとも重要な産業だったのでいろいろなところから集めた資金を、他産業に融資をする活動が期待されたことを物語っている。しかし明治時代も後期になると運輸業を営む企業が増加する。運輸業には海運業と陸運業があるが、当初は貿易や人の輸送では海運業が盛んであったが、その後各地で鉄道会社が設立されるようになり、陸運業も発展した。しかし1904～05（明治37～38）年の日露戦争後に多くの民営鉄道が国有鉄道となったので、民間産業としての陸運業の地

株式会社

国立銀行条令
1872（明治5）年

第一国立銀行
1873（明治6）年

渋沢栄一
1840～1931（天保11～昭和6）年

日露戦争
1904～05（明治37～38）年

表 1-1　会社払込資本金および社数：1884～1945年
（総数を100とする百分比．カッコ外は資本金．カッコ内は社数）

		1884年（明治17）	1894年（明治27）	1904年（明治37）	1914年（大正3）	1924年（大正13）	1934年（昭和9）	1945年（昭和20）
農林水産業		0.4(2.3)	0.4(3.5)	0.3(2.7)	1.2(2.9)	1.5(2.8)	1.6(2.8)	1.5(1.9)
商業		0.8(14.1)	2.7(14.5)	4.7(23.4)	7.4(25.2)	12.4(29.0)	12.2(39.9)	6.8(18.4)
金融業		78.1(60.7)	35.8(40.1)	37.1(29.6)	29.5(23.6)	18.6(9.5)	11.3(3.6)	3.8(1.4)
保険業		—(—)	1.3(1.7)	1.1(0.6)	1.0(0.4)	1.0(0.2)	1.0(0.1)	0.2(0.1)
保全会社		—(—)	—(—)	—(—)	—(—)	6.8(1.0)	7.9(1.0)	1.9(1.2)
サービス業		0.2(2.0)	2.8(7.8)	1.4(6.2)	4.9(6.3)	4.0(7.3)	6.6(8.7)	2.0(18.4)
製造工業		2.0(7.0)	11.4(20.1)	13.8(24.3)	19.3(28.1)	26.3(37.8)	28.5(33.3)	60.3(62.5)
紡織		1.1(2.4)	6.9(8.2)	5.4(7.0)	6.1(6.4)	7.6(7.9)	5.9(5.4)	4.5(5.4)
重化学工業		0.6(0.9)	2.7(4.2)	5.6(5.3)	8.5(7.5)	12.2(10.9)	15.4(10.3)	48.6(30.8)
その他軽工業		0.4(3.1)	1.7(7.8)	2.8(12.0)	4.9(14.2)	6.4(19.0)	6.1(17.6)	8.3(26.2)
電力ガス水道業		—(—)	0.8(0.7)	2.0(0.9)	12.4(2.5)	11.1(1.7)	14.7(0.7)	12.0(0.2)
運輸業		18.3(13.7)	41.3(6.5)	36.4(7.8)	15.5(7.0)	9.4(7.4)	9.6(7.3)	5.6(4.3)
倉庫業		0.1(—)	0.3(1.2)	0.6(2.7)	0.8(2.3)	0.9(1.5)	0.9(0.6)	0.4(0.7)
土木建設業		0.0(0.0)	0.2(0.6)	0.2(0.5)	0.5(0.6)	1.1(1.1)	0.6(1.5)	1.2(3.1)
鉱業		0.0(—)	3.0(8.4)	2.4(1.4)	7.4(1.0)	6.9(0.6)	5.2(0.4)	4.3(0.9)
実数	払込資本金（千円）	105,932	294,579	1,003,919	2,218,290	10,999,121	15,704,040	31,813,393
	社数	1,492	3,240	8,781	16,858	33,567	78,198	41,380

（出所）　中村［1978］.

位は低下した。

この時期で重要なことは払込資本金の割合が製造工業では20％に達しておらず、重工業国家ではなかったことである。1914～18（大正3～7）年の第一次世界大戦の頃にようやく20％を超えたのであり、しかもその主要産業は繊維・紡織産業だったのである。重化学工業がそのウエイトを高めるようになったのは第一次世界大戦後である。日本はこの戦争では戦勝国の地位にあったし、欧米諸国より遅れて産業

第一次世界大戦　1914～18（大正3～7）年

革命を経験する時代に一致する頃のことである。第二次世界大戦直前には重化学工業が48・6％の高さにまで達したのは、昭和時代に入って日本が軍国主義をますます強めたことにより、兵器、軍艦、戦闘機などの兵器産業、そしてその生産に寄与する鉄鋼業や火薬などの化学、といった産業が国家の要請で隆盛をきわめたからであった。

最後に、殖産興業について一言述べておこう。明治新政府の国是は、富国強兵と殖産興業にあったことはよく知られている。富国強兵については本書の関心外なので、ここでは殖産興業に限定する。政府は欧米列強に経済で遅れているのに追い付くために、いろいろな政策を政府指導で実行に移した。大別すると官営による工場設立や鉱山経営と、法律をつくってその下でつくられた民間企業の育成である。後者に関しては、既に述べた国立銀行条令による民間銀行の設立や株式会社の設立の促進である。前者については炭鉱、銀山、銅山などが一部を除いて国有化されていたし、他にも官営の八幡製鉄所や富岡製糸場が代表例として挙げられるように、国家自らが鉄鋼、造船、繊維、鉱山などの事業経営をすることは明治時代の初期の頃には見られたのである。政府自らが生産・販売の先頭に立って産業の振興をはかる政策を採用したのである。

後になってこれらの国家事業が民間に払い下げられることになるが、どういう人が払い下げを受けたのかということが、その後の日本経済を語るうえでは重要なことである。それはこれまで政府と密接な関係を有していた人々、代表的には三井、岩崎（三菱）、古河、住友、川崎、浅野といったようないわゆる「政商」と称される人々に払い下げられたので

軍国主義

殖産興業
富国強兵

政商

ある。代表例として、三井には、三池炭鉱と富岡製糸場、三菱には長崎造船所を挙げておこう。忘れてならないことは、払い下げ価格が比較的廉価だったのであり、その後これらが財閥として成長していく際の大きな契機になったことにある。

教育制度の普及

最後に一つだけ付言しておきたいことがある。それは明治時代の中期に日本の学校教育制度が整備されて、経済発展に寄与する人材の育成がうまく進行したことである。江戸時代における日本人の識字率の高さは既に述べたが、明治政府は日本の教育水準を高めるために先導的な役割を演じたのである。それに関しては次の二つの特色があるし、それに積極的に関与したのは内閣制度における初代文部大臣・森有礼《ありのり》（就任は1885（明治18）年）であった。

第1は、低い小学校就学率であったところを、4年間の義務教育にしたことであった。読み、書き、算術、そろばんなどを教えて、経済人としての最低の学力をすべての国民に与える制度にしたのであった。森の最大の貢献は、これまで小学校でも授業料の徴収をしていたところを無償にして、すべての子どもに教育の機会を与えたことにある。これに関して、優秀な教員を確保するために、師範学校という教員養成に特化した学校をつくり、しかもそこで学ぶ生徒の学費を無料にしたという画期的なことを行って、初等教育を上質な制度にしたことは特記されてよい。これによって、中学校に進学できない低所得の家庭

財閥

森有礼《ありのり》
1847～89（弘化4～明治22）年

義務教育

で育った優秀な生徒が進学できることとなった。もっとも初期の頃はすべての子どもが義務教育を受けたのではなく、それを達成するには時間を要した。

第2は、社会で指導者となるべき人の養成をするために、帝国大学という最高学府を法令で新しく整備した点である。官僚、技術者、医者、教員といった職業に就く人のための教育機関として、1886（明治19）年に帝国大学を新しくつくった。これまでもその前身である東京大学は存在していたが、それほどのエリート性を保持していなかったところを「帝国大学令」によってこれからはエリートを輩出する最高学府が存在する、ということを世の中に宣言したのである。その後、「小学校令」「中学校令」「高等学校令」などによって、帝国大学に進学する学生への経路も整備されたのであった。

ここでの留意点を一つ述べておこう。それは帝国大学は必ずしもビジネスパーソンといった経済人の養成を主たる目標としていなかった点である。国家の指導者になる官僚、中学校や職業学校の先生になる教員、工業の分野での技術者、そして遅れていた医療の分野で働く医者などの育成が主たる目的であった。企業においていわゆる事務屋として働くビジネスパーソンの養成は、慶応義塾や東京高商（現・一橋大学）という学校での教育に任されていたのである。

農業従事者がほとんどであった

戦前において商工業の発展がどうであったか、資本金の量や株式数という視点から見て

帝国大学令、小学校令、中学校令　1886（明治19）年公布

高等学校令　1894（明治27）年公布

表 1-2 農家人口比率：1880～1940年

	総 人 口 (1)	農家人口 (2)	(2)/(1)=(3)
1880（明治13）年	36,489,791	29,762,748	81.56%
1885（明治18）年	38,176,457	29,659,002	77.81%
1890（明治23）年	39,868,868	29,511,767	74.02%
1895（明治28）年	41,650,245	29,553,233	70.96%
1900（明治33）年	44,056,240	29,833,148	67.72%
1905（明治38）年	46,746,940	29,753,369	63.65%
1910（明治43）年	49,488,599	29,945,064	61.76%
1915（大正４）年	53,109,781	30,082,996	56.64%
1920（大正９）年	55,884,992	30,249,496	54.13%
1920（大正９）年	55,963,100	30,249,496	54.05%
1925（大正14）年	59,736,800	30,702,875	51.40%
1930（昭和５）年	64,450,000	32,094,588	49.80%
1935（昭和10）年	69,254,100	32,186,583	46.48%
1940（昭和15）年	71,933,000	31,846,175	44.27%

（資料出所） 農家人口は南亮進「農家人口の推計 1880-1940年」（国民所得推計研究会資料 D35）による．
（出所） 梅村・赤坂・南・髙松・新居・伊藤［1988］．

きたが、ここでは従業する産業という視点から人々はどこで働いていたかを検討しておこう。表1-2と表1-3は戦前において、農家人口の比率と、第一次産業、第二次産業、第三次産業の比率を示したものである。第一次産業とは農林業、漁業・製塩業、第二次産業とは鉱工業、建設業、第三次産業とは商業、金融、接客、交通、サービス業などを含んでいる。農業について二つの統計を示したのは、資料による差に注目したいこと、表1-3では農業以外に漁業・製塩業の役割を明らかにする目的がある。

農家人口に注目すると、1880年代（明治13～22年）では80%

第一次産業、第二次産業、第三次産業

表 1-3　戦前における産業別労働人口：1920～40年

（単位：%）

	第一次産業	第二次産業	第三次産業
1920（大正 9）年	54.15	21.59	24.38
1930（昭和 5）年	49.70	20.82	29.52
1940（昭和15）年	43.65	26.07	30.28

（出所）梅村・赤坂・南・高松・新居・伊藤［1988］.

前後の数字なので、その時代の日本は農業国家であったと言っても過言ではない。その後農業国家の程度は低下を続け、明治後半から大正時代にかけて、70%台から50%台まで低下する。では農家人口はどの産業で働くようになったかといえば、表1-3の示すように1920（大正9）年で第二次産業が21・6%、第三次産業が24・4%なので、工業化やサービス産業化が始まった兆候を示したのである。19世紀末の日本は産業革命を経験した後の時代だったことが影響している。しかし、まだ国民の過半数は農業に従事していたことを強調しておきたい。

農業に従事していた人が過半数いたということは、国民の過半数が低所得にあり、しかもそのうちのかなりが貧困にあったのである。例えば、1920（大正9）年のNDP（国内純生産）は、産業別に示すと農水産業が40・4億円、鉱工業・建設業が38・9億円、運輸・商業サービス業が54・4億円であった。国内純生産に占める比率は、それぞれが29・5%、28・5%、39・8%であった（以上は大川一司・篠原三代平・梅村又次編集『長期経済統計』東洋経済新報社、からの数字である）。総人口の比率であれば農水産業に従事する人の比率がもっとも高かったが、生産額では逆に二番目に低く、一人当たりの生産額が農業にあってはもっとも低かったことを意味するのである。このことは農水産業に従事する人の所得がかなり低かったことを示すことになる。農業や漁業に従事する人が苦しい経済状況にあったことは言を要しないことであった。

地主・小作人関係

しかし農水産業従事者の全員が貧困であったとは結論づけられない。当時の社会では既に述べたように土地所有者である地主の下で、小作人として多くの農民が農作業に従事していたり、漁網や漁船を保有する網元の下で漁業に従事していた漁民が多くいたのであり、身分制社会の中でごく少数の高所得者と、大多数の零細な農漁民という低所得者の間での所得格差は非常に大きかったのである。特に大地主の所得は高く、社会での支配者階級であることに間違いはなかった。いわゆる地主・小作人関係のなすところであった。すなわち、小作人は地主から土地を借りて米を中心にした農作物の生産に励むが、収穫物の半分前後を小作料として地主に召し上げられていたのであり、残された半分で自給食に充てる分と販売によって多少の現金を得る分に使うのが地主・小作人の関係であった。土地を多く保有する地主と小作人の間で大きな所得格差の生じることは当然だったのである。地主・小作人関係は戦前の日本社会における旧体制の象徴であった。もとより全農家がこのような地主・小作人関係にあったのではなく、小規模ながら土地を保有して農作する自作農家も少なからず存在していたことを付言しておこう。

昭和の時代に入ると、表1-3が示すように農家人口あるいは第一次産業従事者は低下を続ける一方で、第二次産業従事者や第三次産業従事者の比率は徐々に上昇する。しかし

1920（大正9）年から太平洋戦争の開戦直前の1940（昭和15）年までの20年間に、第二次産業で約5％ポイント、第三次産業で約6％ポイントの増加にすぎないので、基本的には農水産業がもっとも人口を抱える産業であることに変化はなかったのである。

1・2 戦前の過酷な所得格差はどのようにして発生したのか

国民の生活は過酷なほど苦しかった

国民の半数以上が農業に従事していた戦前の日本経済において、しかも約半数近くの農民が大土地保有の地主の下での小作人として従事していたのであり、生活の苦しいことは明白である。高い小作料を払わねばならないうえに、農地面積が大きくない小作人が生産する米を中心とした農作物の収穫量や販売量は少ないので、農家の家計所得は低かったのである。基本的に農民の生活は、一部の大土地保有者を除いて苦しかったのである。

非農業で働く労働者はどうであったろうか。二つの資料を用いて戦前の労働者の賃金が低かったことを示しておこう。第1は、戦前と戦後において、製造業で働く労働者の実質賃金がほぼ百年間にわたってどう変化してきたかを見てみよう。図1-1はそれを示したものである。戦前の実質賃金は、例えば高度成長期の1960年代（昭和35〜44年）にお

図 1-1　製造業で働く労働者の実質賃金：1880～1989年
（7カ年移動平均，円／日，1934～36年価格）

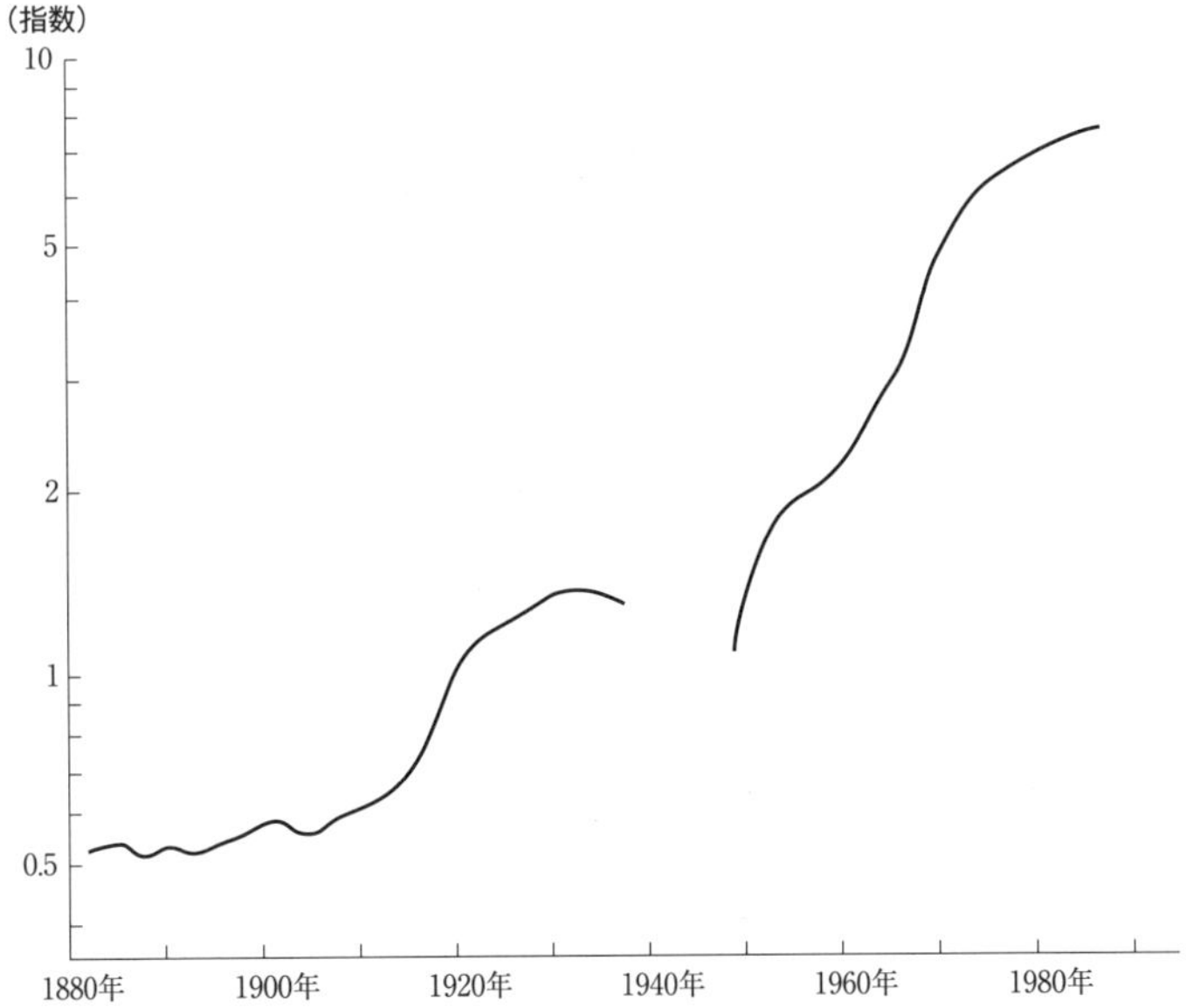

（出所）　斎藤［1996］.

いて実質賃金の指数がほぼ2・0であったのに対して、1920（大正9）年以前の指数は0・5から0・6の値だったので、ほぼ4分の1の実質賃金にすぎなかった。高度成長期においてようやく労働者が、ぜいたくではないが何とか最低の生活水準を確保できるようになったことを考慮すると、大正時代より以前では労働者の実質賃金はかなり低かったことを意味しており、労働者の生活は苦しかったのである。

その証拠の一つとして、

エンゲル係数

エンゲル係数（家計支出に占める食料費支出の比率）の値は戦前期間を通して50%を超していた（平均すると60%前後）のであり、人々は家計支出の半分額以上を食料品に支出していた。ちなみに現代ではエンゲル係数は23%前後に低下している。これほどの高い比率を食料費に当てていたのであるから、戦前の日本人は余裕のある生活を送っておらず、最低限生きることしかできない生活水準にいたと理解してよい。

表 1-4　企業内の賃金格差：1930年代

	年収（円）	倍率（普通工＝1）
工場長	10,808	17.27
工場長代理	6,419	10.25
工場係長	5,008	8.00
正社員	2,463	3.93
準社員	1,626	2.60
雇員	1,480	2.36
準雇員	1,338	2.16
男工頭	980	1.57
男工(普通工)	626	1.00
女工頭	464	0.74
女工	281	0.45

（注）賃金は某製紙会社の資料による．同志社大学石田光男教授のご好意によって提供を受けた．
（出所）橘木［1998］.

賃金格差

第2の証拠は、労働者の中でも職位の高い人と、低い人との間の賃金格差は非常に大きかったことで示される。表1-4は1930年代におけるある企業（製紙会社）において、工場長から女工までに区分された職位上の地位による賃金を示したものである。これによると男子の普通工員と工場長の間の賃金格差は実に17・27倍の高さであり、現代よりもはるかに大きな賃金差である。現代であれば工場長の賃金は普通工員のせいぜい3~5倍にすぎない。戦前は大きな格差社会であったことは確実である。換言すれば、労働者群の中で多くを占める普通工やそれより少し上位の労働者の賃金はかなり低かったことを示している。すなわち普通の労働者でもその賃金は低く、生活は苦しかったのである。

最後に、労働時間について一言述べておこう。長い労働時間であれば身体的・精神的に苦痛は多いのであり、できるだけ短い労働時間の方が楽であるし、他の活動に時間をまわすことができるので人生は心豊かになることは間違いない。単純な比較をしておこう。1960年代（昭和35〜44年）の高度成長期では製造業において労働時間は月間200時間前後であったが、それから30年前の1930年代では月間250時間前後だったので、50時間も労働時間は長かったのである。これらは斎藤［1996］によって知ることができる。ついでながら高度成長期においては日本人の働きすぎが批判されたのであり、その後幸いなことに日本の労働時間は短くなる方向に進んだ。高度成長期すら長かったのであるから、戦前の労働時間は過酷と言ってもよいほど長かったのである。

この長い労働時間を説明する理由は二つある。第1に、週当たりに何日を休日にするかは当時はまだ明確ではなく、日曜日を休日にする制度は戦前ではまだ定着していなかった。第2は、1911（明治44）年には工場法によって1日12時間労働が決められたが、その後徐々に短くなったとしても、1日8時間労働は戦後の1947（昭和22）年の労働基準法まで待たねばならなかった。戦前では法律によっても長時間労働は容認されていたのである。

労働時間

工場法
1911（明治44）年
労働基準法
1947（昭和22）年

経済学から見た地主・小作人関係

土地を保有する地主と、地主から土地を借りて農作を実行して小作料を払う小作人の間には、支配・被支配関係、あるいは搾取があるとの理解を経済学者がしたのは当然であった。特に戦前において優勢であったマルクス経済学にあっては、資本家が労働者を搾取しているると考える経済思想からすると、地主が小作人を搾取しているとみなすのは自然なことであった。

しかし、マルクス経済学者の間でも、この理解をめぐって大きな見解の違いの目立つ学脈が二つあった。マルクス経済学はマルクスとエンゲルスによる経済学と、レーニンによる暴力革命によって労働者が資本主義を倒す政治闘争論が結合して、マルクス・レーニン主義と呼ばれるようになっていた。日本ではどの段階で革命を起こすべきかに関して、二つの学脈の対立があったのである。それは、マルクス経済学における講座派と労農派である。

具体的には、講座派は日本の資本主義はまだ工業化を達成しておらず、むしろ大土地所有による支配の社会とみなすので、地主・小作人の支配・服従関係を崩すことが先決であると主張する。それを実行するのはまずはブルジョア市民革命であり、それが成功してから第2段階として、工業化によって資本主義が進展すれば、次に労働者を中心にした社会主義革命を目指すべきとする。なぜ講座派と呼ぶかといえば、彼らの多くが、『日本資本

マルクス経済学

講座派

主義発達史講座』（岩波書店、1932～33年）の執筆者として、例えば野呂栄太郎、山田盛太郎、平野義太郎などが名をつらねていたからである。

一方労農派は、既に日本はブルジョア市民革命を経験した後の資本主義の中にいるし、むしろ既に帝国主義の段階に入っているので、一度限りの労働者による社会主義革命で十分とする思想である。講座派の「2段階説」の否定である。なぜ労農派と呼ばれるかといえば、山川均、大森義太郎、荒畑寒村などが雑誌『労農』を出版して、自説を展開したからである。

政党との関係で述べれば、講座派が共産党系であり、労農派が非共産党系と色分けできるが、必ずしもその区別は完全ではない。歴史で言えば、戦後になって労農派は左派社会党につらなる流派である。区別が完全ではない理由として、まず共産党が非合法化されたので、共産党員であることを名乗らず、地下に潜伏した人もかなりいたからである。さらに、講座派と労農派が激しい闘争を繰り返したので、両者の間を行き来した人がいるし、学問上の講座派と労農派は、政党や左翼運動上の講座派と労農派が完全に一致していたとも言い難い。それは共産党が治安維持法によって非合法化されたので、少なくとも合法とされた労農派で運動した講座派系の人がいたことも影響している。

農地改革が実現した格差の縮小

幸か不幸か、日本では革命による社会主義化は起こらなかった。しかし、戦後の農地改

労農派
帝国主義

治安維持法
1925（大正14）年

農地改革
1945～46（昭和20～21）年

革という手段で、地主と小作人の間の搾取関係は排除されることとなった。これは戦後の連合国軍総司令部（GHQ）が日本の社会・経済制度を変革するために主導した種々の政策、例えば民主制への変革、財閥解体、労働関係改革、教育民主化、男女平等などとともに導入されたものの一つである。これらの諸改革は日本を民主化し、そして後の経済発展に大きく寄与することになるので、たとえ占領軍から発せられた政策とはいえ、積極的に評価してよい。

農地改革は地主・小作人という封建的な関係を打破するために、大地主や不在地主を中心にして政府が安い価格で土地を買い上げた後に、小作人が借りていた土地を安い価格で売りわたしたのである。どれだけの土地を買い上げ、売りわたしたかといえば、北海道では4町歩（およそ4ヘクタール）、内地では1町歩（およそ1ヘクタール）までの土地保有を地主に認めて、それを超える土地に関して買い上げと売りわたしを行ったのである。この政策を実行すると、比較的小規模な土地を保有する自作農家の数が増加することとなる。このことはごく少数の高所得の地主の数を減少させ、かつ所得を低下させる。逆にこれまでのような多数の小作人の数を大幅に減少させるとともに、自作農となった人々の所得を上昇させることにつながる。これらの帰結は、戦前には大きかった農家の間の所得格差を縮小させたのである。戦後になってから所得分配が平等化した理由の一つが、この農地改革の効果にあると結論づけられる。

連合国軍総司令部（GHQ）

自作農家の数が増加したことによって農家の所得分配が平等化したが、そのことが1980年代後半（昭和55年以降）のバブル経済時代に異様で皮肉な効果を引き起こした。バブルによって大都市郊外の土地が急騰したのであるが、それが小規模の土地を保有する農家の土地資産額を大きく上昇させたのである。もともとは小作人で農地を保有していなかった農家が、農地改革によって安い価格で土地を保有できたのに対して、バブルが日本に発生したことによって土地資産価値が巨額となり、やや誇張すれば元・小作人が富裕資産保有者となってしまったのである。一部のこのような高資産保有者は土地を売って、巨額の所得を稼得し、バブル期における高額所得者になったのであり、当時の土地成金の典型例となったのである。もともとは貧困農家だった人が、戦後の農地改革によって利益を受け、期せずして富豪になってしまったのである。これは歴史上の皮肉としか言いようはない。このことは東京、大阪、名古屋などの大都市近郊で発生したことであり、地方ではそう目立ったことではなく、全国的な規模で発生したのではない。

バブル経済

第 2 章

日本経済の成功物語：高度成長期と安定成長期

農地改革
財閥解体
労働三法：労働組合法、労働関係調整法、労働基準法
職種別・産業別組合と企業別組合
教育制度改革
独占禁止法などの経済集中排除案
傾斜生産方式
ドッジ・ライン
朝鮮戦争による特需
ニクソン・ショック
固定相場制度と変動相場制度
第一次産業、第二次産業、第三次産業
サービス経済化
地域間労働移動
人口の大都市集中
ブルーカラー、ホワイトカラー、グレーカラー
高学歴社会
フィリップス・カーブ
スタグフレーション
省エネルギーと代替エネルギー
一人当たり国民所得
福祉国家と福祉元年
環境問題
一億総中流論
格差論争
効率性と公平性のトレード・オフ

現代でこそ日本経済は不況、低成長で悩んでいるが、太平洋戦争から10年をすぎたあたりから世界でも稀に見る高度成長期に入った。その後のオイル・ショックを乗り越えた日本経済は、他の先進諸国がスタグフレーションに悩んだのと比較すると、安定成長期を誇ることができた。この二つの成功物語から日本経済を論じておこう。

2・1 高度成長に至る日本経済の成功物語

敗戦による経済破壊と立ち直り

1945（昭和20）年の太平洋戦争の敗戦は、日本に非常に過酷な試練を与えた。多くの兵士、市民の命が奪われたのみならず、多数の家屋、工場、鉄道網が消滅、破壊されたのである。人々は食料を求めて路頭に迷い、経済活動はほぼ破滅と言ってよいほどの損害を被った。例えば1946年の生産水準は38年の水準と比較すると、ほぼ2分の1にまで落ちた。食料不足も深刻で、国民の多数が餓死するのではないか、というほどの危機的な状況にあった。

戦争直後はこのような日本経済と社会であった。貧困、栄養失調、失業、住宅不足、孤児、浮浪者、犯罪など、これらの言葉が象徴するようにすべての分野が悲惨な状況であった。しかし、しばらくしてから日本は立ち直りを見せる。そこは日本国民の復興への熱意、官民（すなわち政府と民間企業）を挙げての政策と努力の効果、そして連合国軍総司令部（GHQ）という戦勝国のアメリカを中心とした占領軍による占領政策が適切だったことが功を奏したものであった。

特に重要だったのはGHQによる日本の社会・経済の改革である。GHQの諸改革のう

太平洋戦争 1941～45（昭和16～20）年

連合国軍総司令部（GHQ）

ち、前章で述べた日本の古い体質を打破することに寄与したことを中心にして論じてみたい。

（1）農地改革

戦前の日本の農民の約半数は小作人であり、少数の大土地保有者の下で、支配・隷従の関係にあったが、GHQは大土地所有を1ヘクタール以下に抑え、かつ不在地主に関しては土地を強制収容して、独立自営農民の数を大きく増やした。これが農地改革である。どこの開発途上国（後進国）においても大土地所有制が経済発展への障壁になるのであるが、日本がGHQという外圧を借りてそれを排した効果は非常に大きい。小作人の苦しみを解放したし、何よりも自作農の人々に農業生産への意欲を高めたことの意義がある。

（2）財閥解体

日本を戦争に導いたのは軍部と財界という認識があったので、GHQは三井・三菱・住友・安田といった四大財閥を筆頭に巨大企業の解体や分割を徹底して行った。これは産業が独占や寡占の状態にいるよりも、多数の企業が存在して競争に励むことが経済を強くすることに役立つし、独占・寡占の弊害を除くという古典的な理想主義に立脚していた。

しかし、例えば三菱商事や三井物産などはあまりにも多数の会社に分割されたので、ビジネス活動が効率的に行えず、その後両社は元の姿に戻るように合併を重ねた。もう一つの例は、戦前の巨大企業であった日本製鐵は、八幡製鐵、富士製鐵の2社に分割されたが、

農地改革
1945～46（昭和20～21）年

財閥解体
1945（昭和20）年

独占と寡占

1970（昭和45）年に合併して新日本製鐵（新日鉄）となった。このようにして戦後の財閥解体と企業分割策は、その後には徐々に経済を強くするためにという目的で、財閥の多少の復活と企業合併が実行されるようになったのである。ついでながら新日鉄は住友グループの中核企業であった住友金属工業と、2012（平成24）年に合併して新日鐵住金となっている。これは世界の鉄鋼業界での競争に備えたものである。

（3）労働民主化

戦前の日本資本主義は古いタイプの資本・労働の支配・服従関係にあったのであり、労働者は搾取されていたと言ってもよいほどであった。これを打破するために、労働者の権利確保を法律によって定めたのであり、それが俗に言う労働三法（労働組合法、労働関係調整法、労働基準法）の制定である。労働者の権利が明確にされ、労働条件の改善がはかられたし、労働組合を結成することも認められた。

具体的に述べると、1日8時間（週48時間）の労働時間制、手続きが正当であればストライキを容認、などがある。戦後の一時期、労働争議は各地で見られ、ストライキは珍しくなかった。労働組合の結成は戦争直後に大々的に行われ、労働者の半分弱が労働組合員となった時期もあったが、その後は労働組合参加率は低下の一途をたどり、現在では20％を割っている。

日本の労働組合において特徴的なことは、欧米のように企業横断の職種別・産業別の労働組合ではなく、企業別労働組合ということにある。同一企業に勤める労働者が職種にか

労働三法
労働組合法
1945（昭和20）年
労働関係調整法
1946（昭和21）年
労働基準法
1947（昭和22）年

職種別・産業別労働組合
企業別労働組合

かわらず、一つの労働組合に属する形態である。これは労働者側からすると「企業のためなら妥協もある」という経営側への配慮を促すし、企業側からも労働側に敵対行動をとることのない力が働いたのであり、いわゆる労使協調路線の温床となった。

労使協調路線というのは二つの顔がある。一つは、労働側が経営方針に協力するので企業の生産性を高くした。もう一つは、労働側は本来ならばもっと恵まれた処遇を受けたかもしれないが、犠牲を半強制的に受け入れることがあった。

(4) 教育制度の改革

本書の関心の一つは教育なので、戦後の教育制度改革に言及しておこう。まずは、六・三・三・四制の確立、小学・中学の九年間の義務教育、原則は男女共学制、高校における職業教育(商業、工業、農業など)の重視、などが主たる特徴であった。明治時代以降、日本の教育制度は、働き手として有能な人々を社会に送り出すという好ましい効果があったが、戦後の改革はすべての国民にそれをもたらすようにしたのである。一つの証拠を示せば、初等教育を受ける生徒の学力が世界でトップクラスに達した時期があったし、製造業で働く人の生産性が高く輸出の増加に貢献した。しかし20世紀末から今世紀の初頭にかけて、学力の低下や生産性の低下が発生したことは述べておこう。

(5) 社会の安定

戦前の全体主義と軍国主義の時代から解放されて、日本には自由主義、民主主義、人権の保障、男女平等などの市民社会としての原理・原則がまがりなりにも定着したことが、

労使協調路線

教育制度改革

全体主義と軍国主義

自由主義、民主主義、人権の保障、男女平等

社会の安定をもたらしたのであり、人々は安心して勤労に励むことができた。経済が発展するには、政治と社会の安定が必須であるが、戦後の日本はこの条件をクリアしていたのであった。

以上がＧＨＱによる制度改革の骨子であるが、この案を実質的に誘導したのは日本の官僚である、との説がある。戦前から日本の官僚の優秀さは有名であったし、戦後の高度成長をもたらした要因の一つとしても官僚の役割がある。野口［１９９５］や八代［２０１３］はＧＨＱの改革案は官僚の後押しがあったからこそ生まれたのだと解釈しているが、私は少し異なる見方をしている。確かに官僚の豊富な現状把握や知識の提供がＧＨＱの政策立案に役立ったであろうが、ＧＨＱの理想に燃えた改革意欲がかなり重要な役割を演じたと判断している。

例えば、大胆な農地改革案の策定と実施は旧来の官僚からは賛成が得られなかった可能性があるし、独占禁止法などの経済集中排除案は本国アメリカでも導入不可能と考えられるほどの理想に燃えた案だからである。教育に関しても、一校一学区制などという学校格差をなくす案は、日本の官僚が思いつかない策と考えられる。ＧＨＱはアメリカ本国でも達成不可能な理想を、占領下にある日本で成就したいという熱意を持っていた、というのが筆者の解釈である。

独占禁止法などの経済集中排除案　１９４７(昭和22)年

日本経済はなぜ高度成長を実現できたのか

戦後経済の破壊から立ち直った要因はいくつかある。例えば東京大学のマルクス経済学者である有沢広巳の提唱した「傾斜生産方式（鉄鋼と石炭の生産を増加させることがまず第一とする策）」の成功、アメリカによる経済援助策、戦後の高インフレを抑制したドッジ公使（GHQ経済顧問）によるドッジラインと称されるデフレ政策の導入などがあるが、直接の契機は1950（昭和25）年に勃発した朝鮮戦争による特需である。日本に対して種々の物資の購入要請があったので、需要の急増という要因があった。

戦後の破壊から何とか立ち直り、日本経済は1950年代後半（昭和30年以降）から年率換算して10％弱の高度成長期に突入する。戦争による破壊から復興を達成したというドイツ経済と同じ、というミラクル経済に対して世界的な関心が集まった。さらに非西欧圏で最初に豊かな国家になる国（先進国諸国の集まりであるOECDに最初に加盟する非西欧圏の国としては、日本が第1番目である）という特色からも注目を浴びた。日本の高度成長がなぜ発生したのか、各所で議論されているので、ここでは定説を中心にして、橘木の好みを加えたものを箇条書きで書いておこう。

（1）国民の豊かになりたいという希望

貧困から脱出して経済的に豊かになりたいと思う気持ちが日本人に強かったのは自然な

傾斜生産方式

ドッジ・ライン
1949（昭和24）年

朝鮮戦争による特需
1950～53（昭和25～28）年

高度成長期

ことであり、これが人々を経済成長に駆り立てたのである。そのためには人々は長時間でしかも密度高く働くことを厭わなかったし、このことは企業での経営者、労働者の双方について該当することであった。これが生産性の高い企業活動へと導くことは確実で、その成果が高い賃金や所得として還元されることがわかっていた。もとより人々の高い消費意欲が需要の源泉となったのである。

(2) 労働移動することに躊躇はなかった

戦前においては国民の過半数は前章で見たように農業と家内での商工業に従事していたし、大半の人が地方に在住していた。しかし高度成長の始まりはまず製造業であったし、その後に金融、商業などのサービス産業が続いた。それらの産業は大都会に多いので、人々は地方から大都会に移動したのである。この労働移動については後に詳しく検討する。

(3) 資金の供給が豊富であった

企業活動には設備や建物への投資があってこそ生産ができるし成長するのであるが、資金調達の面からも企業が投資活動を行ううえでの条件が整っていた。まずは家計貯蓄率が高かったので、資金の余剰があったのであり、それらが銀行などの金融機関を通じて企業によって調達されたのである。金融業は規制の強い産業だったので、例えば政府が「低金利政策」を採用することによって、企業は大量の資金を低コストで調達できたのである。

(4)「借りてくる技術」

製造業における技術水準は、戦後はかなり低かった。これを補うために官民一体となっ

家計貯蓄率

低金利政策

て、外国企業の高い技術を日本企業が導入できるような対策をとった。それには高額のパテント料を払わねばならないが、それへの資金援助の一部を政府が行っていたのである。これら外国からの技術導入を「借りてくる技術（borrowed technology）」と称して、日本の企業の生産性を高めるのに貢献した。

（5）固定相場制度のベネフィットがあった

よく知られているように1971（昭和46）年のニクソン・ショックの時期に為替レートの決定が変動相場制度に変更となったが、それ以前は各国の通貨は固定相場制度にあった。日本円と米ドルは長期間にわたって1ドル＝360円に設定されていたので、円安の利益を受ける時期があったのであり、日本からの輸出に有利に作用することがあった。その証拠に変動相場制度になってからは、為替レートは円高の方向に進んだのであり、それ以前は円安の時代があったと解釈できるのである。輸出の好調は確実に日本経済の成長に寄与した。

労働移動は産業間・地域間で進んだ

まずは太平洋戦争後に日本人がどの産業で働いていたかを見ておこう。表2-1は戦後から現在までの産業別就業者数の変遷を、「国勢調査」を基に示したものである。資料を2000年までしか掲載していない理由は、2002年に産業分類の変更がなされたので、それ以前とそれ以後の継続性が欠けるからである。

借りてくる技術

ニクソン・ショック
1971（昭和46）年

固定相場制度と変動相場制度

円安と円高

表 2-1　就業者数に占める産業別構成割合：1950～2000年

（単位：%）

産　　業	1950年（昭和25）	1960年（昭和35）	1970年（昭和45）	1980年（昭和55）	1990年（平成2）	2000年（平成12）
総　　数	100.0	100.0	100.0	100.0	100.0	100.0
第一次産業	48.5	32.7	19.3	10.9	7.1	5.0
農　　業	45.4	30.1	17.9	9.8	6.4	4.5
林　　業	1.2	1.0	0.4	0.3	0.2	0.1
漁　　業	1.9	1.5	1.0	0.8	0.6	0.4
第二次産業	21.8	29.1	34.0	33.6	33.3	29.5
鉱　　業	1.6	1.2	0.4	0.2	0.1	0.1
建 設 業	4.3	6.1	7.5	9.6	9.5	10.0
製 造 業	15.8	21.7	26.1	23.7	23.7	19.4
第三次産業	29.6	38.2	46.6	55.4	59.0	64.3
電気・ガス・熱供給・水道業	0.6	0.5	0.6	0.6	0.5	0.6
運輸・通信業	4.4	5.0	6.2	6.3	6.0	6.2
卸売・小売業，飲食店	11.1	15.8	19.3	22.8	22.4	22.7
金融・保険業	1.0	1.6	2.1	2.8	3.2	2.8
不動産業	0.0	0.2	0.5	0.8	1.1	1.2
サービス業	9.2	12.0	14.6	18.5	22.5	27.4
公務（他に分類されないもの）	3.3	3.0	3.3	3.6	3.3	3.4

（資料出所）　総務省統計局「国勢調査」．

1950（昭和25）年では農業が45・4％に達していたのであり、戦争直後の日本はまだ農業国家であった。同年の製造業は15・8％にすぎなかったのに、高度成長の始まりにより、1970年には26・1％、第二次産業全体としては34・0％に上昇したのである。製造業より少し遅れて商業・サービス業といった第三次産業で働く人の比率が増加した。当然のごとく農業人口の比率は減少したのである。高度成長期とは人々の働く場所が農業から製造業へ、そしてのちにサー

第一次産業、第二次産業、第三次産業

ビス産業へと移ることを意味するのである。

製造業の中でもどの産業が中心だったかに注目すれば、初期の頃は旧来からの繊維産業であった。その後、鉄鋼業や重化学工業が隆盛し、しばらくして家電製品、自動車などが主力産業となったのである。この主力産業の変化を見ると、いつの時代でもそれらの産業が外国との貿易摩擦の種になったことを強調しておこう。すなわち好調産業こそ輸出産業であったので、それぞれの製品が時の貿易摩擦の対象品となっていったのである。

どの産業で働いているかに関して最近の現状に言及すると2000（平成12）年には、農業人口のますますの低下（5％以下にまで下降）と製造業の低下（20％以下に下降）が見られるとともに、それを補う産業として商業、サービス業が急増しているのである。60％を超える人が第三次産業に従事しているのが今日であり、それを「サービス産業化、経済化」としてとらえることが肝心である。日本人はもう製造業、あるいはモノづくりで食べているのではなく、サービス業で食べているのである、との認識を確認しておこう。

最後に、重要なことを付言しておこう。高度成長期にどの産業に従事する人が多くなったかに注目すると、人々は地域間の労働移動を大々的に行っていたのである。農業は全国各地の地方で営まれていたが、製造業やサービス業とは主として大都市圏で営まれるのが普通なので、人々は地方から大都会に労働移動を強いられたのである。この日本における短期間で達成したこれほど大々的な地域間労働移動は世界を見わたしてもそうあることではなく、人口の大都市集中化を一気に達成した珍しい例となっている。

サービス産業化
モノづくり
地域間労働移動
人口の大都市集中

表 2-2　就業者数に占める職業別構成割合：1950～2005年

（単位：%）

職　　業	1950年（昭和25）	1960年（昭和35）	1970年（昭和45）	1980年（昭和55）	1990年（平成2）	2000年（平成12）	2005年（平成17）
職　業　計	100.0	100.0	100.0	100.0	100.0	100.0	100.0
農林漁業関係職業	48.0	32.5	19.2	10.8	7.0	5.0	4.8
生産・運輸関係職業	25.3	32.9	36.9	36.4	35.1	32.9	31.7
運輸・通信従事者	2.1	3.4	4.5	4.3	3.8	3.6	3.4
生産工程・労務作業者	23.2	29.5	32.4	32.1	31.3	29.3	28.3
販売・サービス関係職業	12.6	17.1	19.4	22.8	23.0	25.5	26.2
販売従事者	8.4	10.8	12.0	14.6	14.4	15.1	14.5
サービス職業従事者	3.3	5.2	6.1	6.9	7.2	8.8	10.0
保安職業従事者	0.9	1.1	1.2	1.4	1.4	1.6	1.7
事務・技術・管理関係職業	14.1	17.4	24.5	29.8	34.4	35.5	35.5
専門的・技術的職業従事者	4.3	5.0	6.6	8.7	11.6	13.5	13.8
管理的職業従事者	1.8	2.2	3.9	4.7	4.1	2.9	2.4
事務従事者	8.0	10.2	14.0	16.4	18.7	19.2	19.3
分類不能の職業	0.1	0.0	0.0	0.1	0.5	1.2	1.8

（資料出所）　総務省統計局「国勢調査」.

職を見つけるには田舎から都会に居住を移す必要があるし、従事する職種の変更を伴ったことは明らかなことであった。ここでどのような職業の変化が同時に進行したかを確認しておこう。

表2-2は戦後に人々がどのような職業に移っていったかを示したものである。表2-2は前の表2-1の産業の変化と対応している面がある。例えば産業としての農業の比率が低下すれば、当然のように農作業をする人々の数は減少する。製造業が成長すれば、生産工程や労務作業者の増加のあることは自然であると思われるが、そういう人の数はそれほど増加していないことがこの表からはわかる。ブルーカラー職としてでは

ブルーカラー

なく、製造業で働く事務職や技術職で働く人の増加が目立っている。企業が成長し複雑な業務が増加すればホワイトカラー職の増加が必要であるし、技術進歩があることによって製造工程にいるブルーカラー労働者の数はそう増加しなくとも、生産性を高くできた事情もある。

製造業の次に成長したのは商業・サービス業であったが、これらの産業で働く人は多くが販売従事者やサービス職業従事者であり、それらの職業に就いた人の増加はこの表からも読み取れる。第二次産業、第三次産業のウエイトが高くなるということは、職業としてのホワイトカラー化が進行したことを意味するのである。なお、販売従事者を完全なホワイトカラーとみなすことはやや困難であり、ブルーカラーとホワイトカラーの間にあるグレーカラーという言葉を用いることもある。そういう意味では、現代ではグレーカラー化とホワイトカラー化が同時に進行中であると理解できるのである。

人々の職業の変化に関しては、事務職、専門職、管理職に就く人の数が増加したのであるから、日本人の教育水準の高まりに言及する必要がある。仕事を遂行するうえで学識や技能の蓄積が条件となるので、高い教育を受けておかねばならない。特に専門職や管理職にそれがあてはまる。

図2-1は、戦後の高校、大学への進学率の変化を示したものである。ここでわかることは、第1に、高校進学率は1970年代の初期に90%を超えており、国民の大半が中等教育水準の学力を保持する国民になったことを示している。第2に、大学進学率も197

ホワイトカラー

グレーカラー

図 2-1　高校，大学への進学率の推移：1950～2010年

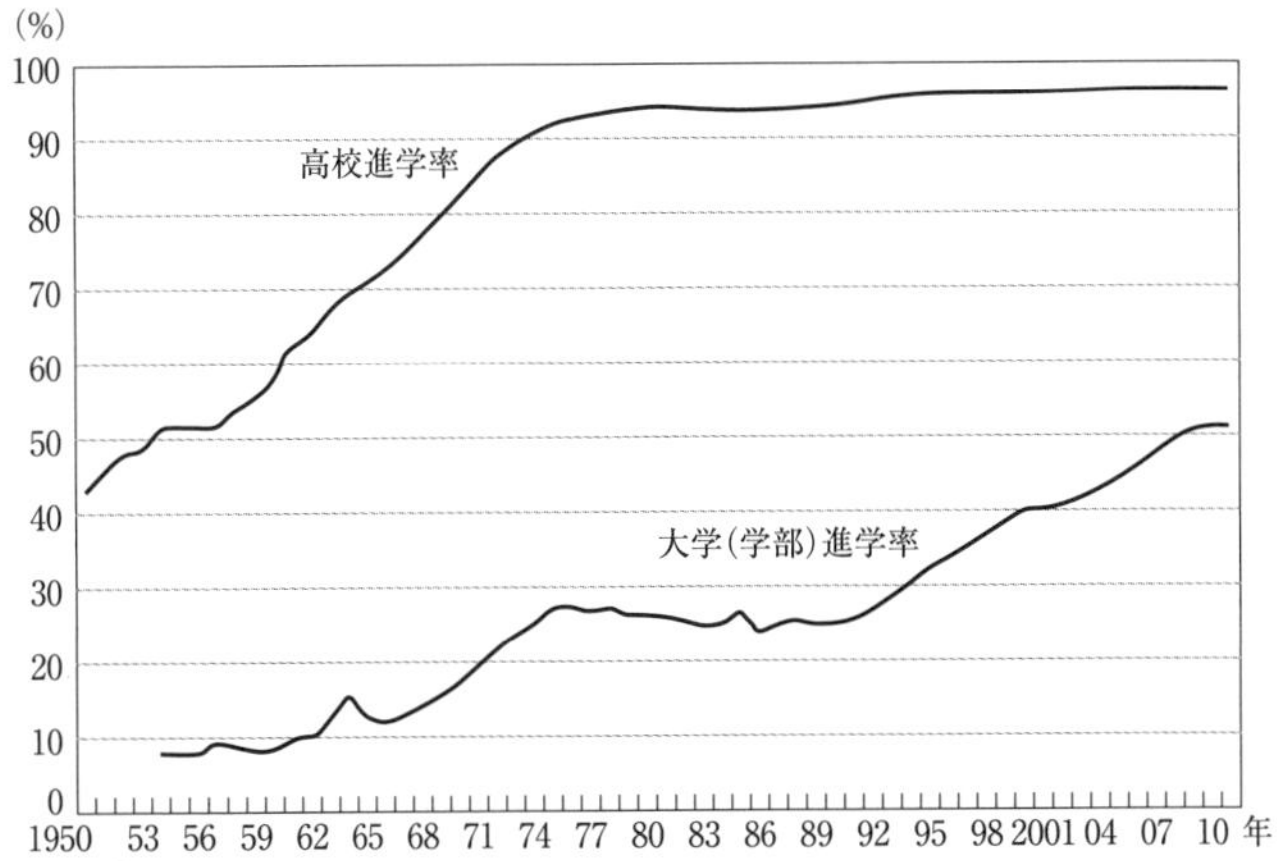

（注）　1983年以前は高校進学率に通信制課程への進学者は除かれている．大学進学率には，過年度高卒者等をふくんでいる．
（資料出所）　文部科学省「学校基本調査」．

0年代から上昇を始めて20%台後半に達し、それをしばらく続けてから90年代あたりから急上昇して、今や50%を超えた高学歴社会に到達している。

高校を卒業した人、その中でも特に大学を卒業した人の全員が有能な人として育っているかは断定できない。しかし、少なくとも高い学歴を得た人が多く社会にいることは、質の高い困難な仕事を潜在的ではあったにせよこなせる人が増加していることを意味するので、専門職や管理職に就くことは日本人の教育水準が高まったことと結びついているのである。

社会が高度な学力・技能を有している人を望むから日本が高学歴社会

高学歴社会

になったのか、それとも日本が豊かになったので経済的にも大学に進学できるようになり、高い学歴を得るようになったから、専門職や管理職の仕事が増加したのか、どちらの要因がより重要であったのか、議論を結着させることは困難である。おそらく双方の相乗効果によるものと思われるが、いずれにせよ専門職や管理職に就く人の増加現象は、日本人の教育水準が高くなったことと密接に関係がある。

2・2 日本経済はスタグフレーションからいち早く脱出した

日本経済が一番輝いた安定成長期

高度成長期が終了にさしかかろうとしていた日本経済に、1973年のオイル・ショック（第一次）が勃発した。中東で戦争が起こり、石油の値段が約4倍に高騰した。当時の先進国はエネルギー源を中東からの石油の輸入に頼っていたので、経済への打撃は非常に大きかった。それまでの先進国経済はフィリップス・カーブの世界（すなわちインフレ率と失業率は反比例の関係にある）にいたが、高インフレと高失業率が同時に存在する世界、すなわち「スタグフレーション」の世界に多くの先進国経済が1970年代の半ば（昭和50年当時）に陥ったのである。

フィリップス・カーブ

スタグフレーション

日本もスタグフレーションに巻き込まれたことは事実であるが、これを短期間に脱出することに成功したのが日本経済であり、明治時代以降の日本経済史の中で一番誇りにしていい事実であり時期である、と筆者は判断している。論者によっては日本経済がもっとも輝いた時期は高度成長期とする意見が多いが、私はあえてオイル・ショック後の安定成長期がそれに該当すると思っている。

そう思う理由をいくつか書いておこう。第1に、日本の高度成長期というのは、ある意味で当然に発生したことなので、そう特別なことではない。なぜならば、戦争による破壊の後には多くの国が復興のために頑張るのであり、日本もその例外ではない。さらに経済破壊ということは初期条件が低かったことを意味するので、成長率を高めることはそう困難なことではない。言わば成るべくして成ったのが日本の高度成長期なのである。第2に、オイル・ショック後の「スタグフレーション」から立ち直ったのは先進諸国の中で日本が一番早く、しかも他の国はなかなか立ち直れなかった。その中で日本はいろいろな策を講じての唯一の成功であり、特筆に値する価値がある。

どのような政策によって、スタグフレーションから脱却して安定成長期に入ったのであろうか。いくつかの事実を列記しておこう。第1に、企業はエネルギー価格の高騰から逃れるために、徹底した省エネルギー技術の開発を行った。あるいは代替エネルギーを必死に探して、生産費用の節約を実行した。ただしすべての産業でそれが成功したのではなく、例えば電力価格の高騰によって日本のアルミ精錬産業は消滅した。逆の有名な成功例は、

省エネルギーと代替エネルギー

自動車産業がガソリンを使用する量を減らすような技術を開発して、世界での自動車の生産と販売を席巻するようになった。

第2に、経済の低迷が起これば欧米の企業は比較的簡単に従業員を解雇するが、日本企業は労働時間の短縮やボーナス支払い額のカットで対応し、時には通常の賃金のカットさえ行って、できるだけ労働者の解雇を避けたので、失業率の上がることが阻止された。これは日本の労働市場がフレキシビリティに満ちた良い性質であるとして、他の国からもうらやましく思われたこともあった。ただしこの策にも一つだけ欠点があった。それは企業が不況に入ると新規採用を控えることを伴ったので、既存の働いている人の犠牲になったのが、新卒学生とか失業中の人々ということであった。

第3に、インフレーションの克服に関しては、国民や企業、そして政府が忍耐の精神をもって、適切に対応したことがある。例えば、「トイレット・ペーパー騒ぎ」で代表されるような社会問題もあったが、深夜のテレビ放送の中止とか他の手段で国民はぜいたくな消費をすることを当時は控えたのであり、経済問題に真摯に対応したのであった。金融当局のインフレ抑制のための公定歩合の引き上げなど、金融政策も適切に発動されたし、公共事業支出の抑制もはかられた。

以上で代表されるように、企業、国民、国家がスタグフレーションからの脱却に精励して、日本経済は高度成長期ほどではないが、年率4～5％の安定成長期に入ることに成功したのである。1970年代の半ば（昭和50年前後）からほぼ10年間ほどの、世界に誇れ

金融政策

る時代だったのである。その後1980年代の半ばから「バブル経済」に入り、その後のバブル崩壊を経て日本経済は「失われた20年」と後に言われることになる大不況の時代になるのである。

安定成長期を特筆するもう二つの根拠を付記しておこう。第1に、欧米諸国の一人当たり国民所得を追い抜く時期にある、ということである。1972（昭和47）年にイギリスの2271ドルを、78年にフランスの6936ドルを、84年にはドイツの7738ドルを、85年にはスウェーデンの8867ドルを追い越したのである。1987（昭和62）年にはアメリカの1万4763ドルをも追い越してしまう。ただし国際比較には為替レート変動の問題が常にあるので、当時の円高・ドル安の基調が日本の一人当たり国民所得を過剰評価したことは記憶しておきたい。とはいえ、この時期に欧米諸国に並ぶ経済大国になったことは事実である。

第2に、この時期は日本が福祉国家への道を歩むことを始めた頃と理解しておきたい。1973（昭和48）年を「福祉元年」とする声もなくはないが、私は1980年代に日本は年金、医療などの保険制度が定着したと考えている。なお介護保険制度の導入は2000（平成12）年と少し後のことなので、福祉国家の完成は今世紀に入ってからである。ただしヨーロッパのような福祉国家の水準と比較するとまだほど遠いが、家族や企業に頼るだけの福祉制度ではなくて、国家が国民の福祉の提供者の一つになるということを決めた

一人当たり国民所得

福祉国家

福祉元年

のはこの時期なのである。

高度成長期と安定成長期における問題点

戦後の破壊された経済から、高度成長期と安定成長期を経た日本経済は強くなって先進国の仲間入りを果たし、国民の生活水準は平均するとかなり高くなった。しかしこの時期に影の問題も発生しつつあった。それらが具体的にどのような問題であったかを簡単に述べておこう。それは日本経済における暗い部分のことになる。

第1に、経済活動が盛んになると、環境問題が深刻になることは避けられなかった。古い時代であれば水俣病問題、高度成長期の時代であれば四日市ぜんそく問題（大気汚染によるぜんそく病患者の発生）などがあったし、安定成長期においてもCO_2排出による環境汚染や気候温暖化といった環境問題が発生した。「成長か」それとも「環境か」といった課題をめぐって議論のなされた時代でもあった。オイル・ショックを契機にして、同じく石油、石炭、鉄鉱石、水資源などの枯渇が起こるかもしれないので、「生産第一」「経済第一」の主義への反省論もこの時期に起きた。

第2に、日本は平等主義に基づいた国なので国民の間の所得や資産の分配は平等性が高いと信じられ、いわゆる「一億総中流論」が支配的であった。しかし1980年代あたりから国民の間での所得分配の平等性が崩れ始めつつあった。これまでの日本経済は、経済効率性は高いうえに、所得分配の平等性まで高いという、いわゆる「効率性」と「公平

環境問題

一億総中流論

性」の両方を満たしていた稀有な国であったが、「公平性」が崩れつつあるというのが1980年代だったのである。そのことを主張したのは橘木［1998］であり、後の格差論争の先がけとなったのである。一般論で言えば、「効率性」と「公平性」はトレード・オフの関係にあるので、日本も普通の国になりつつあったのか、それとも両者を満たしていたのが特殊な時代だったのか、論争は尽きない。

格差論争

効率性と公平性のトレード・オフ

第 3 章

バブル後に長期停滞に陥る

- 経済の循環的成長
- オイル・ショック
- 固定相場制度と変動相場制度
- プラザ合意と日米構造協議
- 直接投資と現地生産
- ケインズ政策
- スタグフレーション
- バブル経済
- 失われた20年
- 時価評価とバランス・シート
- 貸し渋りと貸しはがし
- 都市銀行とメガバンク
- 終身雇用、年功序列、リストラ
- 小泉「構造改革」内閣
- 金融再生プログラムと公的資金の大量投入（国有化）
- モラルハザード
- 新自由主義
- レーガノミックスとサッチャリズム
- 効率性と公平性のトレード・オフ
- 地域間の経済格差
- 直接投資と現地生産
- GDP（国内総生産）と GNP（国民総生産）
- サービス産業化の進展
- ゾンビ企業
- 少子高齢化現象
- 社会保障制度
- 派遣労働者
- 最低賃金の上昇
- アベノミクスの「三本の矢」
- 大胆な金融政策、機動的な財政政策、経済成長戦略
- インフレ・ターゲット

高度成長期と、二度のオイル・ショックを見事に乗り切った日本は安定成長期を終えると、新しい局面に入った。好調な輸出が原因となって諸外国（特にアメリカ）との経済摩擦の時代に入り、円高が進行することとなった。それでも経済はさして落ち込まず、むしろ1980年代後半（昭和60年以降）にはバブルの時代に入った。バブルは当然のことながら破裂し、その後20年以上の低成長期に入る。「失われた20年」と称される時代を振り返ろう。

3・1 バブルの発生と破裂が日本経済を痛めつけた

国際収支の壁の大切さ

第二次世界大戦後の20〜30年の日本経済を一言で要約すれば、「循環的成長」という言葉で代表させたい。これは基本としては成長経済を前提にしながら、成長経済のまわりを小さな景気循環が存在するというものである。

これを図3-1で示してみよう。

図 3-1　経済の循環的成長

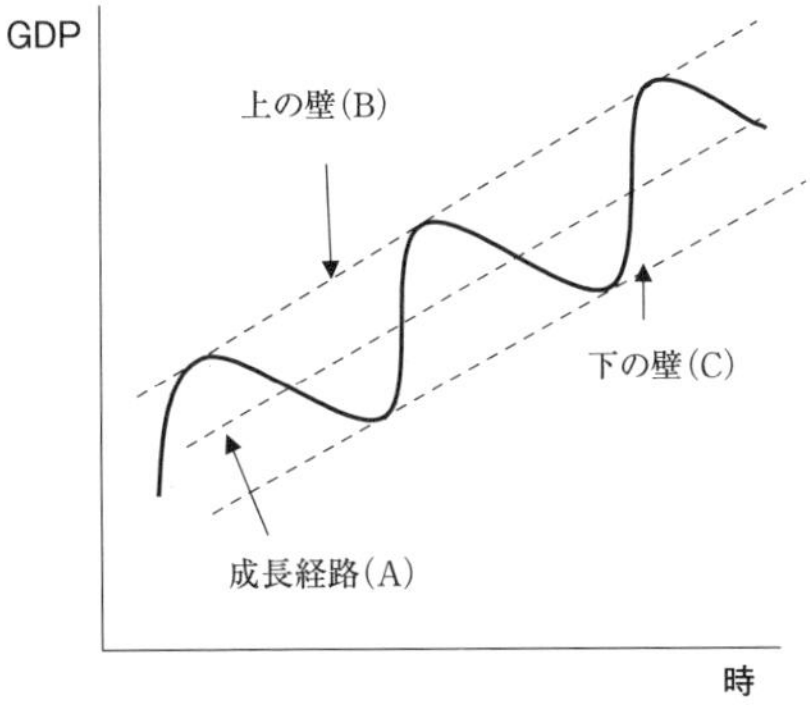

（出所）　ヒックス［1951］.

図はヒックス［1951］の『景気循環論』からのものである。成長経路は（A）で示され、景気上昇が続くと上の壁（B）に突き当たって景気は下降に向かう。やがて下の壁（C）に突き当たると反転して、再び景気は上昇に向かう。上の壁（B）と下の壁（C）が具体的に何の変数で示されるかは国によって異なる。日本の場合は、上の壁は国際収支の壁が典型であった。すなわち景気が過熱すると国際収支が赤字となり、外貨保有額の少ない日本ではこれ以上成長できないので、やがて景気は下降に向かったのである。なお下の壁（C）はいろいろな要因があった。例えば、景気が下降しすぎる（例えば失業率の増加）と困るので、政府が財政・金融政策を発動して景気の上昇をはかることで示される。

黒字基調の定着と日本経済の国際性

二度にわたるオイル・ショックをさほどの苦もなく乗り越えた日本経済は、輸出好調の時代を迎えた。輸出好調の一つの要因は、1ドル＝360円に固定されていた為替決定における固定相場制度であった。実質的な円安が輸出に寄与することは当然のことであった。一方でアメリカ経済は輸入が輸出を大幅に上回っていた貿易収支の赤字国になっており、ついにニクソン米大統領はドル貨幣の変動化に踏み切り、ついに世界は変動相場制度の時代に突入した。その後は当然円高に向かうが、円高ながらも日本の輸出は好調だったし、石油価格が円高の分だけ目減りして実質的に輸入金額が減少し、貿易収支の黒字幅はますます増大した。一方でアメリカはその逆で貿易収支の赤字幅が大きくなってドルが弱くなっていた。

日本と米国の不均衡を終結に向かわせようとした試みが、1985（昭和60）年の秋におけるニューヨークのプラザ合意であり、米ドルの切り下げと日本の円と西ドイツのマルクの切り上げが決定した。このプラザ合意による円高・ドル安によって日米間の貿易収支

財政・金融政策

オイル・ショック
第一次：1973（昭和48）年
第二次：1979（昭和54）年

固定相場制度

変動相場制度

プラザ合意
1985（昭和60）年

は均衡に向かうと期待されたが、自動車や家電に代表される日本産業の強さにもあって日本からアメリカへの輸出の好調は続いた。これがアメリカの怒りを買い、日米間の貿易を中心にした経済摩擦として政治問題化したのである。

この問題は1989（平成元）年の日米構造協議へと発展し、アメリカからの輸出を拡大するため日本に対して市場を開放せよ、日本は内需の拡大策をとれ、日本が自主的に対米輸出を自粛せよ、といった要求をめぐって日米間で交渉された。為替相場制度や日米構造協議の課題は、日本が世界経済の中で生きていく必要のある時代に入ったことを意味するのである。換言すれば、日本経済が強くなったことにより、国際経済を視野に入れながら経済運営をせねばならない時代になったのである。

3・2 バブルに踊り、「失われた20年」にもがく日本経済

バブル経済への突入とその破裂

プラザ合意によって円高が基調となり、日本経済はいわゆる円高不況の時代に1980年代の半ば（昭和60年前後）に突入し、政府はいろいろな経済政策を採用することになったし、企業にも対応が迫られた。企業に関しては、輸出に頼れないので外国に直接投資を

日米構造協議
1989〜90（平成元〜2）年　5次にわたった

円高不況

直接投資

して、現地生産を始めるようになった。これまで現地生産はさほど日本企業が採用することのない経営方式であったが、外国への企業進出という新しい時代を迎えたのがこの時代であった。

政府に関しては、内需拡大のための経済政策として、例えば公共事業の拡大や金利引き下げといった財政・金融政策が採用されるようになった。しかしこれらの伝統的な景気刺激策であるケインズ政策は、ひと昔前とは異なって効力を発揮しない時代に入っていた。オイル・ショック時の先進諸国を中心にした世界経済においても、高インフレーションと失業率の高さが併存するいわゆる「スタグフレーション」の時代にあって、伝統的なケインズ政策だけでは、「スタグフレーション」を解決できない時代に入っていたのである。日本経済はオイル・ショックはいち早く克服できたが、ケインズ政策が有効に機能しない時代にいるということは、他の先進国と同様に日本も例外ではなく、同じ問題で悩んだのである。

むしろその効果が悪い方向に作用したのが日本であった。日本の実体経済に必要な資金を上まわる資金供給がなされるようになり、いわゆる「過剰流動性」の時代に入った。低金利政策や日本銀行による諸々の資金供給政策がこの柱であるが、これが思いもよらぬ効果を日本にもたらすこととなった。それが1980年代後半のバブル経済への突入である。

株価や土地価格が急騰する現象がバブル（泡）である。バブル現象の原因を金融政策に求める意見は強いが、必ずしも金融政策の効果だけでは日本のバブル現象を説明しきれな

現地生産

内需拡大

ケインズ政策

スタグフレーシコン

バブル経済

い。例えば当時の国民と企業の両者が金融活動によって金儲けをしたいという欲望の中にいて、投機を目的として余裕資金を株や土地の購入に充てるような行動に走ったことが影響している。いわば実体経済を強くすることよりも、株や土地の売買によって所得の獲得を果たそうとする「お金儲け主義」に日本人が走ったことも大きい。もとより、株や土地を持てるのは一部の高所得・高資産保有者だけなので、多数の日本人とは無縁であったのがバブル経済であった。

１９８０年代後半の数年間は、株価や地価が3倍から4倍も上昇するという異様なバブルの時代であったが、泡はいつかは破裂する運命にある。株価は１９８９（平成元）年末に下落に転じたし、地価も１９９１（平成３）年夏に下落に転じた。こうして１９９０年代前後に日本の異常なバブル期は終焉を迎えたのであった。

日本のバブル期はこのようにして貨幣面や株価・地価の面における急高騰と急下降という大変動であったが、実体経済は意外なことに堅調に推移した。すなわち経済成長率は１９８６～90年（昭和61～平成2年）の間は平均5％と比較的高い数字を示したのである。バブルが悪いことであるということに異論はないが、一部の国民と企業が狂気に走った割には、経済全体としての実体経済はそこそこ順調だったことを記憶しておきたい。

むしろバブルの影響はバブルの破裂以降に発生したことの方が大きかった。それはバブル崩壊後に到来した長期の大不況であった。短い一時期では好況の時もあったが、「失われた20年」と称されるように、基本的にこの期間は不況と低成長経済（時にはマイナス成長率）の時代が長く続いたのであった。この低迷する経済をもたらしたのは、バブル崩壊に起因する金融機関における不良債権の蓄積であった。

なぜバブル崩壊が大不況につながったかといえば、資産価値の下落によって企業や金融機関における時価評価によるバランス・シートが大きく不利となり、不良債権が大きく蓄積することとなった。まず企業に関しては、金融機関から資金を借りて購買していた株や土地の資産価値は下落するが、金融機関からの負債額はそのままなので、債務超過となる。金融機関に関しては、企業に貸し付けていた資産が回収不能の不良債権となるので、苦しい経営を強いられることとなる。なお不良債権の額がどれほどであったか、定義や推計主体の違いによって大きく異なる。例えば、金融庁の公表額は43兆円であった。他には百兆円を超えるとする推計もあった。いずれにせよ巨額であったことに間違いはない。

これらの企業と金融機関に発生したことは次の二つの帰結を生んだ。

第1に、企業は債務超過になれば新規の投資を控えるだろうし、金融機関は企業への新しい貸し付けを控える（貸し渋りと呼ぶ）し、貸付先の企業から極力資金を回収する（貸しはがしと呼ぶ）であろう。これら企業と金融機関の動きを要約すれば、新規投資の額が減少することを意味する。これは経済活動の縮小をもたらす有力な要因となるので、経済は不況に向かうこと必至である。

第2に、金融機関によっては不良債権の額が大きくなって、経営の苦しくなるところが出現する。最悪の場合には倒産ということが発生する。代表的には、日本長期信用銀行

金融機関における不良債権の蓄積

時価評価とバランス・シート

貸し渋りと貸しはがし

（通称・長銀）、日本債券信用銀行（通称・日債銀）、北海道拓殖銀行（通称・拓銀）、山一證券、日産生命などが倒産した。金融機関が倒産すると非金融企業にも波及して連鎖倒産が発生したのである。

倒産に至らないまでも、企業は金融、非金融の区別なく経営が苦しくなり、企業合併や企業分割などが多く発生したのもバブル以降のことであった。例えば、バブル期以前には都市銀行が13もあったのに、銀行の統廃合が進んで今ではメガバンクが4行しかない時代になっている。

小泉構造改革の路線

バブル崩壊後の日本経済の低迷は続くこととなり、金融機関の不振のみならずそれが非金融企業にまで波及して、低成長の時代に突入した。その影響が失業率の低いことを誇りにしていた労働市場にまで及ぶこととなり、失業率の増加（最高の時には5％を超すこともあった）が見られるようになったし、解雇、希望退職、新規採用の抑制、配置転換、非正規労働者の雇用増加、賃金カット、などの雇用政策が採用される時代となった。これまでの日本企業は終身雇用と年功序列が基本だったのであり、労使の信頼を保持するために雇用制度にはさほど首を突っ込まなかったのであるが、「リストラ」という言葉が頻繁に用いられるようになったことに代表されるように、労働市場が大きく変化する時代に入った。詳しくは後に再議論する。

金融機関の倒産

都市銀行
第一勧業銀行、三井銀行、富士銀行、三菱銀行、協和銀行、三和銀行、住友銀行、大和銀行、東海銀行、北海道拓殖銀行、太陽神戸銀行、東京銀行、埼玉銀行

メガバンク
みずほ銀行、三菱東京UFJ銀行、三井住友銀行、りそな銀行、（埼玉りそな銀行）

終身雇用と年功序列

リストラ

21世紀に入ると世界経済の不振の余波を受けて、金融機関の不良債権の額はますます累積することとなった。そこに小泉内閣の登場（2001〜06年：平成13〜18年）である。この内閣は一年ごとに首相が替わるようになる以前の日本にとっては長期の内閣であるし、経済を語るうえでも重要な内閣なのでやや詳しく論じておこう。なお小泉首相の経済ブレーンとして経済財政政策担当大臣、金融担当大臣、総務大臣などを歴任して活躍した竹中平蔵も重要な役割を演じたことを特記しておこう。

まず小泉内閣の仕事は大量の不良債権の処理であった。既に述べたように金融機関の倒産は発生していたが、抜本的な処理の方策をとらなかったので、不良債権処理は先送りされていたのである。そこで小泉・竹中ラインは強硬な策（金融再生プログラム）に出て、(1)破綻処理を行うことや損失額の確定、(2)公的資金による資本投入、(3)査定の厳格化と経営責任の追及、などを掲げて、不良債権の処理に努めた。2002（平成14）年にはピークの額に達していたがその後処理に成功し、2006（平成18）年にはほぼ解消したのである。

後に述べるように小泉「構造改革」内閣の仕事には問題点は多々あるが、不良債権の処理策を実行したことは高く評価してよい。これがなかったのなら日本の金融機関の復権はなかったかもしれないし、日本経済は永久に立ち直れなかったかもしれないのである。もっとも公的資金の大量投入ということがあったわけで、税金を企業の救済に使うということ、それも金融機関に対して使うことの是非は、大きな問題として残っている。金融機関

金融再生プログラム

小泉「構造改革」内閣

公的資金の大量投入（国有化）

がダメになれば非金融企業までダメになるので、金融機関の支援に優先度が高いのであるが、非金融企業からすると公平ではないと思われる。これまでは金融機関で働いていた人は、規制のお蔭もあって賃金が高いなどの恩恵を受けていたので、これまた公平ではないという思いもある。決して金融業だけが特別の扱いを受けていないということを示したうえで、金融機関でのモラルハザードを起こさないように、公的資金の投入（すなわち国有化）を短期間に限定して、早期に民営化と資金を国家に返済する手立てをしておく必要がある。

小泉内閣での大きな特徴は、経済思想上では新自由主義の旗印の下、規制緩和策、競争促進策、減税政策や社会保障支出の削減といった、アメリカやイギリスを見習った政策を日本でも導入せんとした点にある。政府の規模と役割を小さくして、国民や企業の自由な経済活動を保証することが経済の効率化に役立つという信念の発露である。アメリカのレーガン大統領とイギリスのサッチャー首相の経済政策がこうだったのであり、英米経済が弱くなっていたところに二人の経済政策によって、ある程度の再興に成功した事実が小泉内閣にとって良い例となっているからである。当時の日本経済は弱かったのであるから、サッチャーとレーガンに学ぼうとした点は理解できる。

しかし問題はその後に起きた。橘木［1998、2006］などの主張によって、日本の所得格差が拡大しているということが報告され、そのことをめぐって政界、学界、マスコミ界において論争が勃発したのである。アメリカ共和党のレーガン大統領、イギリス保

モラルハザード

新自由主義

レーガノミックス
サッチャリズム

守党のサッチャー首相の経済政策によって、経済はある程度復興したが、その後所得の格差が拡大したという問題が発生して、アメリカでは民主党、イギリスでは労働党へと政権交代を選択したのである。

私は日本での政権交代などはまったく想定していたわけではなく、ただ事実だけを統計で示す意図しかなかったが、小泉首相と政府は橘木の説に反対の論述を張ることになったのである。その根拠には二つがあって、一つは日本は人口の年齢構成で高齢化が進行中であり、高齢者の間の所得格差の大きいことは既成事実なので、日本の人口において高齢者の比率が高まっていることは、統計の見せかけとして所得分配の不平等化をもたらすにすぎないという反論であった。すなわち格差拡大は深刻な問題ではなく、統計上の見せかけにすぎないというのである。

二つめは、小泉首相自らの言葉である「格差は悪いと思っていない」に代表されるように、経済を強くするには、あるいは経済を効率的に運営するには、有能な人や頑張って働く人は貢献度が高いので、高く報いることが肝心と判断して、それらの人が高い賃金や所得を稼得することを容認する。一方で有能ではなく、あるいは頑張らない人の貢献度は低いので、そういう人の賃金や所得は低くともかまわないと判断する。こういう状況であれば、高賃金・高所得の人と低賃金・低所得との間で大きな格差が生じることとなる。経済効率性を重視すれば、格差が大きくなるのは避けられない、という論理なのである。小泉首相や竹中大臣は何よりも経済の効率性をもっとも重要な目標と考えたので、格差は悪いことではないのである。

最後に一つの留意点を述べておこう。小泉内閣は新自由主義の経済政策を実行したので、格差拡大を引き起こした元凶であるかの声がある。しかし私はその見方には賛成しない。日本の所格格差の拡大は１９８０年代（昭和55〜64年）に既に発生していたのであり、その傾向が長期のトレンドとして小泉内閣の時にも続いていた。小泉内閣の政策はそのトレンドを助長するという役割を果たしたと言う方が正確なのである。

経済効率性と分配の公平性はトレード・オフの関係か

小泉首相や竹中大臣の主張は、経済効率性と公平性（すなわち所得分配の平等性）はトレード・オフの関係にあることを述べているのである。すなわち一方（例えば所得分配の平等性）を重視すれば、他方（すなわち経済効率性）は犠牲にならざるをえないということである。

効率性と公平性はトレード・オフの関係にあるのだろうか。経済学では一般論としては、両者の間にトレード・オフの関係があると理解している。例えば、公平性を重視して所得の格差が小さいのであれば、高所得者の人は自分たちの所得がそれほど高くないので有能な人や頑張って働く高所得を得られるはずの人が勤労意欲を高く持たないということが発生しうる。そうすれば有能な人や本来なら頑張る人が一生懸命に働かないのであるから、経済の運営にとってはマイナスとなる。あるいは、高所得の人から高い税金を徴収して、

効率性と公平性のトレード・オフ

それを低所得者に再分配して分配の平等化をはかる政策を政府がとれば、これも高所得者の勤労意欲を阻害するかもしれない。経済の運営にとってマイナスとなり、効率性が落ちることになる。これがトレード・オフの関係である。

しかしいつの時代でも、あるいはどこの国でも、この効率性と公平性がトレード・オフの関係にあるのではない。例外的にその関係の成立していない例が二つある。一つはわが国に関することで、高度成長期には経済成長率（すなわち効率性）は高く、しかも所得分配の平等性すなわち公平性も高かったので、二つの良い点を同時に満たしていたのである。もう一つは現代の北欧諸国であり、経済効率性は高いうえに、福祉国家で象徴されるように分配の平等性も高い。これまた二つの良い点を同時に保持しているのである。

効率性と公平性の双方を満足させるためには、経済・社会制度と政府の政策に関して、よほど運が良い時か、あるいはかなり強硬なことをしない限り、達成は不可能なことである。逆にその双方が満たされないという不幸なケースにいる時代とか、不幸な国の例もなくはない。日本は効率性と公平性の双方を満足する国になれると著者は信じている。具体的にどうすればそのような国になれるのか、後の章で検討する。

3・3 経済の低迷が政権交代を引き起こす

小泉内閣以降の経済低迷

小泉内閣は不良債権の処理、郵政民営化、規制改革の推進など、経済活性化のための経済政策を実行したので、経済の落ち込みが過度になることを防ぐことに成功したが、1990年代（平成2～11年）あたりから始まっていた低成長経済という長期の流れは止められなかった。バブル崩壊後の「失われた20年」と称される長期の不況期、あるいは低成長経済期はなぜ続いたのであろうか。ここでそれらをまとめて議論しておこう。

第1に、日本の社会が低出生率の時代に入って、人口の増加率の減少という流れを越えて、21世紀に入ると人口数の停滞、そしてついに人口減少という時代を迎えることとなった。これは労働力の減少という現象を引き起こすのであり、経済成長率の低下につながるのである。出生率の低下による生産年齢人口の減少という現象の影響を緩和することができたのは、女性（特に既婚女性）の労働参加率が高まったことと、定年延長などによって高齢者の労働力参加率が上昇して、何とか経済成長率の大幅低下を食い止めたのである。

第2に、日本人が平均的には生活の豊かさを感じるようになったので、勤労意欲の低下が見られた。これは労働時間の減少ということでデータ上で確認できることであるし、働

不良債権の処理
郵政民営化
規制改革

き方としても働くことを最優先にしたひと昔前のようにガムシャラに働くということをしなくなったことが大きい。これらのことは確実に労働の側から経済成長率の低下をもたらすが、著者自身はむしろ好ましいことと評価している。一言でその理由を述べれば、働きすぎだった日本人が少しでも労働時間が短くなり、しかも過重労働の肉体的・精神的圧力から逃れられ、何よりも自由な時間が増加して、人間らしい生活のできる可能性が高まることを大いに評価したい。

第3に、新しい技術開発に陰りが見られるようになった。高度成長期には高いパテント料を支払って外国から新しい技術を導入できたが、日本企業が世界の企業の競争者になる時代に入ると、そう簡単に新技術を導入することが困難となったことは当然である。そうであるなら自企業、あるいは自国で新製品を生み出すとか、安い費用で生産できる新技術を開発するとかに成功すればよいが、一部の産業（例えば自動車など）を除いてそれが困難となった。というよりも、発展途上国が技術水準を高めてきたことにより、日本企業の技術水準に追い付いてきたり、時には追い越すようになったので、これらの国からの輸出額が増加して日本からの輸出に取って代わる時代になったのである。

第4に、この時期に日本における地域間格差が深刻度を増すようになった（これに関しては、例えば橘木・浦川［2012］を参照）。もともと大企業と中小企業の間、そして中央と地方の間には格差は存在していた日本であったが、小泉内閣の時期に地方への公共投資の額を減少させる政策をかなり大胆に行ったし、その後の内閣も大なり小なりそれを

公共投資の減少

踏襲するようになったのである。財政赤字の累積を食い止めるという目標以外に、公共投資そのものにムダな投資があるとの認識が高まったこともある。

地方に公共投資を行うということは、意図的に地方の中小企業を経済的に潤すという目的があったので、中央の大企業と地方の中小企業の格差を小さくする役割があった。この政策は小泉内閣以前のほぼすべての内閣が採用してきたことなので、地域間の経済格差は何とか過大にならずにすんでいたのであった。その政策が弱くなると、地域間の経済格差は拡大に向かうこととなった。そうすると地方の企業や地方で働く人の経済上での地位はかなり弱くなり、経済弱体化の象徴となる。

地方や中小企業が弱くなっても、一方で中央や大企業が強くなれば、平均すれば日本企業、あるいは日本経済は低迷しないかもしれないが、この時期にもう一つの変化が発生していた。それは当時の円高基調によって輸出が苦しくなったので、日本企業が外国への工場進出、あるいは直接投資をする時代に入っていたのである。現地生産をすると国内の生産量や雇用が減少することとなり、GDP（国内総生産）は減少する。何となく国内経済が低迷する印象を与える。しかしGNP（国民総生産）には大きな変化がないので心配は無用であるという声はあるが、少なくとも国内の雇用が減少することの痛手は大きいのである。

第5に、後の章で詳しく述べることであるが、この時期から日本経済は産業構造の変化という時代に入った。すなわち農水産業といった第一次産業はかなり以前から生産量、労

財政赤字の累積

地域間の経済格差

直接投資と現地生産

GDP（国内総生産）

GNP（国民総生産）

働力ともに減少していたが、生産量と労働力が製造業を中心にした第二次産業から、商業・サービス・金融といった第三次産業に大きくシフトすることとなった。日本ではこれら第三次産業の生産性が低いことはよく知られていることであり、これらの産業のウエイトが高くなるということは、日本経済全体が弱体化の中にいることを意味する。サービス産業化の進展が、「失われた20年」のもう一つの顔なのである。

第6に、金融の専門家から日本の金融システムが以前ほどうまく機能しなくなったことが指摘されている。例えば星・カシャップ［2013］によると、バブル崩壊後に地価が大幅に下落したことにより、金融機関が企業への貸し出し額の決定の際、担保価格が下落したので、貸し出しに慎重になったことがある。あるいはゾンビ企業（倒産寸前の不良企業）に対して、これまでは追い貸しという手段で金融機関が貸し出しを続行していたが、それを行わなくなったことによって企業投資の量が少なくなった。これらの現象は、企業の新規投資の量が下降することを意味するので、経済成長率が低下に向かうことを後押しすることとなる。

第7に、これは第1で述べたことと関係があるが、少子高齢化現象が1990年代あたりから日本で明確に意識されるようになり、これが国民に対して社会保障制度（年金、医療、介護など）が将来にはうまく機能しなくなるのではないか、という不安を多くの日本人に与えることとなった。将来への生活不安が大きいと、人々は防御の姿勢に入るので家計消費を抑制して、将来に備えて貯蓄をしようとする。

サービス産業化の進展

ゾンビ企業

少子高齢化現象
社会保障制度

日本の総貯蓄率はこの頃から低下し始めたが、その最大の要因は人口の年齢構成の変化による（すなわち貯蓄を取り崩す高齢者の増加と貯蓄する若者の減少）のであるが、個々の家計の立場にすれば、将来の社会保障に不安があるのなら自分で守らねばならないと思って消費を抑制する行動に出る。これはマクロ経済における家計消費の減少をもたらすので、景気の動向に対しては不景気を意味することになる。しかも政府はこの社会保障への不安感を和らげるための政策を採用してこなかったので、ますます不安感を高めることとなった。少子高齢化による社会保障制度への不安感が、経済の低迷をもたらす一つの要因として作用したのである。

民主党政権の3年間の功罪

小泉首相以降の自民党政権であっても首相が毎年替わるし、旧来の政治を続けている自民党政権に国民は嫌気を感じて、２００９（平成21）年の衆議院選挙で民主党に新政権を託した。欧米諸国の多くが二大政党システムの中にいるという現状に日本人も親しみを感じて、政権交代を望んだのであった。例えば、アメリカであれば民主党と共和党、イギリスであれば労働党と保守党、ドイツであれば社民党とキリスト教民主同盟というように、中道左派と中道右派が政権交代を繰り返しながら、それぞれの国の政治・経済を健全に運営しているので、民主党政権への変化は中道左派の政策が日本でも導入されるだろう、との国民の淡い期待もあったのである。

二大政党

例えばどのような政策が考えられるかといえば、行きすぎた規制緩和策の抑制、弱者への支援策の強化、社会保障制度の充実など、アメリカの民主党、イギリスの労働党、ドイツの社民党などの政策を日本でも導入されるのではないか、という期待があった。

しかしこの期待は見事に裏切られた。次の三つの要因があったと判断される。第1に、これまでの一時期の社会党が政権を担当した時代を除いて、自民党による何十年間にわたる長期政権の下にいたので、野党にいた民主党議員の多くは政権担当の経験がなく、一言で表現すれば政権の運営が下手であった。一方の野党の自民党は政治のやり方では経験豊富なので、与党の政治に対して抵抗する手段に長じていた。

第2に、基本的に民主党は自民党を離れた人から、社会党を離れた人までを含む、いわゆる寄り合い世帯なので、統一した政策を打ち出せないという欠点を持っていた。すなわち、中道左派の政策を売りにはしたが、内部では様々な主張・意見の持ち主がいて、統一された政策をなかなか打ち出せず、「決められない政党」としてのイメージを国民が抱くようになった。すなわち民主党への期待度が低下した。

第3に、自民党政治を見限って一見中道左派、あるいはリベラル思想になびいたかに見えた日本国民であったが、本質は保守政治あるいは自民党政権が望ましいという判断が多数の日本人の中にあった。すなわち、ひどい自民党政治に「ノー」を突きつけただけで、底流は保守主義あるいは新自由主義を信じる人が日本国民の多数派だったのである。多少民主党の新しい風に期待はしたが、期待外れに終わったので元の自民党政治に戻るのが好ましいと国民は思ったのである。それが2012(平成24)年の第二次安倍《あべ》内閣の誕生につながったである。

ここで民主党政権の功罪を経済に限定して簡単に評価しておこう。功としては、行きすぎた規制改革に多少の歯止めがかかった。例えば、派遣労働者に関しては、弱い立場に落ちすぎる派遣労働者のあり方に規制を設けたことや、最低賃金額のかなりのアップを実行したことである。目標を時給1200円、当面は1000円としたので画期的なことであった。特に最低賃金の上昇策は、生活苦の中にいる低所得者の救済にかなり貢献したと評価できる。しかし日本では最低賃金を引き上げることに対する抵抗は経営者からはある意味当然としても一部の経済学者からの反対論もあり、自民党政権に復帰した今日では、最低賃金の大幅アップは期待薄である。もう一つ忘れてならない功としては、年金、医療、介護、失業などの社会保険制度への加入に関して、正規労働者以外の人(例えば短時間労働の人など)が加入できる道を拡大したことにある。名だけの国民皆保険制度からはほど遠い現状だったところを、一歩も二歩も前進させたことは大きな成果である。

罪に関しては具体的に悪い政策を挙げるよりも、「決められない政治」として、多くのことが達成されなかったことを再述しておきたい。代表例として、ムダな公共投資を象徴するものとして八ッ場《やんば》ダム(群馬県)の工事中止を政権の発足当初に大々的に宣言したが、結局は中止をできずに工事は続行ということとなった。ムダな公共投資の削減策は経済政

派遣労働者

最低賃金の上昇

国民皆保険制度

ムダな公共投資の削減

策として正しい方策であったが、それがかけ声だけに終わったという結末だったのである。安倍新政権の下では景気浮揚策の一環として、公共投資の増加が進んでいるのである。

アベノミクスの「三本の矢」はどのように評価できるか

第二次安倍政権は日本経済を再建すると宣言して、「三本の矢」を主張して、実行しようとした。安倍《あべ》首相によるエコノミクスなので、アベノミクスと称されて、内外で注目を浴びた。このアベノミクスを解説して評価しておこう。

「三本の矢」を具体的に述べれば、第一の矢は大胆な金融政策の実行である。第二の矢は機動的な財政政策である。第一の矢と第二の矢は不況対策とみなしてよい。第三の矢は規制緩和や戦略特区を設けて、経済活性化をはかる経済成長戦略である。

もう少し具体的に述べれば第一の矢に関しては、ゼロ金利の下では金利引き下げ政策が採用できないので、量的緩和策という新しい方法を用いた。いわゆるインフレ・ターゲット（2％）を設定して、「カネ」を大量に市中に流してデフレーションからの脱却をはかったのである。この政策の効果は、景気対策としては良い方向には進んでいるが、円安と株高を招いた結果、2年を経過してもインフレ率2％を達成しておらず、もう少し待たねばならない、と日本銀行も政府も認めている。

第二の矢に関しては、法人税の減税と公共投資の増加策が柱であり、ひと昔前のケインズ政策と大差がない。

アベノミクスの「三本の矢」
大胆な金融政策
機動的な財政政策
経済成長戦略

インフレ・ターゲット

ケインズ財政政策はケインズが当初に主張した頃と比較すると、最近になるとさほど好ましい効果を生まない時代になっており、多くは期待できない。むしろ財政赤字を深刻にする可能性の方が危惧される。さらにムダな公共投資につながる可能性も秘めている。

これに関して安倍内閣は財政支出の削減策として、社会保障費の削減を実行したい気が強いとされる。以前の自民党・小泉内閣は社会保障費を数年間にわたって年額およそ2000億円ほど削減したのであるが、これが自民党が選挙で敗北した一つの理由と考えられたので、安倍内閣はなかなか社会保障費の削減策を前面に出してこないのである。政治の世界では社会保障費の削減はタブーのところがある。なお社会保障制度をどうとらえたらよいかは、後章で再び論じる。

第三の矢に関しては、自由な経済活動を企業にやらせるのが規制緩和や競争賛美主義なので、勝者はますます栄えるが、敗者の劣位が深刻になる恐れがある。内閣は労働の分野での規制緩和策に重点をを置いている節がある。低成長時代に入って企業は労働費用の節約策に走った結果、パート、アルバイト、期限付き雇用、派遣などといった非正規労働者の数を増やしたが、労働の規制緩和策の強化は、ますます非正規労働者の不利さを助長させかねない恐れがある。もう一つの成長戦略である戦略特区策は、地方の中でも経済の強い地域を生み出そうとするものであり、逆に取り残された地域は弱くなり、地域間格差を際立たせる可能性を秘めている。

非正規労働者

戦略特区

以上がアベノミクスの概要である。経済活性化を第一の目的としていて、三本の矢を放ったのであるが、その成果は多少は出現した。失業率は減少したし、経済成長率も時にはマイナスの数字があった時期から脱却して、ゼロ%以上の数字を出している。従ってアベノミクスはある程度の成功を収めたと評価してよい。

しかし国民の賃金や所得は期待されたほどは伸びず、従って生活水準の向上は見られていない。さらに景気が多少良くなり経済成長率もポジティヴになっているとはいえ、その恩恵を受けているのは中央にある大企業とそこに働いている人だけであり、地方経済や中小企業で働いている人、そして労働者として弱い立場にいる人（代表的には非正規労働者）にはまだ恩恵が及んでいないのである。

第 4 章

戦前から戦後において、人はどこで働いていたか

第一次産業、第二次産業、第三次産業
サービス産業化
イギリスの産業革命
ブルーカラーとホワイトカラー
労働力率、労働参加率、有業率
男性の就業率
三世代住居
女性の労働力率
富国強兵・殖産興業政策
専業主婦と良妻賢母
女性の労働力率のＭ字型カーブ
勤労、家事、育児の三重苦
ベビーブーム
定年年齢
ワーク・ライフ・バランス
育児休業制度
共働き世帯と片働き世帯
ダグラス＝有沢の第２法則
夫婦合計の家計所得

人は経済生活を行うには大半の人が働いて所得を稼がなければならない。もとより大富豪のように資産を巨額に保有して、金融資産保有による利子や配当、そして土地・家屋の保有による地代や家賃だけで食べていける人もいるし、子どもや専業主婦のように誰かの被扶養者になる人とか、引退者で年金や貯蓄を取り崩して食べている人もいるが、働くということは大半の人にとって必須なことであった。そこでこういう働く人がどこで働いていたかが、労働供給と労働需要の交点で決まるが、その結果を歴史的にたどってみよう。

4・1 戦後はどの産業で働き、どの職業に就いていたか

日本経済の産業構造の変化

第2章の表2-1を参照されたい。この表から得られる事実は、農業国家であった日本が、まずは製造業中心の工業国家となり、その後は商業、金融、サービス業などを中心とする第三次産業の国になっているのである。

ここで重要なことは、高度成長期の終了する頃には、第三次産業に従事する人が第二次産業のそれを既に凌駕していることである。日本は「モノづくり」大国で、繊維、鉄鋼、家電、自動車などと時代の変化はあるが、良質・低価格な製品を外国に輸出して食べているイメージが強かった。しかし働いている人数から評価すると、必ずしも製造業が中心ではなく、むしろ金融、商業、サービス業に従事する人が当時からもっとも人数としては多かったのである。サービス産業化は1970年代（昭和45~54年）から既に起こっているのであり、現代ではそれが70%にまで達しようとする勢いである。同時に第一次産業が10%を切り、第二次産業も20%にまで低下しているのである。ただしサービス産業などでは生産性が低く、そこに従事する人々のかなり多くの人が低所得で苦しんでいるという実態

第一次産業、第二次産業、第三次産業

サービス産業化

がある。例えば小売りや介護の分野で働く人の低賃金は周知のことである。これら所得格差に関することは別の章で詳しく検討する。

イギリスの産業革命

日本の戦前から現在にかけて、人がどの産業で働いていたのか、何で飯を食べていたのかを歴史的な発展から評価すれば、大胆に要約すると「農業→製造業→サービス業という流れ」にある。経済発展はこのような歴史を経験しているし、世界のほとんどの先進国もこのような流れを経験しているのである。代表例としてイギリスを考えてみよう。世界で最初に発生したイギリスの産業革命の以前では、ほとんどが農業と小規模の商工業従事者だったが、産業革命によって製造業が隆盛したことはよく知られている。第二次世界大戦前からその後にかけて、世界に冠たる産業資本の国であったが他国との競争に敗れ、イギリスの製造業はほぼ完全に衰退し、現代では金融、商業、サービス業で食べていると言っても過言ではない。象徴的には、イギリスの自動車会社はほぼ消滅し、自動車生産は外国資本でなされていることでわかる。イギリスはこの変遷を200年から300年かけて経験したが、日本は70年から80年という短い期間でこれを経験してしまったのである。

産業構造の変化に伴う職業の変化

次に、どのような職業に就いているかを、表2-2で確認しておこう。この表の職業、あるいは仕事の種類については、次の五つに大別されている。すなわち、(i)農林漁業関係、

(ii)生産・運輸関係、(iii)販売・サービス関係、(iv)事務・技術・管理関係、(v)分類不能、である。先ほど述べた産業別の労働力とやや共通している。職業としては(i)と(ii)が主として肉体労働（ないしブルーカラー労働）、(iv)が非肉体労働（ないしホワイトカラー労働）、(iii)がその中間の職業とみなされる。

戦争直後は農水産業がもっとも重要な産業だったので、労働者としても農林漁業関係の職業に就いていた人がもっとも多く、50%近くの高さであった。それが時の経過とともにコンスタントに低下し、現代では5%程度の人が農民・漁民であるにすぎない。戦後になって急激に従事する人のいなくなった職業なのである。

その低下を埋める職業は、生産・運輸関係、販売・サービス関係、事務・技術・管理関係の職業なのであり、増加の一途であった。しかし注意すべきことは、生産・運輸というブルーカラー労働者は、1975（昭和50）年ごろまでは増加していたが、その後は下降に転じたのであり、製造業の盛衰の姿と一致しているのである。一方で、販売・サービス関係と、事務・技術・管理関係の職業はコンスタントに増加傾向を示した。特に事務・技術・管理というホワイトカラー職に就いている人の増加が目立った。

以上をまとめると、農林水産業の現場、製造・運輸のブルーカラー職に就いている人の数はかなりの減少を示しているのに対して、サービス職やホワイトカラー職に就いている人が、60%を超している比率になっていることがわかる。すなわち、日本人はモノづくりで食べているのではなく、ホワイトカラーとサービスという職業で食べている時代なので

ブルーカラーとホワイトカラー

ある。

4・2 男女の労働力比率はどのように変化したか

食べるために働かざるをえないが、何%程度の人が実際に働いているかを労働力率、労働参加率、有業率と称するが、ここでの関心はそれである。成人男性のほとんどは働いているので話題にすることはほとんどないが、女性（特に既婚女性）が働くか働かないかはこれまでも論じてきたように、多大な影響があるので詳しく検討する

労働力率、労働参加率、有業率

戦前の男性のほとんどが働いていた

男性で働かない年代といえば、幼児時代と学業をしている年代、そして労働をやめて引退してからである。若い人にとっては何歳まで学校に通うかが重要であり、卒業後にほとんどの男性は働くことになる。従って学校教育年齢の長い人（すなわち上級学校に進学する人）ほど労働開始年齢が遅くなる。明治時代、大正時代にあっては上級学校に進学する人が非常に少なく、12歳か14歳という小学校（高等小学校を含む）を卒業して働く人が多く、旧制の中学校に進学したのは少数派であり、そういう人は17歳あたりから働き始めたのである。中には就学経験のない人も少しはいた。

ここで男性の就業率を見てみよう。例えば1880（明治13）年では20〜24歳男子の

男性の就業率

97・9%、1900（明治33）年では96・2%、1920（大正9）年では94・4%の人が就業していたので、ほとんどの若年男子は働いていた。これを中年の男子（年齢が30歳代と40歳代）に関して見ると、20〜24歳で示した3つの時代で比較するとそれぞれが99%、99%、98%前後というように限りなく100%に近く、ほぼ全員の中年男子は働いていたのである。ごく一部の超富裕層や華族などが働いていないだけであった。ほとんどの男性も年を取ると引退するが、戦前における引退年齢に関する情報は少ないので、ここではそれを語らない。むしろ重要なことを1点だけ書いておくと、戦前の死亡年齢は50代という若い年齢だったので、引退後の人生は短く、引退世代の生活保障というのはそう大きな問題ではなかった。しかも成人した子どもが三世代住居で示されるように、老親の生活の面倒を見るという社会習慣があったこともこれに寄与した。働ける世代のほとんどの男性が働いたというのがここでの結論である。

三世代住居

戦前の女性の就業はM字型カーブを描いていない

女性の労働力率

男性よりもはるかに興味深いのが女性の労働力率である。表4-1は1880〜1920（明治13〜大正9）年までに関して、いくつかの年齢階級別に女性の労働力率（表では具体的には有業率）を示したものである。いくつかの重要なメッセージがある。

第1に、明治初期という明治10年代（1877〜86年）には、全ての年齢階級において（ただし60歳以上を除く）女性は70%以上が働いているのであり、約4分の3の女性が働

表 4-1　女性の年齢5歳階級別有業率：1880〜1920年

（単位：%）

	20〜24歳	30〜34歳	40〜44歳	50〜54歳	60歳〜
1880（明治13）年	80.14	78.53	78.19	71.52	37.25
1890（明治23）年	74.75	71.98	72.09	66.02	34.41
1900（明治33）年	70.25	66.51	66.99	61.41	32.04
1910（明治43）年	65.99	61.33	62.17	57.06	29.80
1920（大正９）年	60.54	54.71	56.00	51.49	26.92
（国勢調査）	（59.27）	（55.25）	（59.27）	（59.27）	（59.27）

（注）　国勢調査は1920（大正９）年のものである。
（出所）　梅村・赤坂・南・髙松・新居・伊藤［1988］.

く時代だったことである。なぜ60歳以上が低かったかといえば、当時の寿命は短かったので、この年代の人は相当の高齢を意味したからである。戦後の１９６０年代（昭和35〜44年）には女性の就業率は50％台だったが、現在では女性も働く時代を迎えてかなり上昇して、60％台を超えて70％に近づこうとしている。明治の初期にあって女性の働く比率はこれよりも高かったのである。専業主婦というのは、所得が高い夫と結婚している少数の女性だけにすぎず、大半の女性が働く時代だったのである。

これはひとえに日本経済がまだ未発展で所得の低い社会だったことに原因がある。大半の家庭では夫が働くだけでは家計を運営できず、妻も夫と同様に働いてやっと生活ができる所得を得ることができたのである。しかしたとえ夫婦が働いていても家計所得は決して高くはなく、多くの家庭での生活水準は低かったのである。もう一つ妻が働く重要な要因として、女性の働く職場が農家や小規模な商店や工場だったので、家庭内において夫も妻も農作業や商業・工業に従事していたのである。

第2に、明治時代も中期、後期、そして大正時代に入ると、女性の労働力率が多くの年齢階層で低下傾向を示す。これは時代が進んで富国強兵・殖産興業政策もある程度の成功を収めたし、経済発展を経験することになったので、国民の所得も上昇して、必ずしも妻が働かなくても夫の所得だけで食べていける家庭が増加したことによる。1920（大正9）年では女性の平均労働力率は55％前後にまで低下している。専業主婦が増加したことを意味するのである。専業主婦の増加した理由は、夫の所得が増加したという経済的な理由に加えて、良妻賢母が女性の役割という思想が強くなって、夫や子どもに尽くすのが女性の理想像と社会で考えられるようになったことも影響している。

第3に、戦前の明治時代、大正時代にあっては、戦後の女性労働力率を特徴づける「M字型」カーブというのが顕著ではない。「M字型」カーブというのは、女性の勤労は学校を卒業してから結婚・出産までの若い時代は働き、その後一時期は子育てのために労働をやめて、子育てが一段落した35歳から40歳あたりを中心にした年齢になってから、再び働き始める女性の多い姿を想定している。従って年齢別に労働力率のカーブを描くと、アルファベットのM字型に似ているので、そのように呼ぶのである。例えば1880年から1920年にかけて表4-1に示されるように、年齢別の労働力率はほとんど差がなく、M字型の凹んだ部分はないか非常に小さいので50歳まではほぼ高原状であった。

時代が進むに従って平均すれば女性の労働力の低下したことは既に強調したが、年齢別に見た場合には結婚や出産によって労働を一時やめる姿は見られず、M字型ではなく高原

富国強兵・殖産興業政策

専業主婦

良妻賢母

女性の労働力率のM字型カーブ

型を続けていることがわかる。例えば40年後の1920（大正9）年であっても、50歳まではすべての年齢層において、50％半ばの労働力率である。これはどのようなことを意味しているかを述べれば、働く女性にとっては結婚や出産によって仕事をやめることを可能にするような夫の所得の高さがないことや、農業や商業に従事している既婚女性が多いので、子育てしながらも労働を続けなければならない、という家庭の事情が影響しているのである。

戦前の既婚女性にあっては、働く女性においては働くこと以外に、家事・育児という三重苦を強いられていたのであり、過酷な生活を送らなければならない女性が多かったのである。もっとも戦前にあっては三世代住居で象徴される大家族制度だったので、一緒に住むかあるいは近所に住む祖父母や親族が若い母親を家事や子育てで助けていた。従って三重苦のいくらかの部分は和らげられていたのである。それでも専業主婦よりはきつい生活なので、三重苦にいる既婚女性はできれば働かなくてもよい専業主婦を「夢」と考えたのは不思議ではない。

戦後の労働力率はどのように推移したのか

最初の関心は労働力人口そのものの動向である。戦争による死傷者の発生によって少し労働力人口は低下したが、戦後の経済復興とその後の経済成長により、労働力人口は増加に転じた。さらにそれに拍車をかけたのは戦後のベビーブームで象徴されるように、人口

重苦　勤労、家事、育児の三

ベビーブーム

の増加であった。このことが労働力人口の増加をもたらした。数字で示せば、1953（昭和28）年に3989万人であった労働力人口は2009（平成21）年には6671万人になっており、約半世紀の間に実に1・7倍の急増である。経済の成功と人口の増加が両輪となっていたのである。しかし、20世紀末の出生率の低下により、現在では労働力人口は低下を示している。ここでの数字は、国立社会保障・人口問題研究所による『人口統計資料集（2015年版）』でわかる。

戦後の男性については、戦前と同様のパターンを示していてほぼ全員に近い男性が働いていたので、図表に示してまで議論する必要はない。ただし図4-1は2010年の数字を示している。ところで戦後になると、高校進学率、そして後には大学進学率が上昇したことにより、男性が働き始める年齢が引き上げられたことと、一方で日本人の寿命が延びたことにより、男性の引退年齢が延びたことだけは付言しておこう。後者に関しては、企業での定年年齢が戦後の長い間は55歳だったが、それが60歳にまで延ばされたし、現在では65歳まで引き上げられることが議論されていることでそのことがわかる。

男性よりも興味深いのは女性の労働力率の変化である。戦前にあっては女性に「M字型」カーブの形状は見られなかったが、戦後になると結婚・出産による労働からの一時的な引退が20歳代後半から40歳前後にかけて見られるようになる。それと同時に戦後から高度成長期にかけて、女性の労働力率そのものが減少したことも強調しておきたい。それは女性に専業主婦志向が強まったことに起因している。戦前の既婚女性は勤労、家事、育児

定年年齢

の三重苦にいたことを述べたが、戦後になって家計が豊かになる（すなわち夫の所得が高くなる）と既婚女性が働くことによって家計補助をする必要のない家庭が増加したことによる。一部の女性は専業主婦の夢を達成したのである。

なぜ「M字型」になったのかと言えば、結婚・出産によって家事と育児の負担が女性に重く課せられるので、少なくとも一つの役目である働くことから引退して三重苦から免れようとするのである。その事実を統計で確認しておこう。図4-1は女性の年齢階級別の労働力率を1980年、1990年、2010年の3時点で示したものである。M字型がもっとも顕著に目立つのは30年前の頃の1980（昭和55）年である。20〜24歳あたりの若年層では70％にも達する労働力率であるが、25〜29歳から30〜34歳までは50％以下に低下している。この年齢が既婚女性にとって結婚、出産、育児の時期に相当することは自明である。子育てが一段落した35〜39歳あたりから再び勤労を始める姿がわかる。

ここで二つの注意点を述べておきたい。第1に勤労を再開した女性であっても、若い時のように70％に達するような高い労働力率ではないので、一時的の引退期を経てからも労働を再開しない女性も存在するということ。第2に、25歳から34歳の女性であっても50％前後の人が労働力として働いているので、結婚・出産しても一時的に引退せずに、若い頃から年をとるまで働き続ける女性がいることを示しているし、この中には独身で働き続ける女性もいることに留意したい。むしろこのように働き続ける女性の方が、一時期引退する女性の数よりもかなり多いことを理解しておきたい。

図 4-1　女性の年齢階級別労働力率：1980～2010年

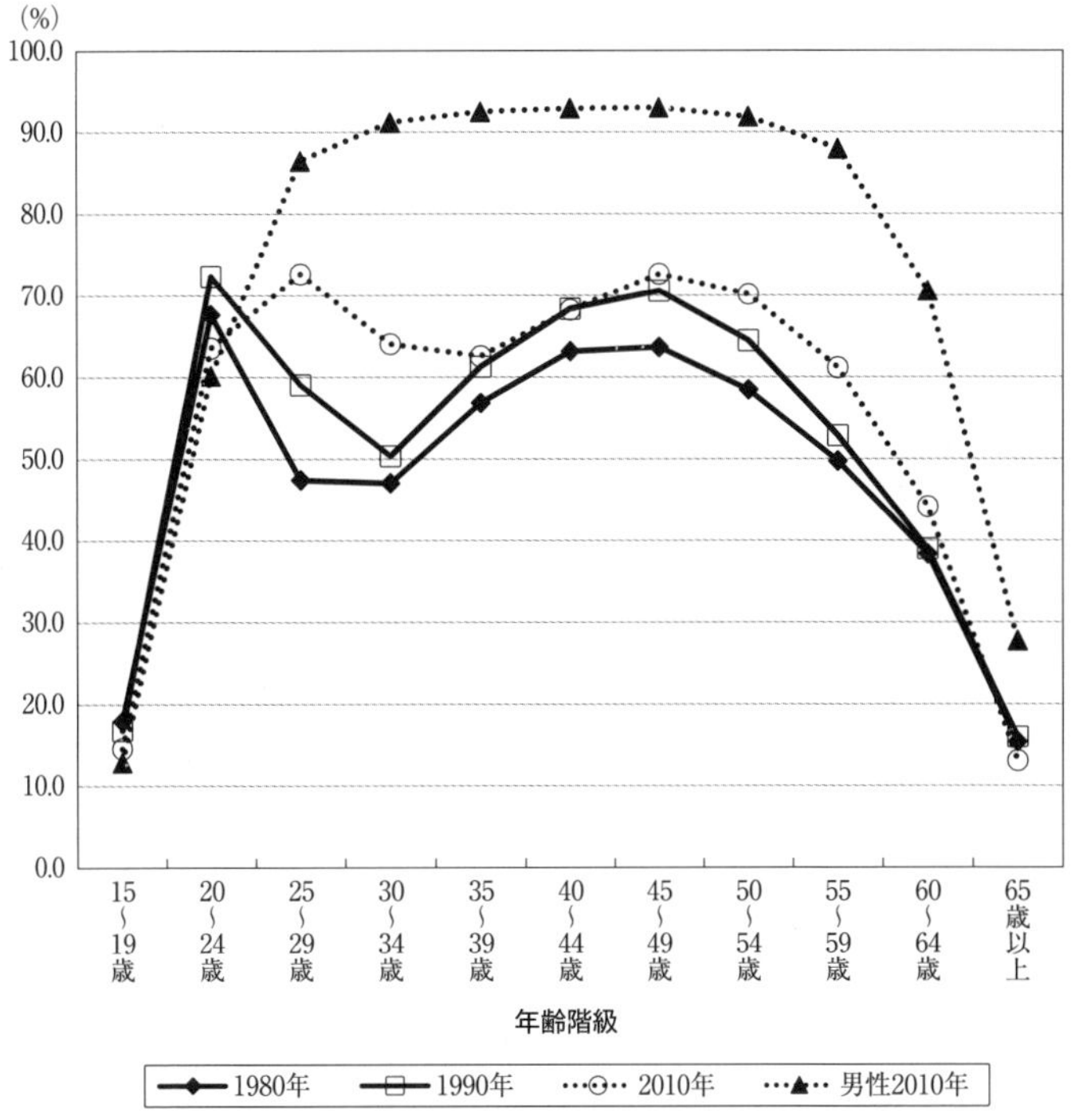

（資料出所）　総務省統計局「労働力調査」.
（出所）　太田・橘木［2012］.

ここで25〜29歳というかつては結婚・出産によって労働をやめる女性は多かったものが、一時的な引退せずに働き続ける人が増加していることを統計、すなわち図4-1で確認しておこう。この年代の女性の労働力率の変化は、1980（昭和55）年の40％台から、現在まで上昇を続け、今では70％を超す勢いである。

「M字型」カーブに即して解釈すると、20年後、30年後の2010（平成22）年になるとM字型に凹んだ部分のへこみが減少し、若い頃と比較してわずか5〜6％ポイントの低下にすぎない。独身女性で働き続ける人が増加したことと、結婚・出産しても働き続ける女性の多くなっていることを示している。これから10年あるいは20年以内には女性の労働力率のM字型の凹んだ部分が消滅して、欧米のように高原型になる可能性が高いと予想できる。すなわちほとんどの女性が結婚・出産によっては労働をやめない時代になりそうである。

この現象はいくつかの要因で説明できる。第1に、女性の教育水準が高くなったことにより、自己の賃金などの上昇によって働き続けたいと思うことや、夫から経済的に独立したいという動機が高まったことにより、勤労への意欲の高まったことが大きい。第2に「ワーク・ライフ・バランス」論の普及により、既婚女性が子どもを持ちながら働くことのできる制度が、まがりなりにも充実してきた。それは代表的には育児休業制度の導入とその後の発展によって、休業中の子育て支援と賃金支給が可能となったのである。育児休業後にも働きながら家庭生活を同時に行えるような制度的なサポートが社会で芽生えたこ

ワーク・ライフ・バランス
育児休業制度

とが大きい。特に夫が妻のワーク・ライフ・バランスを支援する場合の増加が見られる。具体的には夫が妻と同様に家事・育児をシェアーすることである。しかしこのような夫婦はまだごく少数派であり、竹信［2013］が警告するように、妻に家事・育児の負担がより多く課せられていることは事実である。特につらい家事を誰が行うのか、という本質的な問題を解決しない限り、ワーク・ライフ・バランスは前に進まない。

女性（特に既婚女性）が働くことによって、家庭に注目すれば、共働き世帯への影響が大きい。ここ30年間に関して、共働き世帯と片働き世帯（すなわち妻は専業主婦）の比率がどう変化しているかを見ておこう。それは図4-2によってわかる。すなわち夫のみが働き、妻は専業主婦という片働き世帯の数は、1980年の1100万世帯から2010年には800万世帯にまで低下しているのに対して、夫と妻の両者が雇用者か自営業者、夫ないし妻のどちらかが雇用者ないし自営業者という共働き世帯が増加している。その合計が現代では約2150万世帯なので、片働き世帯のおよそ2・7倍の大きさである。

夫婦が二人で働けば稼得所得は片働き世帯のそれよりもかなり高くなるのは当然であり、共働き世帯が多数派なので、家計所得の格差が大きくなる理由となる。家計所得に関しては、従来は夫の所得が高ければ妻は働かず、逆に夫の所得が低ければ妻は働くという、「ダグラス＝有沢の第2法則」が成立していた。これは夫婦合計の家計所得の平等化に貢献していたのである。最近に至ってこの法則が消滅しつつあることを橘木・迫田［201

共働き世帯と片働き世帯

ダグラス＝有沢の第2法則
夫婦合計の家計所得

図 4-2　共働き等世帯数の推移：1980～2010年

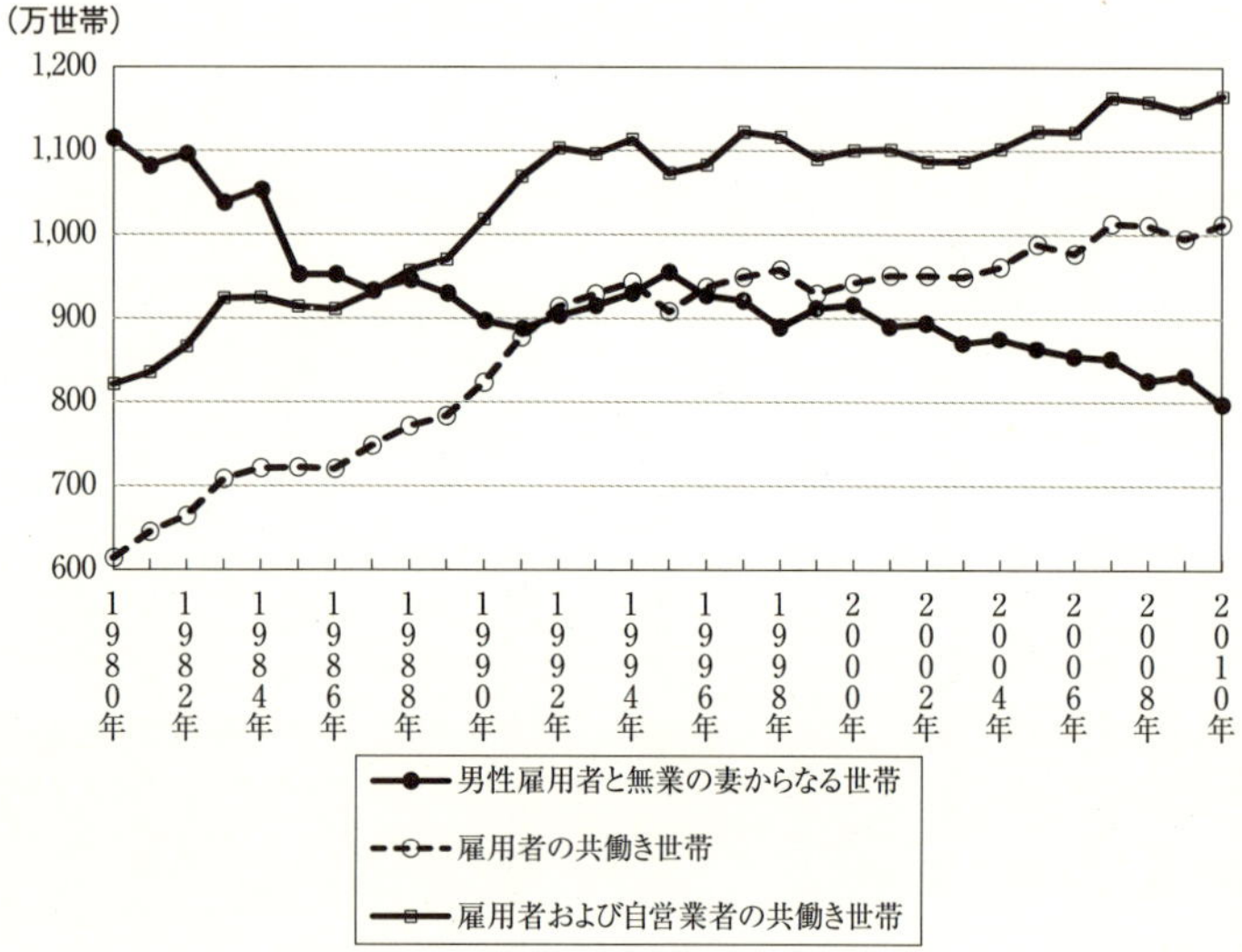

（出所）　太田・橘木［2012］.

2］では示した。すなわち夫の所得の大きさとは無関係に妻が働くか働かないかを決めているのであり、これは夫婦合計の家計所得の格差を拡大することにつながっているのである。これに関する詳しいことは橘木・迫田［2012］を参照されたい。

第 5 章

日本企業の特色とコーポレート・ガバナンス

長期雇用と終身雇用
年功序列制
企業別労働組合制度
産業別・職種別労働組合
労使協調路線
メインバンク制
株式持合い制
企業系列取引
長期取引のメリット・デメリット
「創造と破壊」(シュンペーター)
外部労働市場と内部労働市場
二重労働市場論
暗黙の契約理論
セーフティ・ネット
補助職と一般職
日本企業のコーポレート・ガバナンス
ステーク・ホールダー
株式会社、合名会社、合資会社、合同会社
株主資本主義
エージェンシー問題
依頼人(株主)と代理人(経営者)
モニター、モニタリング活動
情報の非対称性
契約の不完備性
労働者の経営参加
労働の柔軟性
ワーク・シェアリング

高度成長期の頃から日本では企業に雇われて働く人の数が増加した。換言すれば、農業や商業という自営業の人が減少したのであるが、自営業と雇用者の比較は次章で行うとして、本章では、働き手の大半を雇用するようになった企業の成長と特色・役割等について考えてみる。

5・1 高度成長期の日本企業

高度成長を支えた日本企業の特色

高度成長

年率10％前後の高度成長を示し1950年代後半から70年代前半（昭和30～50年当時）までの日本経済において、その原動力となったのは当然のことながら企業であった。設備投資額、生産高、売上高、利潤額などの企業業績を示す指標の成長率は非常に高かった。「Japan as Number One」（『ジャパン・アズ・ナンバーワン』ヴォーゲル［1979］）と外国からも称賛されるほど日本企業は強かったし、このお蔭で日本人の所得は高い速度で伸びたし、生活水準も高くなったのである。ここではその原動力である企業の内情を探求して、成功の秘密を考えてみよう。

この時期の日本企業が成功した理由に関しては外国からの関心が高かったし、それに応えて日本の経済学者からの発信もあった。その代表例として、青木［1978、2001］を挙げておこう。青木昌彦の経済分析はゲーム理論を用いたエレガントな数学手法に依存しているが、その数学的な分析側面よりも、本書では制度の特色と直感的な解説を試みよう。

この時期の日本企業は次の標語によって特色づけられる。(1)長期（終身）雇用制、(2)年功序列制、⑶メインバンク制、⑷株式持合い制、⑸企業系列取引、⑹二重構造制、である。企業成長の中核にいるのは大企業であり、⑴から⑶は大企業に特有な制度である。大企業のまわりにいる多数の中小企業と中核に存在する大企業との関係を示したのが⑷から⑹である。ただし⑷は大企業同士の関係も含んでいる。

ここでこれらの標語を簡単に解説しておこう。⑴長期（終身）雇用制と⑵年功序列制は労働市場、労使関係を示す言葉である。長期雇用とは労働者が長期間一つの企業で働き続けることであり、その特殊例は学卒後の新入社員の時から定年まで働き続ける終身雇用である。年功序列制とは労働者の昇進や賃金の決定を、原則としてその人の年齢と企業での勤続年数を基準にして行うものである。この二つに加えて、⑺企業別労働組合制度を日本企業の特色とすることもある。

ここで企業別労働組合制度について一言説明しておこう。労働者は自分たちの権益を守るため、あるいは企業から不当な処遇を受けることのないように、法律によって労働組合を持つことが容認されている。そのメンバーに誰が入るのかに関して、その企業で働いている従業員だけに限定していることを企業別労働組合と呼ぶ。なお欧米では日本企業と異なって、同じ産業ないし同じ職業で働く労働者が企業横断的に労働組合を形成するので、産業別、あるいは職種別労働組合と呼ばれる。換言すれば、日本では異なる職業で働く人であっても、一つの企業の労働組合に属するのである。なお企業別労働組合制が日本企業の労使協調路線を生むことになった理由の一つであったことを指摘しておこう。

長期雇用

終身雇用

年功序列制

企業別労働組合制度

産業別・職種別労働組合

労使協調路線

とはいえ現代に即していうと、企業別労働組合に加入する労働者はほとんど正規社員であり、パートや派遣といった非正規社員は通常排除されている。非正規労働者が40％弱に達している日本企業では、労働組合は正社員のみで構成されており、多数の非正規社員が利益を受けることはない。とはいえ、正社員で構成される労働組合であっても、戦後は50％あった加入率も今は20％を切っているので、労働組合の発言力は低下しているのが現状である。

(3)メインバンク制と(4)株式持合い制は、金融・資本面の取引に関することである。(3)メインバンク制とはある企業が特定の銀行と特殊な関係にあって、融資額が第1位であってしかも融資額の変動がほとんどない状態をさし、もしもその企業が経営不振に陥ることがあれば、その銀行は格別の金融支援策を行って倒産を未然に防ぐことをお互いが暗黙に了解している。これを担保するための手段として、お互いの企業の株式を保有し合うのが(4)株式持合い制である。ここでの株式持合いとは非金融企業と銀行の間でのことであるが、グループ企業内であれば親会社と子会社という非金融企業同士、あるいは金融機関同士、それに双方同士が株式持合いをすることもありうる。

(5)企業系列取引とは主として非金融企業でのグループ企業間において、中核企業と部品を生産して親企業にそれを納入する下請け企業との関係を意味する。わかりやすい例としてはトヨタ系列企業群、日立系列企業群などがあるが、他の大企業もこういった系列企業グループを形成している。なお下請け企業においても、一次下請け、二次下請け、と下位

正規社員と非正規社員

メインバンク制

株式持合い制

企業系列取引

に行くほど裾野は広がるし、権力支配関係も段階に応じてその強弱が異なる。当然のことながら下位に行くほど上位企業に対する発言力は弱い。

二重構造制

(6)二重構造制は、(1)から(5)とは性格に異にしていて、大企業と中小企業間には賃金、労働条件、資本集約度、生産性など様々な格差のあることを意味する言葉である。特に高度成長期に顕著であったが、現在でも続いていることなので、後で詳しく検討する。

日本企業では長期取引が重視される

ここで挙げた日本企業の特色のうち、(6)を除き、(7)を加えた分については、当時の日本企業が効率的に運営されていた理由として高く評価されている。これを「長期取引を重視することによるメリット」として解釈できることを論じておこう。

長期取引のメリット

長期取引のメリットとは、生産品をある企業が継続的に購入してくれるのなら、その企業の経営戦略はベネフィットを受けることは間違いないし、新規購入者を探すという苦労も小さいのである。

長期雇用のメリット

ここで労働者に関しての長期取引に注目すると、長期雇用のメリットは、長期間その企業で働くことによって職業訓練を施してもムダになることはないし、しかもその企業の生産体制に習熟するので技能が向上する可能性は高くなるし、企業への忠誠心を高めることが可能となる。年功序列のメリットは若い間の低賃金を中・高年になってからの高賃金で補うことができるし、中・高年になってから子どもがいることによって、生活費が多く必要となることにうまく対応できる。さらに、若い時期に退職したり転職してしまうと、中・高年になった時に予想される高い賃金を放棄するデメリットがあるので、長期勤続を促すことが可能となる。もう一つの大きなメリットは、若い頃に処遇の差を付けないので全員が高い勤労意欲を持つことに期待できる。

メインバンク制は企業経営が苦しくなった時には金融支援があるという安心感が持てるし、株式持合いにはそれを背後から保証するメリットがある。金融機関のメリットとしては、諸々の事務（例えば給料振り込みや資本取引など）をその企業と継続的に行えることがある。さらに株式持合いには不特定の企業や外国資本からの買収や乗っ取りのリスクを小さくできるというメリットがある。企業系列取引のメリットは、部品の納入が系列企業から必要な時に迅速になされることを保証することにある。系列企業にとっても親会社からの注文を確実に期待できる。ここで述べたことは、企業取引を長期の視点から行うことができるメリットなのである。

長期取引のデメリット

もとより長期取引にはデメリットもある。代表的には長期取引による安心感のメリットに安住して、新しいことに挑戦するとか、リスクを覚悟でビジネスにあたる、といったことを避けることがあるかもしれないので、新しい成長を求めるという観点からはデメリットとなりうる。あるいは取引を開始するまでに時間と費用がかかるので、なかなか取引が成立せずにビジネス・チャンスを失うことがある。とはいえ高度成長期においては総じていえば長期取引のメリットがデメリットを上回っていたので、デメリットについては詳しく論じない。

労働者の長期雇用に関してもデメリットを指摘できる。すなわち解雇されることがないので、安心感を持ちすぎて働くことに熱心にならないことがありうる。こういう人が増加すればその企業の労働生産性は低下してしまい、他の企業との競争に負けるかもしれないし、企業の成長率が低下するかもしれないデメリットである。

大企業と中小企業との間の二重構造問題

長期取引のことを離れてこの時代を特色づけることは、大企業と中小企業の間の格差問題である。二重構造問題として、主としてマルクス経済学側から、そして近代経済学側（例えば尾高［1984］を参照）からもこのことが論じられていた。玄田［2011］によると、企業規模間格差は今日の日本企業でも存続していることとされる。そこで戦後を通じての日本企業の特色として、ここで議論しておきたい。

尾高［1984］によると、大企業と中小企業との間の格差、例えば賃金、長期勤続者数、生産性に関する格差は、戦前から存在していたことなので、戦後になってから急に出現したことではない。しかも現在まで続いている性質なので、日本企業の特質を示す重要なものと理解しておこう。では一体どのくらいの格差なのであろうか。Tachibanaki［1996］は他の条件をコントロール（すなわち性、年齢、勤続年数、教育、産業、職業、地域）して、すなわちこれらの特性を共通にすることによって、純粋に企業規模による賃

表 5-1　企業規模の大小による賃金格差：1978年と1988年

（単位：%）

従業員数	1978年		1988年	
	以前	以後	以前	以後
5,000人～	28.61	23.11	32.10	27.16
	(7,448)		(8,647)	
1,000～4,999人	20.49	17.03	21.86	15.96
	(7,356)		(7,091)	
500～999人	9.95	5.61	9.24	2.68
	(3,552)		(3,667)	
300～499人	1.01	−3.31	−1.55	−5.60
	(3,235)		(3,038)	
100～299人	−7.54	−12.10	−11.93	−15.37
	(8,215)		(7,271)	
30～99人	−15.71	−19.90	−20.29	−23.36
	(10,382)		(9,330)	
10～29人	−21.24	−25.34	−25.34	−28.78
	(−8,355)		(7,329)	

（注）1）“以前”はコントロール前，“以後”はコントロール後の優位さと不利さを示す.
2）カッコ内は企業数.
3）マイナス印は不利さを示す.

（出所）Tachibanaki［1996］.

金格差がどれほどかを計算しているので、それを表5-1で確認しておこう。参考のためにコントロール前の数字も示した。

これによると、従業員5000人以上の巨大企業では、平均的な企業（およそ300人前後の企業）よりも25%前後の高い賃金であるし、逆に10~29人の極小企業は25~29%の低い賃金である。巨大企業と極小企業の間では、およそ50%の賃金差が存在するという激しい格差である。当然のことながら、両極端である巨大企業と極小企業の間にある大企業と中小企業においても、前者が後者よりも賃金の高いことは明らかに示されている。まとめると、日本企業では賃金の企業規模間格差はかなり大きいのである。

この賃金の企業規模間格差が大きいのか、それとも小さいのか、読者には判断しかねるところがあるかもしれない。欧米諸国では日本より小さい数字が学問的研究によって示されているし、それらを推定した研究例すら少ないことから、欧米諸国では重要な話題でないことがわかる。賃金の企業規模間格差とは、日本で目立つ現象なのである。

ではなぜ日本では大企業が中小企業よりも高い賃金を支払うことができるのだろうか。いろいろな理由が挙げられる。大企業は第1に、資本すなわち機械や設備に恵まれているので、それらを用いることによって高い生産性を示すことができる。第2に、金融面においても金融機関からの融資環境に恵まれているので、資本や設備を豊富に調達できる立場にいる。第3に、外国企業から優れた技術や生産方法を導入することのできる可能性が高い。第2で述べたことはこのことを優位に行えることの条件となる。第4に、優秀な労働者を抱えている可能性が高い。これは先ほど述べた表5-1のコントロールにおいて学歴や職業をコントロール変数として用いているので、企業規模間における学歴差や職業差は主張できない。しかし同じ大学卒であっても、名門大学出身の人が大企業に多いということまではコントロールしていないので、優秀な労働者が大企業に多いであろうことは否定できない。

このように日本では企業規模間格差は賃金を代表にして大きいのであるが、ここで日本

表 5-2　企業規模別に見た日本の企業：2010年度

	企業数（社）	売上高（兆円）	経常利益（兆円）	従業員数（万人）
合計	2,812,953	1385.7	50.8	4192.4
うち大企業	6,218	542.5	32.5	865.5
中小企業	2,806,735	843.3	18.2	3327.0
構成比・合計	100.0	100.0	100.0	100.0
うち大企業	0.2	39.1	64.1	20.6
中小企業	99.8	60.9	35.9	79.4

（注）大企業は，資本金10億円以上の企業．売上高は，金融業，保険業を除いた値．
（出所）財務省「法人企業統計」（2010年度）．

の企業、労働者を規模別で見ると、どのように分布しているのかを確認しておこう。表5-2は企業数、売上高、経常利益、従業員数などの分布を示したものである。中小企業をどう定義するのかは役所によって異なる。財務省「法人企業統計」では資本金10億円以上が大企業、それ以外は中小企業である。経済産業省管轄の中小企業庁では資本金3億円以下、または従業員300人以下の企業が中小企業である。ここでは「法人企業統計」を用いる。

表5-2によると、日本企業を数の比率で評価すると、大企業は1%にも満たない少数比率であり、圧倒的多数は中小企業なのである。ところで売上高となると39%対61%となって中小企業の比率が少し低くなる。それが経営利益となると大企業が中小企業を上回るので、大企業は効率の高い経営を行っている、資金豊富なので成長志向が強い、という解釈ができる。本書の関心からすれば、従業員数の比率が重要である。従業員数の比率では大企業が21%、中小企業が79%なので、日本では大半の人が

中小企業で働いていることを意味している。換言すれば、中小企業で働く大多数の労働者は低い賃金に甘んじているのであり、高い賃金を得ているのは大企業で働く少数の労働者に限られているのである。すなわち少数の高賃金稼得者と多数の低賃金稼得者がいること、そしてその賃金額の差はかなり大きいということは、日本の労働市場、そして格差を語る時の重要な特質であることを明記しておこう。

5・2 低成長時代の日本企業

バブル経済を経験した日本企業はどう変化したか

1980年代後半（昭和60年以降）にバブル経済を経験し、その後に崩壊を経験してから、日本経済は「失われた20年」と言われる長期の不況期、あるいは低成長時代を迎えた。日本企業が弱くなってしまった、という認識でよい。他の諸外国の企業なり経済が強くなりつつあったので、日本企業が外国企業との競争に負けて敗北の道を歩み始めたという側面もなくはないが、主たる理由は日本企業の内部から生じたことであった。

どうであったかをまとめてみよう。高度成長期と安定成長期においては、日本企業の持っていた特色が良い効果として作用したが、バブル期以降はその特色が悪い方向に作用するようになったのである。もう少し具体的に言うと、長期取引を重視する特色は、企業経

長期不況期・低成長時代

営を独創的ないし革新的に行うに際してはむしろ障害となりうる可能性がある。すなわち、海外企業との競争に立ち向かうためには、新しいことに挑戦せねばならないが、長期取引に固執しておればそれが困難であることは明らかである。例えば、ドラスティックなリストラにはなかなか踏み込めないだろうし、新製品や新技術の開発という新機軸を打ち出せないかもしれない。あるいは外部環境が急激に変化した時にも、それにスムーズに対応できないのである。

これら長期取引に依存するやり方に対して、奥野［1997］は日本企業の「共同体組織」と「リスク回避型経営」の二大特色として批判した。この弱点を克服するための一つの手段として、伊藤［1998］は日本企業は分社化を行う必要があると説いた。すなわち、大企業の姿のままでいると企業内でいろいろな部署なり人々が複雑にからみあっているので決定が遅くなるが、一つの目標だけに特化したグループを分社化して、少なくともその企業がスムーズに行動できるようにすればよい、と主張している。

日本企業の変革方式については、経済学者シュンペーターが主張した「創造と破壊」による新機軸を打ち出すことにあるが、その具体的な方策に関しては産業によってかなり異なるので、それはその分野の専門書に譲り、ここでは低成長下に入った日本企業が採用した政策による効果を考えてみたい。

一番大きな変化は労働の面で出現した。低成長の時代に入ると、雇用している人数が過剰になるし、労働費用の節約も課題となる。当時「リストラ」という言葉が頻繁に登場し

日本企業の「共同体組織」と「リスク回避型経営」

分社化

「創造と破壊」（シュンペーター）

リストラ

たことで示されるように、従業員の削減策が多くの企業で採用された。解雇、出向、一時帰休、希望退職、新規採用の削減、配置転換など、企業内での移動を含めた労働移動に大きなインパクトを与えた。すなわち人々は企業間、取引企業、企業内を問わず、労働流動性の高まる時代に入ったのである。高度成長期に特徴的であった長期雇用という性質はやや弱まったのである。

労働流動性の高まり

ややという但し印が重要である。日本では、例えばアメリカで代表されるような非常に高い労働流動性を示すようになったのではなく、労働移動にコミットする人とそうでない人の区別がかなり明確となったのである。前者の人々が属する場を外部労働市場、あるいは縁辺労働市場と呼び、後者の人々が属する場を内部労働市場と呼ぶこともあった。すなわち労働者全員が労働移動にコミットするのではなく、一部の人はそれにコミットしなかったのである。重要なことは、後者の内部労働市場にいる人の雇用は安定し、かつ賃金も高かったが、前者の外部労働市場にいる人の雇用は不安定なので労働移動を繰り返す確率は高いし、かつ賃金は低かったのである。

外部労働市場（縁辺労働市場）

内部労働市場

この内部労働市場と外部（縁辺）労働市場の格差は、企業規模間格差で特徴とされた「二重構造論」と類似したことを意味する「二重労働市場論」である。双方ともに、恵まれた条件にいる労働者と恵まれない条件にいる労働者が並存していること、を主張する理論なのである。

二重労働市場論

この時期に一つの新しい現象が労働市場において発生していた。それは労働移動に関することであるが、日本の労働者が意図的に他社に転職することへの躊躇感が薄れて、転職率が高まったのである。終身雇用制が優勢であった頃は、魅力的な他社への転職を控えていたが、賃金をはじめ仕事の質やその他で好条件が得られる可能性があれば、他社に転職する人の数が増加するようになったのである。意図的な転職希望者の増加とそれを容認する社会の姿である。

正規労働者と非正規労働者の格差

実はもう一つの格差が労働市場に登場することとなった。それは同じ企業内に働いている労働者であっても、身分上の違いを歴然とすることによって、恵まれた人とそうでない人の格差が顕在化したのである。それは最近においてよく言及される、正規労働者と非正規労働者に関することである。ここで正規労働者（あるいは正社員）とはフルタイムで働く人であり、解雇されることなく雇用が永続的に続くとみなされている労働者であり、非正規労働者（あるいは非正規社員）とはパート労働、期限付き雇用、派遣社員、といったようにフルタイムで働く人ではなく、雇用の保障はない労働者である。もとより正規労働者とて解雇の可能性はゼロという保証はなく、企業が大きな規模の縮小をはかるといった非常時には解雇がありうるのであり、暗黙に労使が長期に雇用すると了解しているにすぎない。このことを経済学では「暗黙の契約理論」と称している。

暗黙の契約理論

非正規労働者はどれほど増加したのであろうか。まず数字で確認しておこう。図5-1はバブル発生の直前から現代まで、労働者のうち非正規労働者が何%を占めているかを示したものである。およそ30年前の1984年には非正規労働者はわずか15%にすぎなかっ

図 5-1　正規・非正規雇用者数の推移：1984～2013年

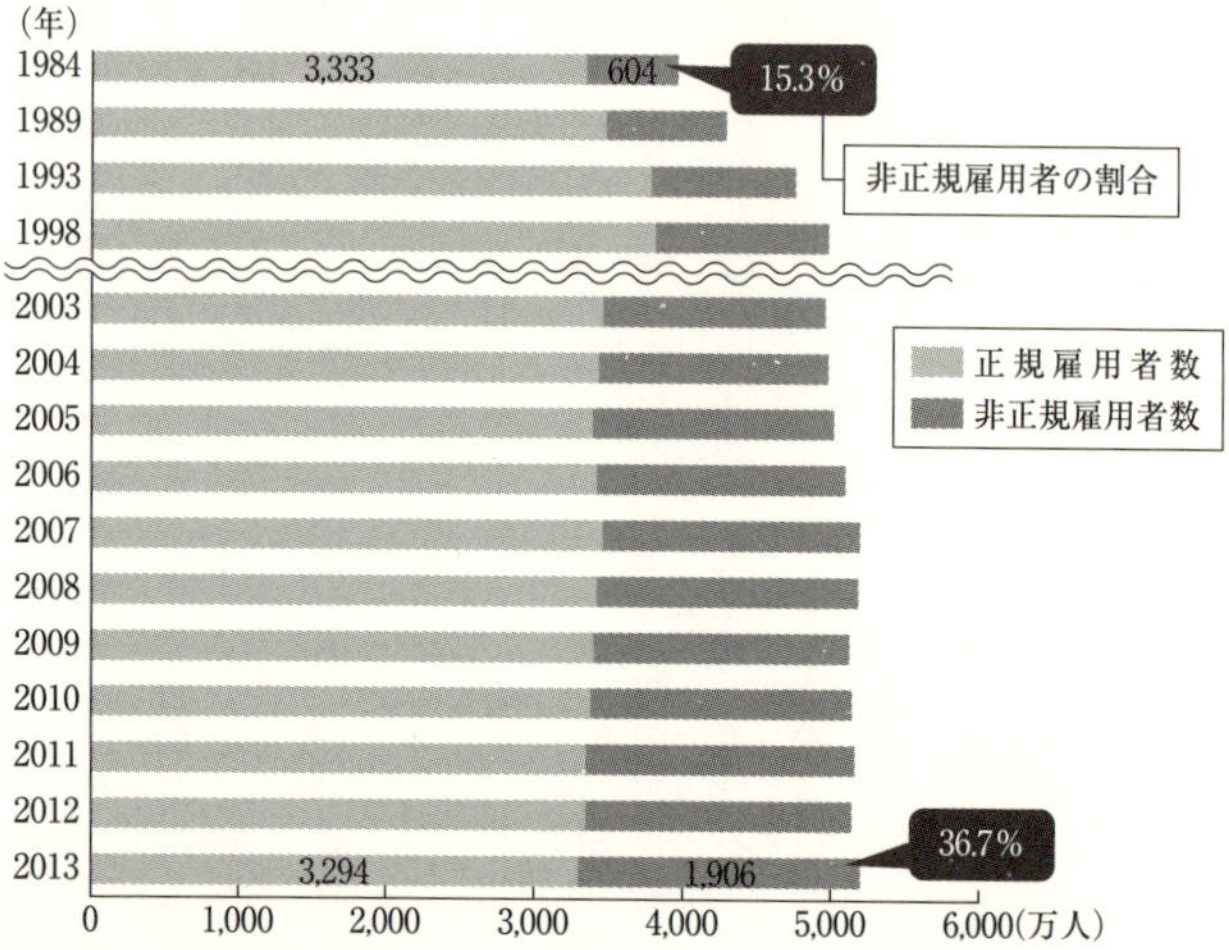

（注）雇用形態の区分は勤め先での呼称による.
（出所）総務省「労働力調査」.

たが、現在では37%という高さにに上昇していることに驚かされる。労働者のうちおよそ4割弱が非正規労働者として働いているのである。もとよりパートタイムで働く既婚女性を代表として、自らが望んで非正規労働で働いている人も多いので、非正規労働の人の多いことを非難することはできない。あるいは若者や高齢者の一部も意図的に非正規労働を選択している。

問題は正規の人と非正規の人の労働条件の差にある。具体的には、まず第1に、一時間当たり賃金に大きな格差がある。正規を100とすれば、非正規は50~70の賃金が普通である。これは同じ仕事をしていてもそうであるし、それに加えてボーナス支払いが非正規労働者にはほとんどないことを強調しておこう。

ついでながら全生涯を正規労働者、非正規労働者で働き続けると、どの程度の生涯賃金の格差があるかを内閣府では推計している。男性の正規労働者で2億3900万円、女性で1億3800万円であるが、それが非正規労働者では男性が1億6700万円、女性で9900万円である。生涯賃金の格差は男性で7200万円、女性で3900万円であり、巨額の差となっている。以上の数字は、厚生労働省の「賃金構造基本統計調査」を用いた結果である。

第2に、パートをはじめ種々の非正規労働者は、年金、医療、介護、失業といった社会保険制度から排除されていることが多い。1週間の所定労働時間が20時間以上の労働でないと社会保険制度に加入できないので、多くの非正規労働者には社会保険というセーフティ・ネットが確保されていないのである。これは国民全員が社会保険に加入しているとする「国民皆保険」を誇りにしている政府関係者の思いに反することなのであり、非正規労働の人にとっては恵まれない労働条件の一つである。

最後に、なぜこれだけパートをはじめ非正規労働者の数が増加したのか、簡単にまとめておこう。第1に、低成長時代に入れば当然のことながら労働費用の節約に企業は走る。既に述べたように、非正規労働者のうちかなりの割合の人は社会保険に加入しておらず、そういう人を企業は雇用すれば社会保険料の事業主負担分を払わなくてよい。社会保険料の負担は多くの場合に労働者と企業の折半なので、社会保険に加入していない非正規の人

社会保険制度
セーフティ・ネット
国民皆保険

を雇うことは企業にとってメリットとなる。当然のことながら、賃金が安くかつボーナス支払いのないこともメリットである。

第2に、企業間の競争が激しい中、企業内ではいろいろな仕事に従事している人がいる。仕事の水準が高く、遂行の困難な仕事に就いている人もいれば、逆に比較的単純な仕事に就いている人もいる。後者に関しては必ずしも正規労働者ではなく、非正規労働者でも十分に仕事をこなすことができる。ひと昔前の企業であればこういう仕事をする人も正規社員として雇用していたが（代表的にはそれらの人は補助職や一般職と称されていた）、こういう人の採用数を削減してパートや派遣労働といった人に代替することが多くの企業で実行されたのである。

第3に、企業の仕事の中では忙しい時と暇な時のあることは当然である。代表例を示せば、レストランや外食業ではお昼時と夜間に人手を多く必要とするし、観光地ではホテル業などでは繁忙期が必ずある。こういう時間や期間に限って非正規労働者を雇用することのメリットは大きい。他の産業でもこれに類似することは多々あるので、忙しい時期に非正規労働者を多く雇用するのである。

以上、二重構造論、二重労働市場論、正規労働者と非正規労働者の間の格差論などと、労働者間に存在する様々な格差のあることを考えてきた。いつの時代においても恵まれた労働者と恵まれない労働者は確実に存在する。ただしその時代において格差の発生する原因や事象が異なることと、どういう格差が発生しているかの違いが存在するのである。

補助職と一般職

5・3 日本企業のコーポレート・ガバナンス

企業を保有しているのは誰か

本章は日本企業を論じるのが目的であるから、コーポレート・ガバナンスのことを避けて通れない。コーポレート・ガバナンスとは「企業統治」と訳されるように、企業の非効率性を排除して企業価値を高めるための方策をいろいろ考えること、ということになる。企業を取り巻く人々や組織は、経営者、従業員、株主、取引先企業、金融機関、消費者、政府などいろいろであり、これらがどういう関係にあるのかの実態を調べたり、望ましい関係のあり方について論議するのである。ここで日本企業のコーポレート・ガバナンスを考えてみよう。なお従業員もコーポレート・ガバナンスにおける重要なステーク・ホールダー（企業と利害関係のある人）であるが、労働者については本書のいたる所で論じたし、次章でも自営業者と雇用者はどう異なるかを考えるので、ここでは多くを論じない。

コーポレート・ガバナンス論でもっとも基本的なことは、企業を保有するのは誰か、ということにある。株式会社であれば当然のことながらそれは株主である。企業には社株式会社以外にも合名会社、合資会社、合同会社など各種あるが、日本では全法人企業のうち約96％が株式会社なので、企業を語る時は株式会社で代表させてよい。

日本企業のコーポレート・ガバナンス
ステーク・ホールダー

株式会社、合名会社、合資会社、合同会社

企業は自社の株式を発行して外部から資金を調達して企業経営を行うのであるから、企業の所有者は株主ということになる。企業の資金調達方法は銀行からの借り入れ、社債発行による調達など他にもいろいろあるが、これらの資金調達法は有限責任であり、無限責任の株式とは異なる。ここで無限責任とは、もし企業が倒産した場合に出資額の回収が不可能（すなわち株式は紙屑同然となる）なことを意味し、有限責任とは、貸借という資金調達なので返済の義務があり、回収が可能な資金である、との違いがある。もっとも株式においても出資金を限度とする有限責任であるとの解釈は可能である。

法的には株式会社の保有者はこのように株主であるが、実質的にはあるいは現象として他のステーク・ホールダーも保有者とみなしてよい側面がある。まず、企業の100%が株主の保有とはみなせない理由を書いておく必要がある。株主は企業の保有者なので企業経営にいろいろ発言することが可能であるが、発言の機会は年一度の株主総会の場だけであるし、そもそも発言する人は少ない。かつての日本の株主総会は別称「シャンシャン総会」と呼ばれるように、株主は発言する機会が限られているし、経営者の意向どおりに総会が進行し、かつ決定されることが多いからである。もう一つの発言の場としては、会社の基本方針の承認・非承認の投票をする機会がある。株主の多くは、その企業の株価の上昇だけに関心があり、その企業がどういう経営をすべきかまで関心はさほどないからである。

むしろその企業の経営のあり方に関しては、株主よりもその企業に資金を提供している

企業の資金調達方法
有限責任と無限責任

金融機関の方がはるかに関心が高い。なぜならば、株式持合い制という日本企業の特色から、関連企業は株式の保有者だし、銀行などの金融機関はその企業の株式を大量に保有しているので、無限責任でもあり有限責任でもある株式保有者として企業が倒産などされたら困るのであり、その企業の経営に関心が高い。さらに金融機関は貸し出しや社債購入などによって多額の資金を提供しているので、それが回収できなければ困るのでその企業の経営への関心は高い。

このように考えると、日本企業の保有者は直接の株主だけではなく、関連企業や取引のある金融機関が重要な保有者であるとは言わないまでも、発言力の強い関係者であることに間違いない。コーポレート・ガバナンスという観点からすると、金融機関はきわめて重要なステーク・ホールダーになるのである。日本におけるメインバンク制については既に紹介したが、この観点からすると金融機関はもっとも重要なステーク・ホールダーになるのである。融資残高はトップだし、株式保有額も非常に高いので、取引相手企業の経営についてはは当然のことながら最大の関心を有するからである。

以上は日本企業のことであるが、アメリカ企業に目を転じると、日本のように金融機関の役割はそう大きくはなく、誰が企業の保有者であるかと言えば主として株主ということになる。日本のような株式持合い制度は顕著ではないので、ずばり株主の発言力が強いのである。アメリカ企業の経営者は株主の意向で動かされることが多く、もし企業経営の不振が続けば経営者は株主の意向によって即刻クビ、ということになる。経営の責任が経営者に帰される程度が高いので報酬は非常に高いが、良い経営者でないとわかるとすぐその職を外される立場にいるのである。これが株主資本主義の宿命である。

エージェンシー問題

コーポレート・ガバナンスを論じる時は、エージェンシー（agency）関係が重要となる。エージェンシー問題とは、人間社会における取引において、依頼人と代理人という両者が存在することに注目し、企業に関わるまわりの人々や組織を依頼人と代理人という関係で理解することから始める。具体的な例としては、株式会社であれば株主は自分の出資金に応じて配当を受け取るが、自分で企業を経営するのではなく、経営者にそれを一任するのである。株主は依頼人であり経営者は代理人となる。

この依頼人と代理人の間には様々な問題が発生するので、経済学はこの問題に取り組んできたのであり、エージェンシー問題と称されて様々なことがわかっている。それらのうちいくつかをここで紹介しておこう。依頼人（株主）は代理人（経営者）の働き振りを正確に把握できない、経済学ではこれを「モニターする」と呼ぶが、ある程度相手を信頼するしかない。ここで株主が経営者の働き振りをうまく観察できないことを、情報の非対称性と称する。すなわち依頼人は相手の情報を知りえないが、代理人は自分が怠けているかそれとも一生懸命になっているかを認識していることを情報の非対称性と呼ぶ。

さらに代理人（経営者）の働き振りがよくて企業業績が高ければ経営者に高い報酬を与

株主資本主義

エージェンシー問題

依頼人（株主）と代理人（経営者）
モニター、モニタリング活動
情報の非対称性

え、逆にそうでない場合には低い報酬で我慢してもらう、という契約をあらかじめ交わすのである。しかし契約を交わした後に企業で何が起こるかは予測しえない。例えばオイル・ショックが起きて石油の値段が大きく上昇して経営が苦しくなるかもしれないし、工場が災害に遭遇して生産ができなくなることもある。あるいは経営者が不正な取引（スキャンダル）にコミットして、企業が大きな問題を抱えることもある。このようにあらかじめの契約時に代理人（経営者）の報酬を決めておいても、不測の事態がありうるので契約どおりに支払いのできないことがある。これらのこと、すなわちあらゆることを想定して契約できないことを契約の不完備性と呼ぶ。

契約の不完備性

コーポレート・ガバナンス論においては、この情報の非対称と契約の不完備性をどう処理するかが主要な課題となっている。日本のメインバンク制度についても、メインバンクを依頼人、企業経営者を代理人とみなすと、ここでも情報の非対称性が存在する。銀行から資金を借り入れる企業は、自己企業のことなので経営の実態（経営がうまくいっているのか、それとも経営不振にあるのか）をよく知っているが、銀行側は貸出先企業の真の状態まではわからないことが多いし、企業は不都合な事実を隠す可能性すらあり、ここに情報の非対称性が存在することになる。企業の実態を知らない銀行は、大量の銀行貸し付けをその企業に対して行って、その企業の経営が不振に陥った時に大量の不良債権を抱え込む可能性すらある。

情報の非対称性が存在する時に、相手のことをよく知ろうとして努力することをモニタリング活動と称するが、日本のコーポレート・ガバナンスの研究においては、メインバンクが適切なモニタリング活動を行っていたので日本企業と金融の関係は基本的にうまく進んでいた、というのが一般の解釈であった。代表的には日本企業の素晴らしさをうまく解説した青木昌彦などによる功績でもあった。

しかしバブル期のあたりから日本の金融機関は、適切なモニタリングをすることなしに過剰な融資活動を行ったり、土地や株式への過激な投資を行ったので、金融機関が過剰な負債を抱え込むこととなり、経営不振に陥ったことは既に述べたことである。いつの時代でもコーポレート・ガバナンスがうまく機能していたのではなかったことを銘記したい。

労働者の経営参加とは何か

最後に、ステーク・ホールダーの一部（一員）である企業で働く労働者が、企業経営に一定の役割を果たすことのあることをここで述べておこう。それはドイツの企業に特有なことであるのだが、労働組合の代表が企業の経営トップ会議（取締役会あるいは経営協議会と称されることもある）に参加して、経営方針に関して発言する機会が与えられている。経営側が50％以上の発言権と決定権を保持しているのは事実であるが、労働組合にも一定の決定権があるのがドイツ企業に多い制度である。

この制度をうまく機能させるために、従業員自らが自社株保有を積極的に行うことがある。経営者が自社株を保有してインセンティヴを与えて、経営努力の結果自社株の値段が上昇してからオプションを行使して、経営者が大量のキャピタル・ゲインを得る方式はアメリカ企業におけるコーポレート・ガバナンスの一形態としてあることはよく知られている。ドイツ企業での従業員による自社株保有は、アメリカ経営者による将来のオプション行使を含んだ自社株保有とは大きく異なるし規模も小さいが、自社株保有という性質だけでは同じである。

なお労働者の経営参加をもっと徹底させた形式として、旧ユーゴスラヴィアで見られた「労働者自主管理型企業」という形態があったことを述べておこう。労働者が自主的に企業を創設して、労働と経営を同じ人間が行う方式である。資本家が労働者を搾取している、というのがマルクス経済学の主張であったが、経営者と労働者が一体であればそのような搾取は行われないであろう、という期待が持たれた。しかし労働者に経営者としての才覚を期待するのは困難であり、「労働者自主管理型企業」はそれほどの成功を収めることはなかった。

しかしドイツと旧ユーゴスラヴィアでの試みは、労働者もコーポレート・ガバナンスの有力なステーク・ホールダーになることができる、ということを世界に知らしめた価値があるし、ドイツ企業での成功は将来の企業にとってこの方式は選択肢の一つにあることを我々に教えている。

労働の柔軟性とワーク・シェアリング

労働者の経営参加とまでは言わないが、企業経営において労働者の権益を重視して不利となる処遇を労働者に対して行わないという方式があるので、そのことをここで述べておこう。この代表例は日本の高度成長期・安定成長期において顕著に見られたので、日本の労働市場を念頭にして論じることとする。なおこのことを世界に知らしておきたい希望の下で表したのが、Tachibanaki［1987］であることを付記しておこう。

まず企業は一度雇用した労働者を簡単には解雇しない姿勢にあったことを強調しておこう。労働者が職を失うとたちまち生活苦に陥るので、できるだけそれを避ける経営を企業は行うのである。売上高や生産高が減少するという不況期であっても労働者の数を簡単に削減しない方針を採用する。ただ労働者を雇用し続けると労働費用の削減が不可能なので、企業は他の方法を用いて労働費用を削減するのである。

その具体的な方策は、例えば、(1)超過勤務時間の削減、(2)(1)で不十分なら所定労働時間の削減すらある。(3)新規採用者数の削減。(4)労働時間の短縮で不十分なら、一時間当たり賃金のカットという案もありうる。なお一時間当たりの賃金をカットする前に、日本では、(5)ボーナスのカット、という手段のありうることを付記しておこう。

以上のことをまとめれば、労働費用の削減策として労働時間の短縮という策に優先度を与えるのである。そして労働時間の短縮策で不十分なら、まずはボーナスのカット、そして最後の手段として通常の賃金のカット策の採用である。このように労働時間を変動させることによって売上高や生産高の変動に対応する政策を労働の柔軟性と称するのである。労働時間の変動は労働者にとって総賃金額の変動を意味するので、労働者自身が犠牲を受け入れているのであり、雇用の保持のために労働者は柔軟性を示していると理解するのである。

ついでながら、(5)ボーナスのカット、という策は日本企業に特有な制度であり、景気の良い時には多額のボーナスを支払い、景気の悪い時には少額のボーナス支払い、あるいはゼロ・ボーナスという時もある。これも労働の柔軟性の一つの形態であるとして評価しておこう。

労働の柔軟性

問題は、(3)新規採用者数の削減である。景気の悪い時は既に働いている人の雇用を守るという目的で新規採用を控えるのなら、既得権益を保持している人の庇護であって求職者を差別している、という解釈はありうる。新規採用の抑制策は若者の失業率を高める可能性があるし、職のない若者が多いとそれらの人の技能の蓄積が進まず、将来の働き手が有能にならないことがありうる。実はこの問題はバブル破裂後の不況期に現実に発生したことであり、若者の失業率が10％前後と異様に高くなった理由の一つだったのである。

新規採用者数の削減と若者の失業率

高度成長期や安定成長期では新規採用の削減策に関しては、ある企業がその削減を行っても、他の企業は新規採用を続けているので、若者への悪効果は目立たなかった。したがって、この政策は採用できたのであったが、現在では若者の失業率が高いだけに勧められる政策ではない。労働の柔軟性を日本の労働市場における貴重な特色であるとの合意が労使にあるのなら、労働時間の変動策のほうがより有効であると言える。

しかしこの主張はひと昔前ほどの説得力はない。そう解釈する理由を二つ述べておこう。第1に、雇用優先という考え方は、アメリカ流の経営哲学が日本でも流布しつつある時代となっているので、そもそも雇用を維持するという思想への共鳴の程度が低くなっている。第2に、日本の労働者の中で非正規労働者が増加してきたことは既に述べたが、これは企業による労働費用の節約策として登場してきたのであり、既存の正規労働者の労働時間を削減するという政策への期待度は低くなっていると言ってよい。

以上をまとめれば、過去の日本の労働市場が世界に誇った労働市場の柔軟性、特に労働時間の柔軟性によって雇用を保持する意義は少し低下していると言ってよい。とはいえ、次の二つの点を強調しておこう。第1は、ボーナス制度の存在は今でも続いているので、この支払い額の変動策は今でも有効である。第2に、労働時間の変動は新しい雇用対策として「ワーク・シェアリング（仕事の分かち合い）」という考え方を満たすための重要な手段となっているので、この思想を促進して失業率を下げることがあってよい。

ワーク・シェアリング

なお「ワーク・シェアリング」の考え方は、1980年代〜90年代のオランダが高い失業率に悩んで、フルタイム労働者の労働時間を削減して、パートタイム労働者の採用を増やしたり、失業者を新しく雇用するための政策として採用され、成功を収めたのは有名である。その後ドイツやフランスも労働時間の削減によって、新しい雇用を増加させたのである。

日本の労働市場の柔軟性は既に雇用されている人の雇用を守るための労働時間削減策であったが、ヨーロッパのワーク・シェアリングは労働時間の削減によって新しい雇用者を増加させるという目的であり、両者は異なる目的を保有していることを強調しておきたい。しかし手段は労働時間の短縮策という共通のものである。

最後に、日本においてワーク・シェアリングがどのように受け入れられたかを簡単に述べておこう。バブル崩壊後の不況期に日本の失業率が5％を超える時期があったが、その時に日本でもワーク・シェアリングの導入が主張された。これに関しては例えば橘木［2002］を参照されたい。

結論を述べれば、日本ではワーク・シェアリングの導入は見られなかった。ごく一部で導入された企業や官庁はあったが、総じて言えば導入はなかったのである。なぜなかったかといえば、企業が新しい人を雇用することは未熟練労働者の増加を意味するので、企業の労働生産性が低くなることを恐れたのであった。もう一つの理由は、日本が低成長時代に入っているので、企業にそもそも新しい人を雇用する意欲がなかったことがある。別の言葉を用いれば、ワーク・シェアリングを用いてまでも日本の失業率を下げることの意義が日本では社会的に合意されていなかったのである。ヨーロッパでワーク・シェアリングを導入した国、例えばオランダやフランスは失業率が10％前後に達していたのと比較すれば、日本のそれは最大でも5％前後だったのであり、深刻度に差のあったことが反映されているのである。

第6章

自営業者が減少したにもかかわらず、一部は高所得者になる

暗黙の契約
転勤と出向
解雇法制
定年と年齢差別
日本国憲法第28条
団結権、団体交渉権、団体行動権（ストライキ権）
正規労働者と非正規労働者
賃金の支払い方
所定内労働時間と所定内給与
ボーナス（賞与）
超過勤務手当（残業手当）
社会保険料の事業主負担分（法定福利厚生費）
帰着の問題
法定外福利厚生費
退職金と企業年金
401K 制度
法定外福利厚生（企業福祉）
リスクに対する態度
自営業主と家族従業員
SOHO
廃業の増加と開業の減少
シャッター通り
起業家
スーパースター
トーナメント理論
昇進競争

人間が働いて賃金なり所得を得る道は大別して二つある。それは企業で働く雇用者と自己で働く自営業者である。細かく言えば雇用者にも、経営者と狭義な意味での雇用者の二つがある。前者は文字どおり企業の経営者なので雇われている人ではないし、あるいは狭義の雇用者を雇う人なのであるが、前章で見たように、経営者（代理人）も株主（依頼人）から雇われている人と解釈できるのである。経営者は別個に考察することが望ましい。

6・1 雇用者 vs. 自営業者

企業で働く雇用者

雇用者とは企業、公的部門（政府や地方公共団体）、非営利企業（ＮＰＯと称する）などで雇用される形で働き、賃金を得る人である。人がこれらの組織で働くには、労働契約を結ぶ必要がある。企業の場合には利潤追求が至上命題であるが、公的部門やＮＰＯなどは利潤を求めないので雇用者にも採用者の違いによる区別はある。ここでは主として企業での雇用者を念頭に置く。

人が企業で働くためには、企業と労働契約を結ぶ必要がある。企業の目的は利益の追求なので、企業で働く人もその目的に合うように働くことが求められる。企業の経営方針を決定するのは会社の役員層（経営者のこと）であり、その方針に従って各部門、各職場にそれぞれの役割が与えられる。その役割はさらに労働者レベルまで細分化され、各人の行う仕事内容が定められる。そして、具体的な仕事の進め方については、労働者が希望を述べることはあるが、基本は配属された職場の上司の指示に従わなければならない。その仕事を労働者が行えば、それに対する報酬として賃金が支払われる。労働者が与えられた職務を誠実に遂行することを誓い、企業がそのことに対する報酬を支払うことを約束すれば、労働契約が成立する。その際には、労働時間、労働の場所、賃金や退職金、雇用の期間などについて、企業と労働者の双方による合意が必要となる。しかしこれは建前であって、契約は文書で明確に交わされることは少ない。日本企業であれば「○○氏を採用あるいは雇用するという辞令か、○○日から○○日まで雇用する」といった内容の紙切れのみである。労働契約は暗黙の契約と称されることがある。

暗黙の契約

暗黙の労働契約が結ばれ、新しく雇用者になった労働者は、実際の仕事の内容について細かくは知らないことが多いし、その仕事を能率的にこなすだけの知識と技能を身に付けているとは限らない。そのため、企業は労働者を採用後に訓練することで、仕事を覚えてもらうように仕向ける必要がある。

転勤と出向

仕事の内容について具体的に契約がなされていない場合には、労働者は企業からの命令によって別の仕事を担当することがある。同じ職場でも仕事の内容を変えることは日常茶飯事であるし、職場を変わることも多い。あるいは、昇進して部下を持つこともある。企業の別の事業所で働いたり（転勤）、企業に籍をおいたまま関連企業で働く（出向）こともある。ちなみに、雇用者がどんどん実力を発揮して出世して会社役員になれば、もはや労働者とはみなされない。会社役員は労働者を雇って報酬を払う側の人たちであるからだ。

労働契約は経済的な取引の一つなので、事情によっては労働者あるいは企業によって破棄されることがある。例えば、他に良い就職先が見つかったり、今の会社で働くことがいやになったりすれば、労働者は自由に会社をやめることができる。企業も、基本的には労働者を解雇することで、労働契約を破棄することができる。労働者が職務に忠実ではなかったり、企業に不利益になるように行動したり、与えられた仕事を行う能力がない場合には、企業は労働者を解雇する。あるいは、これまで労働者が行っていた仕事がなくなったり、業績不振のために人員を減らす必要が迫られた場合にも、企業は労働者を解雇する必要に迫られる。ただし、労働者は企業に対して弱い立場であることが多い。

後者のような人員整理のための解雇については、法的に一定の制限が加えられている。それは「解雇法制」と呼ばれるもので、いろいろな条件を満たした時にのみ企業は解雇が可能である。日本の解雇法制は欧米のそれよりも厳しいとして、経営側から緩和の要求がある。ただし、労働契約にある一定の年齢に達した労働者をやめさせることが取り決められていれば、定年という形で企業は労働者を退職させることができる。なおアメリカでは定年は年齢差別なので憲法違反とされている。日本ではこの議論はまだなされていない。

企業に雇用された労働者がもっとも関心を持つのは、賃金などの労働条件である。会社は利益を追求する主体であるから、常に労働者にとって望ましい労働条件が保証されるわけではないし、しかも、個々の労働者は会社よりも弱い立場にあることが多く、一人ひとりが個別に会社と交渉しても、労働条件が向上する見込みは小さい。そこで日本国憲法第28条は、企業に雇用された労働者が、自分たちの労働条件を維持・向上させるために労働組合をつくり、一致団結して企業との交渉を行う権利を保障している。企業も組合活動をした労働者に対して差別的に取り扱ったり、正当な理由なく団体交渉を拒否することはで

解雇法制

定年と年齢差別

日本国憲法第28条

きないとされている。労働組合が会社との団体交渉を行っても当初望んでいた労働条件の向上が実現しなかった場合には、ストライキが行われることが認められている（ストライキ権）が、最近ではその実行はめったに見られない。

これまで述べたような雇用者としての働き方は、主に正規労働者（正社員）と呼ばれる人々に当てはまるものであった。しかし最近では、雇用の形態は多様化しており、必ずしも先に述べた事情がすべて適用されるわけではない労働者が増えつつある。例えばパートタイム労働者は、ある一定の仕事を正社員よりも短い時間だけ行う人々であり、転勤や出向を命ぜられることはほとんどない。派遣労働者は、派遣会社によって他の企業に派遣されて仕事をこなす人々であり、最近その数が急増している。実際の業務を命じるのは派遣されて現に働いている企業であるが、彼（女）らはその会社に雇用されているわけではない。あるいは、契約社員といわれる人々の多くは、一定の期間（例えば1年間）だけ会社に在籍して仕事を行う。このような人々は、正社員に対して非正規労働者（非正社員）と呼ばれる。

労働に対して支払われる種々の報酬

これまで人々の働き方について見てきたが、ここでは働くことに対する報酬について考える。自営業者の場合には、報酬は誰かによって支払われるものではなく、店の売上げや農作物を販売して得られる収入の一部が労働の報酬となる。雇用者のケースでは、会社な

団結権、団体交渉権、団体行動権（ストライキ権）

正規労働者（正社員）

非正規労働者（非正社員）

どから支払われる賃金が労働に対する報酬となる。ただし、賃金については様々な形態があるので、ここで整理することにしよう。

まず、賃金の支払い方としては、時間給、日給、月給、年俸の違いがある。アルバイトやパートタイム労働者などの短時間労働者に対しては、時間給を基本として労働時間に応じて賃金を支払う方法がとられる。1日当たりの日給で支払われるのは、建設労働者が代表的である。月給や年俸は、正社員に適用されることが多い。このような支払い上の形態の違いはあるが、あらかじめ決められた労働時間（所定内労働時間と呼ぶ）を働けば、それに応じた所定内給与が支払われる。しかし、労働者に対して支払われる賃金はそれだけではない。

第1に、ボーナス（賞与）がある。わが国の企業の多くは主に正社員に対して年に2度、月給の何カ月分かのボーナスを支払っている。ボーナスは所定内給与よりも企業業績に連動して額が決まるので、ボーナスをその時期に発生した企業利潤の労働者への還元とみなすことが可能である。とはいえ、企業業績が悪くともボーナスを支払っている企業もあることから、ボーナスはあらかじめ計画された賃金支払いとしての労働費用であるとも考えられ、評価の分かれるところである。いずれにせよ、ボーナスは企業が支払う賃金の一部である。

第2に、法律で定められた労働時間を超えた時間を働けば、その部分に対しては超過勤務手当（残業手当）として25％以上増しの賃金が払われる。これは法律で定められた支給

賃金の支払い方：時間給、日給、月給、年俸

所定内労働時間

所定内給与

ボーナス（賞与）

超過勤務手当（残業手当）

であるが、わが国ではいわゆる「サービス残業」といって、実際に超過勤務を行っているにもかかわらずそれに対して超過勤務手当が支払われないケースも多い。

第3に、企業は住宅手当、家族手当、配偶者手当、通勤費といった名目で、諸手当を払っている。これらも労働の対価と考えられるので、賃金の一部を構成する。ただし、これら全部を支払うことは法律で定まっているわけではないので、支払っていない企業もある。

以上が、代表的な賃金の項目であるが、そのほかにも企業が労働者を雇用するために負担している費用があることを忘れてはならない。

第1に、多くの労働者、特に正社員は社会保険に加入しているが、年金、医療、介護、失業についての各保険では、企業はその保険料を労働者とともに折半して負担している。労働者が仕事に関連する災害で病気になったり死傷したりすれば、労災保険から保険金が支払われるが、この保険料は企業が全額負担している。これらは法律で決まっているもので、社会保険料の事業主負担分（あるいは法定福利厚生費）と呼ぶ。

社会保険料の事業主負担については論争がある。それはその負担を誰が実質的にしているか、という点である。第1の見方は、それを企業の負担とするものである。第2は、それだけ賃金支払い額が減らされているとみなして、実質的には労働者が負担しているとするのである。第3は、生産品の価格が上げられているとみなして、実質的に消費者が負担しているとする見方である。これら誰が実質的な負担者であることを示すことを、帰着の問題であると称する。経済学界においてはこの帰着の問題はまだ決着がついていない。

サービス残業

社会保険：年金、医療、介護、失業、労災

社会保険料の事業主負担分（法定福利厚生費）

帰着の問題

第2に、社宅、保養所、慶弔費へ支出している企業があるが、これらは法律で支払いが決まっているものではなく、労働者に対する福祉的な支払いである。これらの費用は法定外福利厚生費と呼ばれる。

第3に、退職金がある。これは、労働者が会社をやめる時に支払われるものであり、わが国の企業で一般的に支給されている。ただし、企業は支払い義務を負っているわけではないので、支給しない会社もある。ひと昔前は退職金は一時金で支払われていたが、大企業を中心にして、それを企業年金化したところが多い。

ただし多くの場合、非正規労働者はボーナス、社会保険、法定福利厚生費、法定外福利厚生費などから排除されていることが多い。

なお法定外福利厚生費のうち企業年金は大企業を中心にしてかなり普及したが、種々の問題を抱えて今は転機にある。企業が倒産した時に年金給付をどうするかとか、低金利時代に入って年金基金の運用実績が好ましくない、労働者が途中で企業を移った時にどう扱うか、といった難題を抱えているのである。企業年金制度は老後の所得保障として、例えばアメリカの「401K」のように日本でももてはやされたが、本家のアメリカでも自動車メーカーのGM（ゼネラルモーターズ）の倒産によって引退者が不利な処遇に甘んじなければならなかった事件は有名である。日本でも日本航空（JAL）や松下電器産業（現・パナソニック）で同様なことが発生した。著者の基本姿勢は橘木［2005］で主張されているように、企業年金を含めて法定外福利厚生（俗に言えば企業福祉）の撤退論

法定外福利厚生費

退職金と企業年金

401K制度

法定外福利厚生（企業福祉）

者である。

自営業者という働き方

もう一つの代表的な働き方として、自分で働いて自分で稼ぐ自営業者としての働き方がある。自営業者の代表は、農業経営や小売店、飲食店、開業医、あるいは小さな町工場のように、いわば個人ないし家族で事業を行う場合である。前章で見たように戦前の日本では自営業の人が非常に多かった。

農業や商業の従事者であっても、大規模農業協同組合やスーパーマーケットで雇用されている人は、自営業者ではなく雇用者である。医者であっても病院に雇われている人は、雇用者として分類される。そのほかにも、作家、芸能人、プロのスポーツ選手、等も自営業者とみなしうる。ただし、法人企業の社長や他の役員は個人事業ではないので別の区分が必要である。

プロのスポーツ選手については、少しわかりにくいかもしれない。プロ野球の選手を例にしてみよう。プロ野球の選手は1年ごとの契約（時には複数年契約もある）で球団に雇われているので、雇用者としての性格を持っている。また、「選手会」は労働組合と認められており、その点でも雇用者と共通している。その一方で、彼らは球団から求められる成果を契約によって請け負う仕事人であり、その意味では自営業者と言うこともできる。そのため、税法上は自営業主として扱われており、バットやグローブなどを必要経費とし

自営業者

て収入から費用として控除することができる。このように、プロ野球選手については、ケースに応じてその取り扱いが異なっており、雇用者と自営業者の両面を備えた職業であると言える。

雇用者になるのか自営業者になるのか、という選択

人が働くという時には、ここで述べたように、雇用者になるか自営業者になるかの選択をしていることになる。親が自営業であれば、その子どもも同じ職業を継続する可能性が高くなるが、後を継がないという選択肢もあるので、人は雇用者になるか自営業者になるかを選択していると考えてよいだろう。

では、人々はどのような理由で雇用者、自営業者を選択しているのであろうか？　いくつかの要因を挙げてみよう。

第1に、人々のリスクに対する態度の違いが、雇用者と自営業者の選択に大きな影響を与えていると考えられる。例えば、雇用者（とりわけ正社員）であれば職の安定感が高いが、自営業者であれば倒産や廃業によって職を失い、所得の無くなる可能性が高い。しかも、自営業者の方が年々の所得の変動も激しい。その一方で、雇用者であれば賃金ないし所得が極端に高くなることはあまりないが、成功した自営業者には非常に高い所得を得る可能性が開かれている。例えば、ベンチャー・ビジネスで成功した人、流行作家やプロのスポーツ選手、開業医などでは高額所得が目立つ時代になっている。一攫千金を夢見る人

にとっては魅力のあるのが自営業者である。従って、リスクを避けることを重視する人や安定志向の人にとっては雇用者、リスクを果敢に引き受けようとする人は自営業者を選択するだろう。雇用者であっても、大企業志向の人は安定志向が一層強いと言える。

しかし、現代では大企業であっても倒産が発生しているし、企業からリストラされることもある。従って、雇用者に職の安定があるとの認識は薄れる傾向にあるが、おおまかには当てはまるだろう。

第2に、親から引き継ぐのではなくて、新たに自営業者になろうとすると、開業のための資金が必要となるので、資力が十分にない人にとっては開業のハードルは高い。親が自営業の場合には、自営業として成功するためのノウハウを伝授してもらうことも容易であるし、親の遺産を継承して自己の事業がやりやすい。農家、小売、開業医などを考えれば、そのことがよくわかるであろう。このように、持っている資金の多寡や親の職業も雇用・自営の選択に大きな影響を与えることにある。

第3に、自営業の場合には自分で好きなスタイルで仕事ができるが、雇用者の場合には組織の中で独立性を保つことが容易ではない。上司や同僚との人間関係に悩む人も多い。よって、人の性格（すなわち独立心、調和性、社会性、等々）に応じて自営業か雇用者かの志向が異なるとも言える。

以上が自営業と雇用者の選択についての代表的な要因であるが、もちろん例外も多くある。しかも、自分の希望だけで職が選べないのが世の常なのであり、望みどおりに自営業

図 6-1　自営業主比率，家族従業者比率の推移（男女計）：1953～2013年

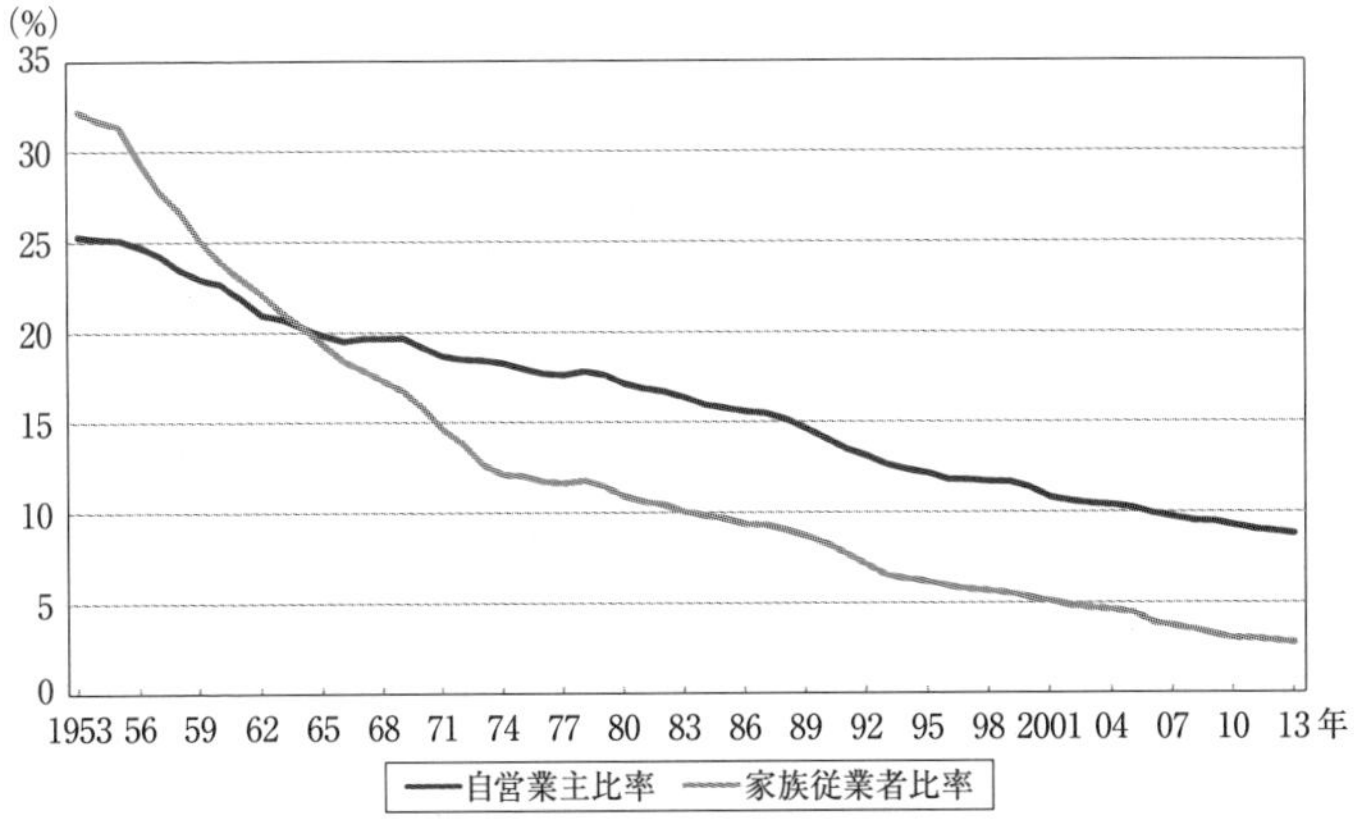

（注）　いずれも就業者数に対する比率.
（資料出所）　総務省統計局「労働力調査」.

者、ないし雇用者になっている人ばかりではない。ところで、わが国は戦後、自営業者と雇用者の比率はどう変化してきたのであろうか。

戦後には自営業者は減少し続けた

自営業主と家族従業者

図6-1は自営業者（自営業主および家族従業者）の比率の変化を示したものである。ここで家族従業者とは、家業を手伝っている家族（例えば、妻や子ども、あるいは親）のことである。また「内職」と呼ばれるような在宅で独立の仕事をしている人も自営業主の範囲に入れている。これはひと昔前であれば手作業の仕事というイメージがあったが、現在では自宅などでコンピュータ・ネットワークを利用して仕事

をするSOHO（Small Office Home Office）といった形態もある。

自営業者は終戦直後には50％を超えていたが、その後徐々に低下の傾向を示し、最近では10％前後にまで下落している。自営業者の中でも家族従業者の比率の低下が著しい。自営業者比率の低下は、当然のことながら雇用者の比率が高まっていることを意味する。雇用者の比率は終戦直後には40％前後であったが、現代では100人のうち90人前後は雇用者として働いている。

なぜこのように、自営業者の比率が低下し、雇用者の比率が上昇したのだろうか。第1に、もっとも重要な理由は、工業化・近代化が進むにつれて、産業の中心は企業による製品の生産やサービスの提供になったので、働く場所を探す場合に雇用者として就業する機会が著しく増加したことである。その裏返しの効果として、自営業の多い農業や小売業の比重が低下した。

第2に、国民の選好としても、安定性の低い自営業よりも、都会で安定したサラリーパーソンとして働きたいとの希望が強くなった。地方で農業や商工業に従事していた人が、高度成長期前後を中心にして都会の工場やオフィスで働くために移動し、大きな地域間・職業間の労働移動を経験した事実がそれを物語っている。

最近の自営業者比率の低下については、廃業の増加と開業の減少に分けて考えるとわかりやすい。廃業が増えた理由としては、農業については減反政策や国際競争の激化がある。小売業でも、大型チェーンストアやコンビニエンスストア、専門スーパーなどの出店攻勢

SOHO

廃業の増加
開業の減少

によって競争が激化し、零細な小売店などの自営業が廃業に追い込まれた。地方の都市におけるシャッター通りはその象徴である。製造業においても、アジア諸国との価格競争によって軽工業を中心に自営業が減少している。

廃業が増加する一方で、開業も減少傾向にある。経済が成熟化したために、容易に参入できる成長市場が減少したことや、自ら事業を起こすよりも雇用された場合の所得が高まっていること、さらには地方の過疎化がビジネス・チャンスを奪っていることが開業の停滞を招いていると考えられる。

6・2 少数ながらも高い報酬を得ている自営業者がいる

高額の報酬を得ているのは、どのような自営業者なのか

戦後一貫して自営業に従事する人は減少し、図6-1に示されるように今では家族従業者と合計しても15%前後というごく少数である。しかし一部には自営業を望む人がいて、自営業者の一部は、非常に高い報酬を得ている。本節ではそれらのことを報告したうえで、なぜ一部の自営業者が高い報酬を得ているのであろうか、その理由を考える。経営者の高い報酬についても同時に考える。

シャッター通り

表 6-1　高額納税者に関する職業別分布：2001年度

（単位：%）

	起業家	経営幹部	医　師	弁護士	芸能人	スポーツ選手	その他	全　体
東　　京	28.9	7.6	1.4	0.6	3.1	0.5	57.9	100.0
東京以外	33.3	13.9	23.4	0.3	0.3	1.1	27.7	100.0
全　　国	31.7	11.6	15.4	0.4	1.3	0.9	38.7	100.0

（出所）国税庁「全国高額納税者名簿」（2001年度）より作成.

わが国での高額所得者がどのような職業に就いているのであろうか。表6-1は高額所得者（ここでは年収がほぼ1億円以上）の職業別の構成比を、東京、東京以外、全国の3地域別に示したものである。残念ながらこの表は2001年度のものであり、最近についてはこの種の統計を作成することはわが国では不可能となった。なぜならば、2005年度以降『全国高額納税者名簿』は公表されなくなり、税務調査に立脚した高額所得者の把握がほぼ不可能となったのである。

この表でわかることは、職業としては自分で事業を起こした起業家が約3割であり、もっとも高い比率である。起業後に企業として成功させたいわゆるオーナー経営者である。オーナー経営者は成功すれば大会社の経営者になっているので自営業者とみなすことはやや困難であるが、元をたどれば自営業者だったし、今でも発言権の強い経営者なので、自営業者とみなしてもそう違和感はない。次いで15%の医師（ここでは勤務医ではなく開業医か病院院長）であり、経営幹部が12%弱と続く。ここで経営幹部とは、会社での社長、副社長、取締役といった人々である。いわゆるサラリーマン重役である。オーナー経営者か、サラリーマン経営者

起業家

かを問わずに経営者の所得の高いことがわかるが、オーナー経営者の比率が突出して高いことも事実である。

なお「その他」というのが4割弱いて一番比率が高いが、これらの人は引退した人か大土地保有者であり、職業としては特定できない人々である。なお少数ではあるが、弁護士、芸能人、スポーツ選手も合計で2～3%の比率で高額所得者である。これらの職業に加えて、オーナー経営者を加えれば既に述べたように広い意味での自営業者とみなせるので、自営業者は高い所得を稼いでいるのである。

極端に高い所得を得ているのはどのような人々か

庶民からすればここで論じた年間所得が1億円以上というのは非常に高い所得であるが、1億円以上を稼いでいる人の中でも極端に高い所得の人がいる。それがどういう人であるのか、ここでその金額を含めて氏名と職業を書いておこう。

日本での最高所得者は2012年度で、ソフトバンクの創業者で現在もトップの経営者である孫正義の93億9600万円、総資産額は6800億円である。第2位はこれも創業者とみなしてよいユニクロ（ファーストリテイリング）のトップである柳井正の51億円、4300億円である。外国での最高所得者や最高資産保有者はこれらの額よりもはるかに高いが、日本人としては孫、柳井両氏の額は過去のお金持ちの水準よりもかなり高くなっているので、その高額ぶりが目立っている。

自営業者の代表としてプロ野球選手や芸能人などに注目すると、巨人の阿部慎之助が２０１３年度で５億７０００万円で最高であり、歌手としてはB'zの稲葉浩志が２００３年度で推定８億円強、第２位は浜崎あゆみがおよそ８億円だったのであり、プロ・スポーツ選手や芸能人の所得は数億円単位という高額であることがわかる。

なおプロ野球選手の場合、１９８０年代のトップは巨人の王貞治の８１７０万円だったことを考慮すると、７倍前後で高くなっているのであり、スター選手が稼得所得を高く引き上げていることがよくわかる。国民一人当たりの平均所得の伸び率よりもはるかに高い上昇率であり、トップの稼ぎ頭はその所得を非常に高く上昇させているのである。

海外、特にアメリカに目を転じると、大企業のトップの年収は50億円を超えているし、特に目立つのは保有資産額の高さであり、日本の比ではない。プロ野球選手（大リーガー）のスター選手の年収も30億円程度に達しているので、日本の高所得者よりもアメリカの高所得者の額ははるかに高いことがわかる。日米間に差はあるが、なぜごく一部の人はこれほどまでに高い所得を稼いでいるのか、経済学の視点からそれを考えてみよう。

スーパースターの経済学

なぜ経営者のトップ、スポーツ選手や芸能人のトップが莫大な報酬を得ることになるのか、ここで経済学の視点に立脚して検討しておこう。経済学者（シャーウィン・ローゼン）は歌手のような芸能人を念頭に置きながら考えた。一番人気の歌手と二番人気の歌手の間には、実力や人気ではそう大差はないと考えられる。ただし一番手の方が二番手よりそれらが少し高いので、コンサートの切符代やテレビの出演料に関して当初は少し高い値に設定されるにすぎない。しかし一番手の歌手は観客動員数やテレビ出演回数が非常に増加するので、一番手の歌手が稼ぐ収入は急激に増加することになる。それを見ていたコンサート主催者やテレビ局は、切符の代金を上げても観客は増加するだろうしテレビの視聴率が高くなると考えるので、一番手の歌手の出演料を高くすることになる。これは一番手の歌手の収入をますます高くすることとなり、その歌手はスーパースターと称される人となって、非常に高い所得を稼ぐことになる。

スポーツ選手に関しては次のような仮説が考えられる。野球でホームランを一番多く打つ選手や、バスケットボールで一番多く得点する選手はチームの勝利に大いに貢献する。チームが勝利すればそのチームの試合を観に来る人の数が増加して、チーム収入は増加する。テレビ放映も多くなってそちらからの収入も増加する。あるいはそれらのスター選手を観たいがために、直接試合会場まで来る人の数が増える。これらのことはチームの収入を増加させるのであり、それにもっとも貢献する選手に一番高い報酬を支払うことは理にかなっていることとなる。

スーパースター

トーナメント理論

トーナメント理論

もう一つの理論として、「トーナメント理論」というのがある。これはテニス選手権を念頭に置けばもっともわかりやすい。全テニス・プレーヤーが1回戦で試合をして、その勝者が2回戦に進む。2回戦の勝者が3回戦に進み、準々決勝戦、準決勝戦、決勝戦と戦って、優勝者の決まる制度がトーナメント方式である。皆の知るように、優勝者がもっとも高い賞金を受け取り、次いで準優勝者、第3位、第4位と賞金額は大きく低下するのが通常である。逆に言えば、優勝者の賞金額は特に高く設定されている。これは試合においてプレーヤーの勝利へのインセンティヴを高くして、すべての選手が頑張ることを期待するのである。このような選手の高いインセンティヴで戦う姿を観衆は見に来るのである。多くの観衆がテニスの試合を観に来ることは、選手に高い賞金を払うことのできる条件だからである。

この「トーナメント理論」はテニス・プレーヤーという自営業者にピッタリ当てはまるものであるが、会社における社長選抜システムに応用することは可能である。ある会社に100人の新入社員がいたとしよう。5~6年後にその中から80人が係長に抜擢される。これがテニス・トーナメントの1回戦に相当する。日本企業のように年功序列制であれば100人の全員が係長に昇進するかもしれない。2回戦は課長への昇進競争であり、3回戦は部長への昇進競争である。その後の4回戦、あるいは準決勝戦は数人しか残らない役員への昇進競争であり、最後の決勝戦はただ一人の社長を決める競争である。社長は毎年替わるのではないので、新入社員が入社する前後の数年間にわたる人々を巻き込んだ競争である。

昇進競争

ここで重要なことはテニス・トーナメントと同様に、社長の報酬は一番高く、次いで役員、部長、課長、係長、平社員と役職が下降するに従って報酬は低くなるのである。逆に言えば、地位が高くなるに従って報酬は高くなっていくのである。

第 7 章

女性は生活者だったのか、それとも労働者だったのか

フェミニスト
専業主婦と専業主夫
三歳児神話
ルソー『エミール』の教育論
良妻賢母論
「戸籍」「家」制度
家事という無償労働
既婚女性の労働参加率
共働き夫婦
夫（男）と妻（女）の性別役割分担
分業のメリット
比較優位の理論（D・リカード）
G・ベッカー（労働経済学者）
性別役割分担意識
ジェンダー平等思想
女性の労働供給の「M字型カーブ」
男女雇用機会均等法
総合職と一般職
政府による女性活用策
クォータ制度（割当て制度）
男性への逆差別

戦前の女性は男性同様に働いていたが、高度成長期に女性の専業主婦志向は高まった。その後女性の高学歴化が進んだことにより、再び女性の労働参加率は増加した。女性の労働についてては女性だけが出産する意味、男女の性別役割分担意識、家事・育児は無償労働であってよいか、女性への差別、クォータ制度の是非など、様々な要因の影響を受ける。これらを議論しながら、女性を労働者と生活者の両面から考える。

7・1 女性の生き方の選択

選択肢の多い女性は幸福か

「女性は人生の生き方に関していろいろな選択肢があっていい」ということを橘木［2008］で書くと、フェミニストから猛烈な反発、反論が届いた。例えば代表例は論客の上野千鶴子であった。「選択しているのではなく、選択させられているのだ」というのが反論の主旨である。

私の意図は、例えば男性には専業主夫という選択肢はほぼなく、働かされ続けているのであるが、女性は働くのが嫌になったら専業主婦になる場が与えられているのであり、働く働かないの選択肢が女性にはある。専業主婦はひと昔前では「三食昼寝つき」という標語が与えられるほど、気楽な生き方とみなされていたのである。この言葉に誇張は確かにあるが、働いて稼がずに三食は必ずありつけるし、昼寝ができるほど時間に自由がある、という解釈である。一方の男は社会で100人の敵を前にしているのであり「敷居をまたげば7人の敵あり」とのことわざがあるように、苦しくて厳しい働き方を毎日強いられている。もっとも最近は外の仕事で働くよりも、専業主婦の仕事の方が過酷であるという論調が出ているので、筆者の解釈は一方的すぎるかもしれない。

フェミニスト

専業主婦と専業主夫

他にも例を挙げれば、戦前には徴兵制という名の下に強制的に戦場に駆り出されて死線をさまようのは男性だけであった。最近になって日本でもアメリカでも女性にも兵士になる道は開かれているが、決して徴兵制ではない。男性の徴兵制もそれを設けている国はさすがに少なくなったが、第二次世界大戦以前においては多くの国が徴兵制を採用していたので、男には兵士にならないという選択肢は特別の人（例えば身体の弱い人）を除いて与えられていなかった。やや些細なこととなるが、女子高校生には共学大学か、それとも女子大学に進学するかの選択肢はあるが、男子高校生の進学には男子大学がないので共学大学しか選択肢はない。

もう一つ大きな選択が女性にはある。それは子どもを産むかどうかの選択である。男性には決してできない選択に女性は直面しているのであり、妊娠10カ月、出産後の子育てなどは人生にとって大きな出来事なので、女性の人生を大きく変えることである。この出産・子育てという役割が女性の生き方を考えるうえで非常に大切なこととなっている。

前置きはこのくらいにしておいて、女性の生き方について考えるのが本章の目的である。世の中には女性と男性しかいないのであるから、比較の対象は当然のことながら男性となる。男性は幸か不幸か子どもを産まないし、体力が女性より強いので、生活の糧を得るために西洋では大昔から外での狩猟に男は出ていたし、東洋でも農作業の主たる担い手は男であった。西洋でも東洋でも戦争は頻繁にあったが、戦場で闘ったのは男であったし、18～19世紀になって産業革命後に工場労働者が大量に増えたが、そこで働くのも大半は男であった。

ここまで述べたことは、男性が外で働かなければならなかったという人間生活での慣習、あるいは掟を示して、ではこういう状況の下で女性には何が期待されるか、ということが次の検討課題となる。それは本章のタイトルに示したように、生活者（すなわち専業主婦、あるいは妻か母）として生きるか、それとも働き手（労働者）として生きるかの選択である。もとより両者をこなす女性もいるので、現実はそう簡単ではなく複雑であるが、わかりやすく理解する目的のために両極端を挙げた次第である。

母性論はいかに生まれたのか

女性を男性から区別する最大の根拠は、10カ月の妊娠と出産である。そして昔であれば母乳を赤ちゃんに授けるのであり、それらの経験が女性の心情に深入りして、子育ての主たる責任を背負うのである。さらに「三歳児神話」という言葉が生き続けたことで代表されるように、母親が子育てに精進して優れた子どもに育てることが期待され、母親の養育者としての役割が特に重要と認識されていたのであった。子育てと同時に家事にも特化することから専業主婦が誕生することになるが、家事は男性でもやろうと思えばできることなので、ここでは母性の意味のみを考えることにする。

妊娠10カ月間を自分のおなかではらみ、その間の節制や出産の時の痛み、そして自分のおなかから子どもが生まれる経験をすると、どうしても父親よりも母親の方が産んだ子ど

三歳児神話

もへの愛情が強くなると思われることとなり、人間は男よりも女に母性本能が強く植えつけられるとされる。この母性論、母性愛という本能の強さに対しては後になってフェミニストから反対の声が上がるが、少なくとも20世紀の前半までは、この考え方が東洋、西洋ともに支配的であった。

母性論を思想の面から主張して、社会から受け入れられたのは18世紀に生きたフランスの思想家・ルソーの『エミール』での教育論である。幼児への家庭内教育をどのようにすればいいかを具体的に書いた書物であり、子育ての担い手としては母親が念頭にあるので、『エミール』では母親の献身や役割が強調されている。か弱い女性が生き生きと輝くのは、母親として子どもの養育にあたっているときである、との認識を人間社会に高めることに寄与したのが『エミール』だったのである。多分に男性からの身勝手な女性の理想観の面がなきにしもあらずであるが、母性の役割を賞賛したのであり、大きな影響力があった。

日本ではこの思想が良き妻であるべきとの考え方と合流させて、良妻賢母論として明治・大正・昭和の時代に女性の生き方として賞賛されるようになった。この良妻賢母論は明治憲法における「戸籍」「家」制度に端を発したもので、夫という家長に従う妻が、良妻賢母として振る舞うのが望ましい女性の理想像と考えられたのである。この良妻賢母論は男尊女卑の思想をやや保持していた儒教の精神を少し受け継ぎ、そして日本の武家社会での家族のあり方と融合しているので、西洋とは少し異なる性格を有していた。

ルソー『エミール』の教育論

良妻賢母論

「戸籍」「家」制度

生活者としての女性

生活者としての女性、というように女性を理解すると、良妻賢母論はこれにうまく適合する。すなわち自分は働いて賃金や所得を稼ぐことなく、誰かの稼いだ（多くの場合は夫、未婚の女性であれば親）資金の下で生活を送るからである。しかし重要な役割が既婚女性にはあって、妻として夫を支えること、母として子どもを育てるという仕事である。

戦前の一部の裕福な家庭であれば女中や家政婦などがいたので家事はほどほどでよく、内助の功として夫を支えるだけで十分であったが、中流ないし下流家庭であれば家事を担当せねばならなかった。それに加えて戦前においては、中流家庭では相当な割合、そして下流家庭においては妻も働いて貧しい家計を経済的に補助せねばならなかったのである。これはいわゆる専業主婦の女性は戦前においては少数派だったことを記憶しておきたい。これはひとえに日本経済の力がまだ弱い時代だったので、夫の所得だけでは食べていけないので、妻の所得も必要だったのである。最後に述べたことは、働く人としての労働者たる女性を意味するのである。

ここで再び生活者としての女性と、働く人としての女性を定義すると、前者は自分で稼ぐことなしに、人間として通常の生活を送る人のことをさし、具体的には夫と子どもが生きていくために必要な日常の生活のサポート、すなわち家事・育児と、家庭内がなごやかにうまく進行するための精神的な支柱となっていた。しかし重要なことは、妻は身体を動かしていなかったのではなく、家事や育児という仕事をしていたのである。ただしこの家事・育児という作業に対して金銭的な報酬は支払われなかったのであり、いわば無償の労働であるとの解釈が可能である。

考えてみよう。一家が女中や家政婦を雇用して家事をやってもらうとしよう。その場合はこれらの人々には賃金なり報酬が与えられるのが普通である。しかし妻の場合には、女中や家政婦と同じ仕事をしていながら、何も報酬がないのが一般的である。これが無償労働と称される理由である。

ひと昔前のフェミニスト運動では、この無償労働は夫が妻を搾取している象徴なので、何がしかの報酬の支払いをすべし、という運動を起こしたことがある。支払う人は誰かといえば当然のことながら夫である。でもこの運動は成功を見ることなく、今となっては真面目に主婦の家事労働に対して報酬を払え、という声は小さくなっている。

なぜこの声は弱まったのであろうか。第1に、主婦の家事労働をもし他人を雇用して有償で代替えすれば、2013年の推計では、約304万円（内訳は炊事116万円、清掃46万円、育児43万円、買い物40万円とされている。「生活図鑑」『東京新聞』2013年9月18日号）。これだけの費用を夫が負担することは夫の所得を考えれば不可能となる夫婦が多い。現実として払えないのなら、無償に頼らざるをえないのである。

実は政府は逆の発想をしたことがある。もし主婦の家事労働を全部有償にする、すなわち市場で誰かにやってもらうこととして、その全部のサービスの代金を支払うという経済制度を考えると、1991年でGDPが67兆円から99兆円に増加することとなり、これらは経済規模を引き上げることになるのである（経済企画庁（現・内閣府）経済研究所、1997年発表）。家事労働は何とGDPの14・6〜21・6%の規模に達する大きさなのであり、GDPを引き上げるのが目的であれば、主婦に無償労働を強いることをやめて、家事・育児を市場から購入して全部を他人に任せればいいのである。

第2に、ここ20〜30年間にわたって既婚女性の労働参加率（外で働いて賃金・所得を稼ぐ人の割合）が高くなってきた、すなわち専業主婦の数が減少したので、無償労働への批判、あるいは不満の程度は弱くなったのである。共働き夫婦の増加は市場で家事・育児を購入する人の数が増加することを意味するので、GDPを引き上げることに貢献したという別の視点からの解釈を可能とする。

ついでながら、共働き夫婦が家事・育児の全部のサービスを市場から購入するのではないので、かなりの割合を主として妻の無償労働、そして協力という名の少しばかりの夫の無償労働は残っている。無償労働が消滅したのではなく、まだかなり存在しているのは事実である。

第3に、無償労働とはいえ、実は家事・育児にコミットするのは家族メンバーへの愛情を感じることから自然と発生することなので、無償でもかまわないと思う人の存在が大きい。家族のメンバーが楽しく生きている姿を見ると無上の幸福を感じるのであり、楽しく生きているのは食生活、衣生活、きちんと整頓された家の内部、などの確保によって満た

既婚女性の労働参加率

共働き夫婦

されたので、家事・育児は苦痛ではないとする人もいる。特に育児は自分の子どもを育てるという無上の喜びがあるので、これを苦痛と感じない人もかなり多い。

これらの人の存在は、家事・育児という無償労働を一部のフェミニストが批判していたのに対して、むしろ意味のない批判と判断していると解釈できる。何にもまして、たとえ批判されたとしても「では夫は有償として妻に報酬を与えられるか」と問われれば「ノー」と答えざるをえないので、無償労働批判を無視する声が強くなったのである。

夫（男）と妻（女）の性別役割分担

第4に、フェミニスト側にも変化があった。妻の家事・育児が無償労働ではなくて夫から俸給をもらう有償労働となったとしても、結局は夫（男）と妻（女）の性別役割分担を原則とする方策、すなわち夫は外で働き妻は内で家事・育児という分業制度、を容認せざるをえない。そうなると妻は外で稼ぐ夫の経済的隷属者にならざるをえないこととなり、無償労働を有償にする案を引っ込めるようになった。そしてむしろ女性も外で働いて稼ぐ方が、男性と経済的に同等になることの価値を主張するようになったのである。

分業のメリット

やや補足的であるが、夫は外で働き妻は内で家事・育児という分業はフェミニストからの評判は悪いが、本書は経済学の書物なこともあって、経済学はむしろ肯定的にとらえられてきたことを述べてみよう。まず分業のメリットは、経済学の父であるアダム・スミスによって200年以上も前に主張されたことである。一人がピンの生産を最初から最後まで行うよりも、各工程を別々の人が特化して行い、ピンの生産をするという分業の方が効率的な生産形態である、という主張はあまりにも有名である。

「男は外、女は内」の分業は、国際貿易論の初期命題であるデイビッド・リカードによる比較優位の理論で説明されたことと同様に、労働経済学者のゲーリー・ベッカーによって定式化された。それはどういうことかというと、男性は体力が強いか高い水準の教育を受けているので身体的ないし知的能力に優れ、外で働いた方が高い賃金を得られる。一方女性は体力は弱いし教育水準も低いので単純労働の家事に優れ、子どもを産むので先天的に育児に向いているので内にいた方がよいとする。これは男と女が別のことでそれぞれに比較優位があるので、男は外、女は内に特化した方が家庭内の生産をより効率的にできるし、家庭の効用も高くなるとする。リカードがポルトガルのブドー酒、イングランドのリネンの生産に特化すべきだとした例を考えれば、この比較優位の説と同次元で男女の分業も解釈できよう。

当然この解釈にはフェミニストからの反論があった。女性の教育水準の低いのは男性がそうさせているのだという反論には正当性がある。男性に体力の強さがあるのは製造業、運輸業などの工場労働や運転手を想定すればわかるが、現今はそのような肉体労働だけではなくサービス業が繁栄しているので、女性に体力をそれほど必要としないサービス業の比較優位があれば、女性が外で働いても高い賃金を稼ぐことができる。男女の分業を比較優位の理論だけで説明しきれない時代になっているのである。

比較優位の理論（デイビッド・リカード）
ゲーリー・ベッカー（労働経済学者）

7・2 女性の働き方の選択

女性にとっての働くということの選択

ここで「働く」という意味は、家事や育児で無償の労働をするのではなく、有償の労働をして賃金や所得を稼ぐような労働である。第4章で女性の労働供給の話題を提供したので、ここではそこでの内容とは異なることを議論する。

外で働くということは、女性が性別役割分担をどこまで容認するか、あるいは容認しないかにかかっている。すなわち家庭にいて家事・育児という生活中心の生活に特化することの是非が性別役割分担意識であり、是はそれを容認し、非はそれの否認である。

まず日本人が他の国と比較してどのような意識であるか、図7-1で確認しておこう。日本と同じ東洋の国である韓国やフィリピンの意識がどうであるのかも興味深い。図の教えるところによると、西洋と東洋では性別役割分担意識がかなり異なることがわかる。西洋においては否定する声が強く、逆に東洋ではそれが弱い。経済が発展しておりしかも市民意識の強い欧米諸国と、宗教（特に日本と韓国においては儒教）が影響を持っている東洋という特色がわかる。

性別役割分担意識

図 7-1　性別役割分担意識の国際比較
「夫は外で働き，妻は家庭を守るべき」という考え方について

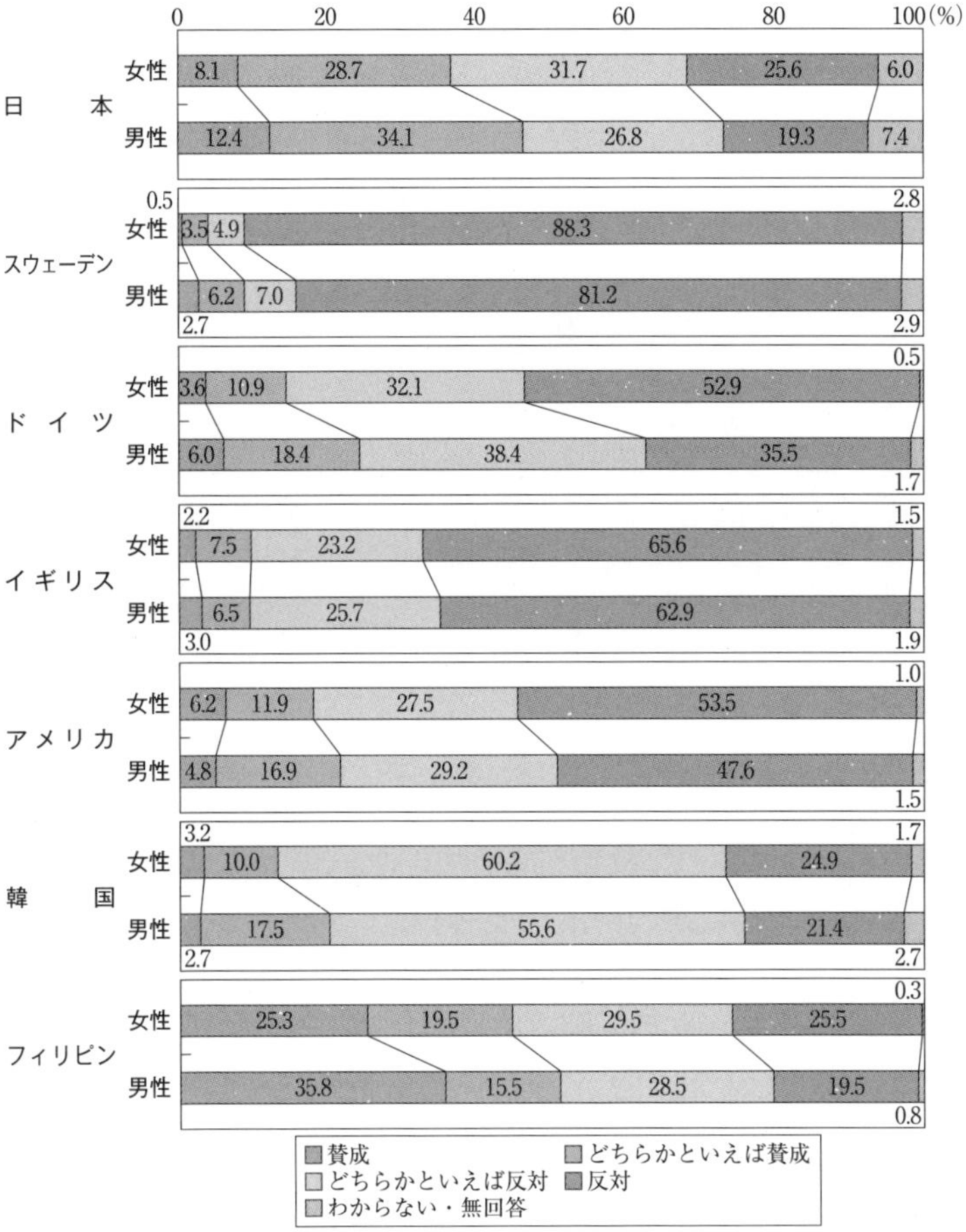

（出所）　内閣府『男女共同参画白書』2007年版.

とはいえ西洋においても国によってかなりの差のあることに留意したい。男女間の平等意識が徹底している北欧諸国、ここではスウェーデンにおいては否定する人が男女ともに90％に達しているので、ほぼ全国民が性別役割分担に賛成していない。男女ともに家事・育児に協力せよということである。次いでその傾向は少し弱いがイギリスにも見られるが、ドイツとアメリカはそれがかなり弱くなる。経済の強い米独の両国であれば、夫は外で働くとかなりの収入があるので、あえて妻には働いてもらわなくて家庭を守ってくれればよい、とする人々が多いのかもしれない。

東洋に眼を転じると、性別役割分担意識はかなり根強く残っていることがわかる。しかし興味を引くのは、同じ儒教精神の強い日本と韓国を比較すると、韓国の方が日本よりもかなり強く性別役割分担を否定する意見（特に「どちらかといえば反対」とする人が多い）が多い。なぜそうなのか、韓国は日本以上の競争社会、格差社会なので、女性も働かねばならないという意識が、日本よりも韓国において強いのであろう。フィリピンに関しては日韓よりも性別役割分担を強く支持（特に「賛成」とする人が多い）しているが、その理由は定かではない。

次の関心は日本である。まず過去から現代までどのように意識が変化したのであろうか、図7-2を見てみよう。日本において時系列変化に注目すると、まず1970年代では男女ともに役割分担を肯定する人が過半数を超えていたので、伝統意識の強い国であった。

図 7-2 「夫は外で働き，妻は家を守るべきである」という考え方に関する意識の変化：1979～2012年

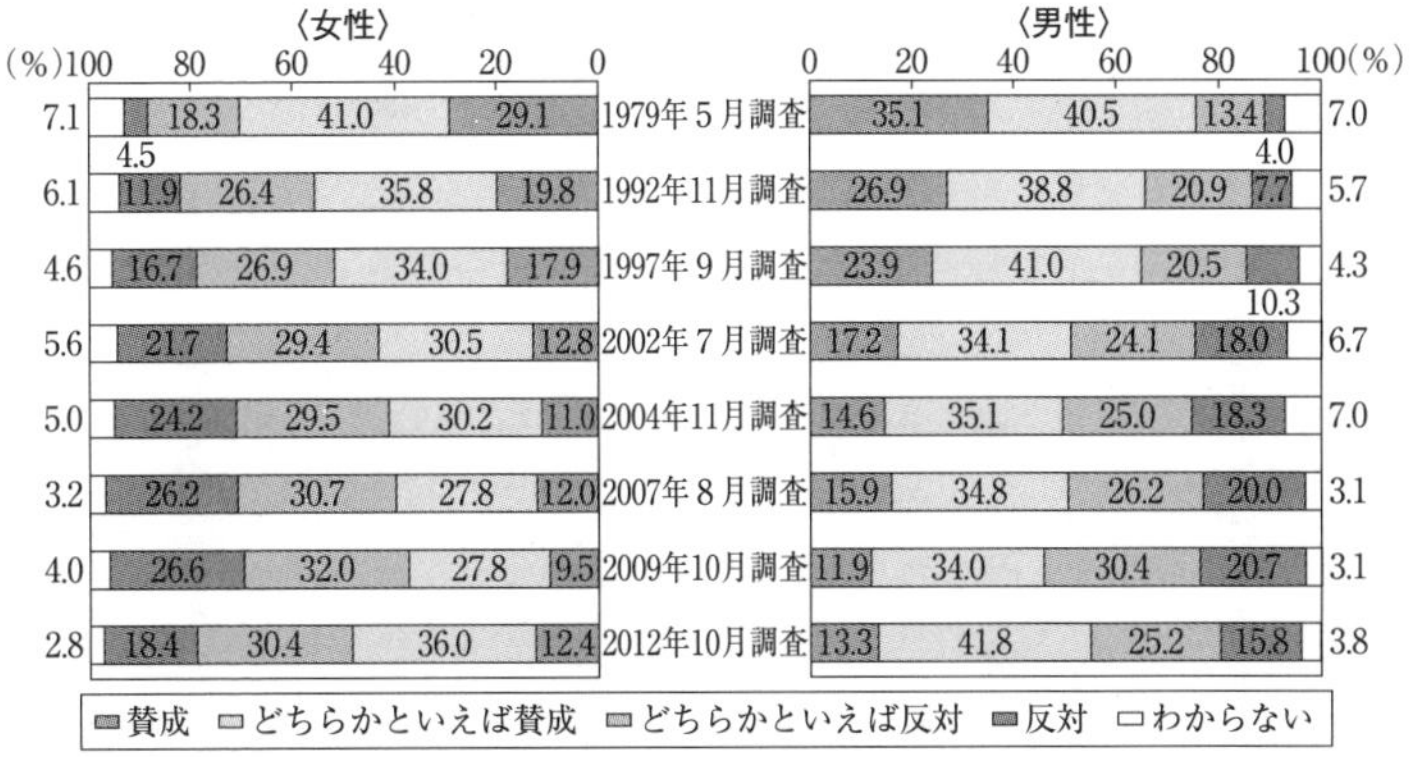

（出所） 内閣府「男女共同参画社会に関する世論調査」より作成.

しかしその後になって性別役割分担を否定する人の数が増加して、2000年代に入ると女性に顕著であるが反対派が賛成派よりもかなり多くなったのである。これは女性の自立志向が高まったことによる。印象的なのは男性においても2000年代末には反対派が賛成派を少し凌駕したことであり、いよいよ日本社会も男女平等が進み、あるいは女性がますます社会に進出するのではないかと予想できた。

しかしごく最近の調査（2012年）ではその傾向が反転することとなった。反対派（反対そしてどちらかといえば反対の合計）は10％ポイントほど減少し、逆に賛成がほぼ同じ比率で増加している。伝統的な男女の役割分担への肯定派が逆に増加したのである。なぜこのような反転が生じたのであろうか。二つほど指摘できる。第1に、ここ最近の世相なり思想は保守化の流れが強いので、ジェンダー平等思想を叩いておけとの風潮がやや高まった。第2に、ここ20年ほどは日本経済が弱体化しているので、女性が働きに出たいと希望しても容易に職がないので、半分はあきらめの気持ちで家事・育児に特化するようになった。

女性は職場でどう扱われているのか

ごく最近では性別役割分担を支持する人が反転して少し増加したが、第4章で示したように女性の労働参加率は長期的には増加しているのであり、女性がどのような形で働いているのかを検討することは重要なことである。せっかく外で働いているのであるから、経済を強くするために女性が高い意欲を持って働くことができる働き方を考えることは意義がある。

結論を述べれば、日本あるいは日本企業は女性の働き方については非常に不十分な扱い方しかしてこず、女性が高い勤労意欲を有しながら働いていたかは疑問である。ここではなぜそのようなことが言えるのかを様々な角度から検討する。

第1に、第4章でも示したように、女性の労働供給は「M字型カーブ」を呈していたので、就職後何年かして結婚や出産を機に辞める人が多いと予想して、入社時から職業訓練を施して女性を将来は昇進もありうる中核的な社員として育成することがなかった。

第2に、第1の延長であるが、女性従業員の仕事の与え方に関しては、多くの場合が単

ジェンダー平等思想

女性の労働供給の「M字型カーブ」

純作業の繰り返しといった補助的な内容のものが多く、企業にとって中核的な仕事あるいは重要な意思決定を伴うような仕事を与えることはなかった。

第1と第2は、基本は企業の経営方針から発生することであるが、女性側にも少しの責任はある。それは企業を離職する女性が多かったことに加えて、女性が学生時代に学んだ諸科目が企業での実務にそれほど役立つ科目ではなかったので、そもそも企業で中核労働者になるつもりはなかったのである。女性が選択した科目は例えば文学、芸術、家政などであったことは事実であった。結婚・出産という生活者になることの選択肢を重視していたのである。

実は、女性が文学とか芸術を専攻していたことは、男性からすればうらやましいことでもあった。例えば、文学・歴史や音楽・芸術などを好む男性が、これらを学ぶと職がないと脅かされて、好みでもない経済学や工学を職が見つかりやすいということだけで選択することもあったからである。

第3に、女性が補助的な仕事ばかりに就いているのは女性への差別だとして、1980年代の半ばに男女雇用機会均等法が成立して、総合職と一般職という身分上の区別を設けた。総合職は将来の幹部への道が開けた仕事に就き、一般職は従来のような定型的・補助的な仕事に就くのであった。

この身分制の区別は多くの問題を抱えた。まずは女性総合職の数を非常に少なくしたので、総合職の獲得をめぐって女性間の競争を激しくした。とはいえせっかく得た総合職で

男女雇用機会均等法
1985(昭和60)年

総合職と一般職

あっても、結婚・出産で退職する女性が後を絶たなかったので初期に期待されたような成果を挙げられなかった。やや皮肉に解釈すれば、女性総合職の創設は男女雇用機会均等法に対応しているという顔を見せるためのポーズにすぎず、企業は本心から管理職に就くという女性幹部を登用する気はなかった、ということも言えなくはない。

もう一つ付け加えれば、女性の総合職を採用するとき数が非常に少ないので、女性がどの大学・どの学部で勉強したかを企業は特に重視して、名門大学出身者を選抜していた。ある意味では女性の総合職に関しては男性以上の学歴社会なのである。女性の求職者は最初は総合職を目指すが、ムリだとわかってから一般職に切り替える人が多い、という不幸な選抜過程を経験していた。そして一般職ならその会社でキャリアを求めず、結婚・出産を機に退職する女性の数の多いことを説明する理由の一つになっていたのである。

総合職・一般職に関して筆者の提言は次のようなものである。第1に、女性だけにこの区別を設けるのは不公平であり、男性でも出世を望まずに一般職でよいとする人がいるので、男性にも一般職の機会を与えてよいのではないだろうか。第2に、女性の総合職の数があまりにも少ないので、もっとその数を増やす必要がある。女性への活躍の期待が高まっている時代なのでなおさらである。

7・3 男女のダイバーシティ社会を実現するために

女性管理職が少ない背景

日本企業では女性管理職はどの程度存在するのであろうか。図7-3は民間企業において、係長、課長、部長といった管理職において女性がどの程度就いていたかを示したものである。図で明らかなことは、2012年においても管理職における女性比率はせいぜい5%から15%前後という非常に低い比率にすぎない。しかし二つの留保はある。一つは、地位の高さによって比率が異なるのであり、低い係長相当はやや高く、逆に高い部長相当は低いのである。より上位の役職への昇進が困難なのである。もう一つは、時期が進むにつれて女性管理職の比率は徐々に増加しているので、この傾向は好ましいことと判断できる。

ここには数字を示していないが、取締役や社長・副社長というトップの職に関しては、ほぼゼロの数に近く、経営者に女性はいないと言ってよい。これは上場企業で特に顕著である。中小企業においては社長まで登りつめた女性は少しいる。とはいえかなりの場合は社長の夫が死亡したので妻が跡を継ぐというケースである。

図 7-3　役職別管理職に占める女性割合の推移：1989～2012年

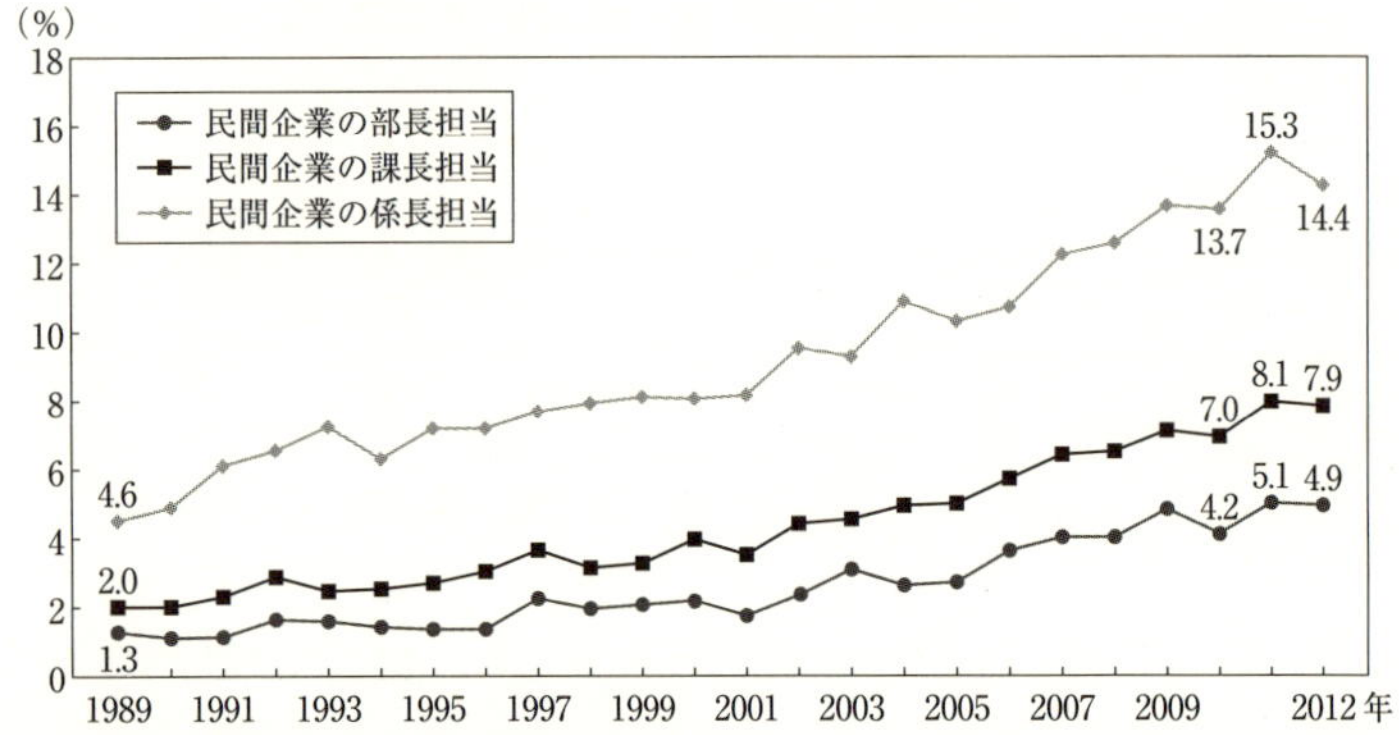

（出所）　内閣府『男女共同参画白書』2013年版.

なぜ日本企業では、管理職・経営者として女性の数がこんなに少ないのであろうか。ここで様々な理由を考えてみよう。

まず第1に、日本社会全体の雰囲気として、ビジネスは男の領域という意識が強いので、企業側は女性を昇進させようという気はあまりないし、一方の女性も昇進したいという気がごく一部を除いてなかった。この全般的な雰囲気というのが背後にあることが大きく響いたのである。

第2に、ではもう少し具体的に述べると、既に強調したように企業は女性を補助的・定型的な仕事にしか従事させていなかったので、将来の幹部になるような技能を修得する機会に恵まれていなかった。そういう状況だと女性を係長、課長、部長、経営者に昇進させる道はきわめて限られていた。いわば管理職候補を養成しなかったのである。

第3に、女性の方においても既に述べたように結婚・出産によって退職する人が多かったし、後の時代になってから数の少ない総合職をわざわざ女性のために設けたとしても、同じように退職した人がいたことも響いた。要するに管理職に登用させるにもその候補がいなかったことを、企業自らが選択したのである。従って、男性の経営者が女性の部長や経営者の数が少ないと批判された時、昇進させたい候補の女性がいないという言い訳をよくするが、これは自業自得であると言えるのではないだろうか。

以上をまとめると、民間企業においては雇用者・被雇用者の事情により女性がなかなか管理職に昇進することがなく、経営者にいたってはほぼゼロというのが現状である。この現状をよく知っているので、有能でかつ働き続けようとする女性は、差別の入り込む余地を排除する資格を取得して、働こうとした。例えば、公務員、医師、法曹関係、研究者、教員などである。これらの職業においても女性差別が皆無とは言えないが、資格を持っているだけに民間企業よりは働きやすい仕事である。

どうすれば女性の管理職は増加するか

女性の教育水準が高まったことによって有能な女性が増加した。これまではそういう人は資格を必要とする職業に就いていたが、民間企業においても将来の幹部を目指す女性が急増した。しかも政府すら「女性活用策」を旗頭にして、指導的な地位に就く女性の数を増やすといったキャンペーンを張る時代になった。これらが企業における女性の管理職・

経営者の比率を高めることにつながるだろうか。もう少し具体的な策を導入しないと増加は遅々としか進まないので、ここで具体案を提言しておこう。

第1に、この案がもっとも効果的と判断するので、少し詳しく述べておこう。それはクォータ制度（あるいは割当て制度）の導入である。管理職・経営者の比率について女性の係長職は何％、課長職は何％、部長職は何％、経営者は何％というように目標値を定めて、短期間（例えば数年間）のうちにそれを達成することを義務化する案である。もとより企業によって従業員の女性比率は異なるし、企業特有の事情もあるので、すべての企業に共通の数字目標を設定するのは不自然である。むしろ企業独自の数字はあってよいが、なるべく女性比率の目標を高く設定するのが望ましい。

これに関して、ヨーロッパ諸国は女性経営者比率のクォータを設けて、それを官民挙げて実行しようとしている国が多い。例えばノルウェーは女性経営者の比率を40％にする案を、法律による義務化をねらっている。もともと女性の社会進出の進んでいる北欧諸国なので、このような40％という高い目標を挙げることができるが、今の日本であれば女性経営者比率10％という目標でも非現実的であるかもしれない。

このクォータ制の導入には反対論は根強い。例えば、(1)無能な女性が管理職に就くことがあるので企業にとって経営がうまく行かないという非効率性が増す、(2)男性への逆差別になりかねない、などの反論がよく出される。これらに対する私の解答は次のようなものである。

クォータ制度（割当て制度）

男性への逆差別

(1)に関しては、確かにその可能性は排除できないが、数年間管理職をやらせてみると意外に実力を発揮して成功する女性がいるかもしれないし、逆にもしダメとわかった女性は降格してもらうという制度を同時に用意しておけばよい。でも平均すれば数年間においていくばくかの非効率性の発生を覚悟しないと、制度の大変革はできないので、短期間だけでもこれに眼をつぶる勇気があってほしい。むしろその後にもともとは隠れていた女性の有能な管理職が誕生して、非効率性を打ち消すほどの高い効率性を生むことがあるかもしれない。

(2)に関しては、確かに男性からすると無能な女性を引き立てることがあるかもしれないし、自分の昇進可能性が排除されかねないので逆差別と映るかもしれない。しかし、そう思う男性だって有能ではないかもしれない。企業は男性しか昇進させない慣習の中にいたので、有能でない男性を昇進させているかもしれず、その人が有能な女性の管理職に替わる可能性があれば、企業にとっては有効な策である。

女性の管理職を増加させるための第2の視点は、新入社員や若い女性の社員に対して、将来的には女性でも有能であることがわかれば、どんどん昇進させる方針を企業は貫く予定である、ということを女性を含めた全社員にあらかじめ徹底して宣伝しておく必要がある。そのためには企業は働くことと生活することの両立を可能にするような「ワーク・ライフ・バランス」の政策を現実に導入させねばならない。このようなことが明確に女性社員にわかれば、女性社員も昇進を目指して高い勤労意欲を持って働く可能性が高くなると期待できる。

第3に、女性の側にとっても高校や大学で学ぶ専攻科目を、今までのように文学、芸術、家政といった科目を学ぶのではなく、企業で働くに際して役立つ科目を専攻してほしい。これは学校卒業後に企業で働く希望のある人にのみの要望であって、他の職場に行きたいとか、あるいは専業主婦を目指す女性にとっては該当しない要望である。

女性は生活者だったのか、労働者だったのか

本章の結論をまとめておこう。女性はいつの時代でも生活者であった。これは人間生きていくためには、食べる寝るといったことで代表されるように欠かせないことであった。結婚して子どもを持った時は夫や子どもの世話という新しい仕事が待っていた。専業主婦を選択すれば生活者に特化したのである。そして既婚者になって、たとえ外で働いたとしても、家事・育児の比重は不幸にして夫よりも妻の方がまだ高いので、生活者であることを避けられなかったのである。

しかし専業主婦であっても働くということから逃避できないのである。それは本章で強調したように家事と育児という無償の労働をしていたのである。外に出て働いて賃金を得る有償の労働とは異なるが、身体を動かしているという意味では専業主婦も労働者なのである。ただし再び強調するが無償というのが大切である。

そうすると女性は労働者だったか、という問いに対しては、女性も常に労働者だったこ

とは確実なこととなる。ただし既婚女性においてはそれが有償なのか無償なのかが決定的に違う、ということになる。無償労働をするのか、有償労働をするのかの選択は、夫の希望を考慮に入れながら個々の女性の決めることであり、本書ではそのどちらかを選択せよ、ということまで踏み込まない。

ただし、どちらかを選択するとこういうベネフィットがある、あるいはデメリットがあるということを考える資料になるようなこと本章で提示したつもりである。

第 8 章

政府は産業発展への牽引車だったのか、それとも生活者の味方だったのか

財閥企業による重工業化
五・一五事件と二・二六事件
GHQによる民主化改革と経済改革路線
日本株式会社
傾斜生産方式
低金利政策と貯蓄優遇策
通商産業省（現・経済産業省）とジェトロ（日本貿易振興機構）
保護貿易政策
幼稚産業保護論
外国からの直接投資
外貨割当て政策
特別償却制度
企業合理化促進法
公共財と財政投融資
三公社・五現業
経済計画
国民所得倍増計画
産業政策
電力事業法と地域独占
国家資本主義
Too big to fail（大きすぎて潰せない）
リーマン・ショック
ヨーロッパ型の福祉国家
福祉元年
国債費と財政赤字
正規・非正規労働者間の処遇格差
ワーク・シェアリング
同一価値労働・同一賃金の原則
最低賃金と最低賃金審議会

戦後の高度成長の実現は、政府主導による政策の成功物語であったかを検証する。そして歴代内閣は経済計画を策定してきたが、その効果を議論する。最後に、政府（自民党政権）は企業の味方であったか、それとも労働者（すなわち生活者）の味方であったかの評価を、様々な角度から行うことにする。

8・1　政府は経済発展を最優先とした時代

戦前の日本政府が果たした役割

第1章から第3章において明治維新から現代までの日本経済の歴史を簡単に展望したが、そこでの政府の役割を一言でまとめると、経済発展に寄与することが第一の目的であったということになる。特に戦前の殖産興業期と戦後の高度成長期に注目すれば、このことが顕著である。

明治時代の日本は「富国強兵」と「殖産興業」を二大目標にしていたところから、政府は経済発展をもっとも重要な施策としていたことが明らかである。「強兵」も国家を軍事力で強くすることによって外地への侵略をはかって、植民地化を目指すということと同義なので、結局は日本経済を強くするために背後からの支援という意味を含んでいる。これが大正・昭和の時代になるとますます軍国主義の方向に向かい、太平洋戦争での敗戦という全国民を不幸に陥れた結果を招いたのであった。

明治・大正時代では、政府は義務教育制度の定着や中等・高等教育制度の普及といった教育制度の充実に努めたのであり、このことは国民の教育水準を高めることに大きく貢献して、日本を文明国家へと向かわせたことは大いに評価してよい。そして同時にこのこと

富国強兵と殖産興業

義務教育制度と中等・高等教育制度

が生産性の高い国民を労働者として育てることに成功したのであり、これが経済発展に大きく寄与したことは特筆されてよい。論者によっては、例えばドーア［1970］に代表されるように、天然資源に乏しくかつ欧米諸国のような自由・民主主義がまだ浸透していなかった日本が、非欧米諸国の中で唯一経済発展を成功させて先進国になれたのは、江戸時代における国民の高い教育水準にあった、という説すらある。例えば明治時代における日本人の識字率は、ヨーロッパ人のそれよりも高かったとする報告がある。

しかし一つ残念なことは、国民に教育を施すといってもそれはあくまでも男性が中心であり、女性の教育は良妻賢母を育てるための最小限の教育で十分という方針であった。その証拠に女性の最高教育はせいぜい旧制女学校（小学校を終えてから5年間の中等教育）どまりであり、その上の専門学校に進んだのはほんの数％、大学にいたってはほぼゼロという状況であった。旧制女学校に進学できたのもきわめて少数派であったし、そこで学ぶ科目も良妻賢母になるための家政学、文学、教養科目が中心であった。政府自らが女性は外で労働者として働くことを期待していなかったのである。前章と関係づけるならば、内で農業・商工業という自営業者として働く人か、それとも家事・育児に精励する人の養成を目標にしたのであった。

現代の政府においては教育に加えて、国民への社会保障の提供というのも大きな役割であるが、これに関しては戦前の日本においてはほぼゼロに近いこととしかしていなかったのである。年金、医療、失業、介護といった社会保険制度はまだ芽生えていなかった。行うとすれば病院などをつくって国民の健康維持の政策をとることしかなかった。国民の福祉向上というのは政府のすることではなく、家族で行うものだという考えが徹底していたからである。これに関しては次章で詳しく検討する。

政府のやっていたのは教育が最低限というかそこそこであり、社会保障はほとんどやらずであった。では何をしていたかといえば、経済発展を促進するための諸政策と軍事政策である。戦前のことであれば経済史の領域になるのでここでは具体的に論ずることを避け、要点だけを述べておこう。まずは財閥企業による重工業化を促進したこと、ただし重工業化とはいっても大企業の比率はそう大きくなく、中小企業がかなりの比率を占めていたこと、国家がいくつかの産業を自らが経営したこと（代表的には運輸業や通信業など）、軍事産業の役割が大きかったこと、などであった。

政府の仕事としての軍事政策は特に重要で、軍事支出の増大を要求する軍部とそれを阻止したい政府部内の非軍事部の間の対立は熾烈であった。軍部は時には過激な行動に出ることがあって、例えば五・一五事件や二・二六事件などが代表例である。最後は軍部の権力が強くなりすぎて、結局は太平洋戦争の勃発を招き敗戦に至ったのである。なぜ軍部エリートが独走したのかについては橘木［2015b］で論じられている。

戦後の高度成長期における政府の役割

敗戦によって日本経済は破滅したけれど、連合国軍総司令部（GHQ）による民主化改

財閥企業による重工業化

五・一五事件
1932（昭和7）年

二・二六事件
1936（昭和11）年

GHQによる民主化改革と経済改革路線

革と経済改革路線に指導され、しかも朝鮮特需という外的要因が手伝って、日本経済は復興に向かった。経済や社会に関することであれば、農地解放、財閥解体と自由競争政策の導入、労働民主化などが重要であった。ここで政府はどのような経済政策を実行したのかを考えておこう。

経済制度としては自由競争を前提にした資本主義だったので、政府が先頭に立って経済を強くした、ということはなかった。旺盛な企業家精神に満ちた経営者（それも旧時代における経営トップが戦争責任ということで公職追放されたので、比較的年齢の若い人がトップに就いていた）と、苦しい生活から脱却したいと希望する勤労意欲の高い労働者が多くいたので、基本的には民間部門が経済の牽引車であった。すなわち経営側も労働側も強い企業にしたいと一生懸命働いたことが、経済の高度成長期をもたらしたのであった。

とはいえここで政府の役割を無視することはできない。日本の高度成長の秘密を「日本株式会社（Japan incorporated）」と称して、官民一体となった経済政策が功を奏したとの解釈が外国でなされることもあるので、当時の政府がどのような政策を行っていたかを議論しておこう。

政府の行っていたことを一言でまとめるならば、民間企業の経済活動がスムーズに行えるように、背後から様々な支援を行っていたということになる。どのような具体策を導入して、民間企業の経済活動を後押ししていたかを、箇条書きにしてまとめておこう。

自由競争を前提にした資本主義

公職追放
1946（昭和21）年

日本株式会社（Japan inccrpo-rated）

（1）傾斜生産方式

戦後の日本経済は経済の破壊と極度に高いインフレ率に悩まされたが、これから脱するために一時的に統制経済の国となった。米の配給制度が採用されたし、設備の復興のために「傾斜生産方式」を採用した。マルクス経済学者であった東京大学教授・有沢広巳の案とされるが、まずは石炭と鉄鋼の生産を第一に優先して、日本の産業化の先がけとしたのであった。石炭はエネルギー供給として用い、鉄鋼は種々の製品をつくる時の原材料となりうるので、これらをまず優先することによって産業を発展させようとする目的があったのである。この政策は政府による復興政策の第1号と考えてもよく、ある程度工業化に進むための手段として成功した。

（2）低金利政策と貯蓄優遇策

企業は金融機関から資金を借り入れて設備投資の財源にするが、その際の金利を低く抑えて借り入れをしやすくした。政府が金融機関に利子を低くするように頼むことはできないので、日本銀行から金融機関に貸し出す際の公定歩合を低くして、金融機関の貸し出し金利を低くするといった誘導策であった。

戦後の家計貯蓄意欲そのものが高かったので、金融機関には豊富な資金が集まっていたが、その意欲を政府が後押しするために、利子や配当にかかる税率を「マル優」として一定額の無税枠を設けて、国民の貯蓄を奨励したのである。

このようにして政府は、民間企業に資金の集まりやすい環境を設定していたので、設備

傾斜生産方式

低金利政策と貯蓄優遇策

マル優

投資の財源や運転資金の確保が企業にとって容易だったのである。

（3）通商産業省とジェトロ

政府、特に通商産業省（現・経済産業省）は日本企業の遅れていた技術水準を高くするために、外国企業における優れた技術や新しい技術があればその情報を企業に提供するようにした。ジェトロ（日本貿易振興機構）は世界各地に事務所をおいて、外国での技術探求の仕事をしていた。パテント料の支払いには、金融機関による低利の融資が企業宛にも実行されていた。ジェトロは同時に日本企業の製品を外国に輸出できるような販路の情報も提供していた。

（4）保護貿易政策

輸出入に関しては、かなり強い輸入制限策をとっていて、日本企業を外国企業からの輸入攻勢にさらされることを避けた。すなわち関税をかけたり非課税障壁を設けて、国内企業の保護政策を行ったのであった。経済学の国際貿易論においては自由貿易が原則として望ましいことなので、保護貿易政策は容認されるものではないが、あえて当時の日本の保護策を容認するとすれば、「幼稚産業保護論」の援用であった。産業の初期の段階ではその国の産業の振興を期するために、短い期間の輸入制限策はやむをえないとする論理である。

しかし日本の産業、例えば繊維、鉄鋼、家電、自動車などがアメリカなど向けに後になって大量輸出される時代を迎えると、貿易摩擦の時代に入ることになるのであり、日本の

通商産業省（現・経済産業省）
ジェトロ（日本貿易振興機構）
保護貿易政策
幼稚産業保護論
貿易摩擦

保護政策は外国から厳しい批判を受けることになるのである。

輸入制限策に関しては、当時の日本は外国からの直接投資をも制限して、外国企業が国内で生産活動や金融活動を行うことを阻止していたことも大きい。ついでながら日本政府は常に外貨保有の少なさに苦しんでいたので、必要度の高い産業での原料輸入が可能になるように、意図的に外貨割当て政策をも併用していた。

（5）税制度に関する様々な措置

政府は様々な措置を税制度で導入して、企業活動の活発化をはかった。例えば法人税での所得控除、各種準備金・引当金・補助金などの用意、減価償却における特別償却制度などがあった。特に1952（昭和27）年の企業合理化促進法では特別償却制度の優遇をはかったことは特筆されるべきで、企業の設備投資活動を促したのであった。

（6）公共財の提供と財政投融資

政府は主として税収を用いて公共財の提供という事業を行うが、財政投融資という独特な制度によって、別の面から民間企業を支援したのである。民営化される前の政府による郵便貯金、簡易保険、そして社会保険料などの財源を原資として、第二財政支出と理解してよい融資活動を行っていた。これらの金融活動は日本開発銀行（現・日本政策投資銀行）、日本輸出入銀行（現・国際協力機構）、国民金融公庫（現・日本政策金融公庫）といった政府系金融機関の介在によって実行されていた。

どのような活動を行っていたかといえば、社会資本開発、中小零細企業などに融資され

輸入制限策
外国からの直接投資

外貨割当て政策

税制度に関する様々な措置
特別償却制度
企業合理化促進法

公共財
財政投融資

た。大規模な投資額なので民間だけでは関与できない大きな事業や分野、例えば電源開発、空港、鉄道、高速道路などの公共財的な役割を持つ事業に対して低利で融資することや、中小零細企業では信用力や担保力が欠けるために、民間金融機関からの借り入れが困難なため、公的金融機関が率先して貸し出したのである。

これらの諸活動は民間経済活動がスムーズに進行するためのインフラ設備として機能したし、中小企業の保護策としての役割を果たしたので、政府の経済活動として評価できたのである。しかし後になってこれら公的金融機関は民業の圧迫という批判を浴びるようになり、徐々にその規模、性質を縮小、変容させていくこととなる。

(7) 三公社・五現業

政府が直接事業を行う分野があった。三公社・五現業と称された分野がそれである。三公社とは、国鉄、電電公社、専売公社であり、それぞれ鉄道、通信、たばこの事業を国営で行っていたのである。五現業とは、郵便、国有林、印刷、造幣、アルコール専売である。民間企業の事業としてなじまない、すなわち公共事業としての存在が自然であるとみなされたのでこれらの産業は国有産業であったが、後になって民営化の声が強くなってかなりの事業が民営となったのである。

以上をまとめると、高度成長期を中心にして政府は民間企業の経済活動を、外国からの競争圧力から保護するためと、様々な優遇措置を施すことによって、側面から質的に支援

三公社・五現業

民営化

していたのは事実であった。これらの支援策は確かに民間経済を強くするために役立ったことは事実であるが、繰り返すが日本経済が強くなった最大の理由は、経営者層のあくなき強い企業家精神と、一生懸命働くことに専念した労働者の貢献による賜物であると理解すべきである。なぜならば総生産量の大半は民間部門で生まれるのであるから、である。

政府が定めた戦後の経済計画

経済思想を大別すれば、マルクス経済学と非マルクス経済学（昔は近代経済学と呼ばれていた）と称されていたが、マルクス経済学の一つの特色は私的財産保有を排して、政府が生産する手段を国有し、その生産量なり生産方法を政府が決めるということにある。政府はそれを計画によって策定してから、その実行を人々に命令するのであり、経済計画と呼ばれるものである。現にマルクス経済学を実践に移していた旧社会主義国（ロシアや東欧諸国、中国、ベトナム、キューバなど）では政府が経済計画を立案していたのである。

この経済計画による生産方式は効率的に運営されるもの、と当初は考えられていたが、無数の生産財の量をどれだけ生産し、そのための機械や人員をどれだけ投入すればよいかを決めるのは至難なことなので、重要な生産財（例えば鉄鉱、自動車、電力、石炭などの主要製品）だけの生産計画を策定するという方法を採用した。それでも計画経済は社会主義国ではうまく進まず、経済は効率的に運営されることなく、経済は弱いままで人々の生活水準は低く抑制されていることとなった。社会主義国における計画経済の失敗は明らか

経済計画

なこととなり、旧・ソ連や東欧諸国等の社会主義国が計画経済から離脱したことは歴史の証明することである。現代においては経済に関しては資本主義、あるいは市場主義が優位にあることは明白な事実である。

しかしである。自由主義経済国、資本主義の国である日本において、戦後の政府は何度も経済計画を作成して、社会主義国の真似ごとのようなことをやってきたのである。しかも共産党ではなく自民党の政権が計画を作成したのである。社会主義国のように「何カ年計画」というものを作成して世に問い、民間はそのとおりに経済を運営するようにと期待されたのである。なぜこのような不思議なことが日本で起きたのか、ここで検討しておこう。なお資本主義国の中では、官僚国家のフランスも経済計画を策定していた。

表8-1は、戦後の歴代自民党政権が数年に一度、経済計画を作成して公表してきたので、それを示したものである。確かに何年に一度か公表されたことがわかる。多くの場合には新しい首相が誕生した時期の新内閣によって作成されたのである。担当官庁は経済企画庁（現・内閣府）であり、その名前からして企画と計画を仕事としていたのである。

さすがに社会主義国の経済計画のように鉄鉱生産量とか発電量といった細かい財の生産目標額までは示されていないが、その期間内の実質経済成長率の目標は提出されている。しかも例えば水洗便所の普及率の目標を何年には何％にするとか、新幹線や高速道路の普及率をこの目標値まで達成する、とまで書かれているので、社会主義国における経済計画の諸目標値に近いものは提出されているのであり、日本の経済計画を空想的経済計画である、とあながち簡単に葬り去ることはできないのである。

では日本の経済計画をどう評価すればよいのであろうか。もともと自由主義経済の国にあっては政府は民間部門を命令できるわけがないのであるから、政府の目標値はむしろ政府の希望値とみなした方がよい。あるいは民間経済部門が自由な意思で生産活動をすれば、何年後かにはこの程度の値になるだろう、という予測値であると解釈するのが現実的である。何年後かのGNPはこれだけの値であってほしい、という希望値、ないし予測値を政府は国民に向けて発信したのである。

では水洗便所の普及率や新幹線・高速道路の普及率の提示は、政府はこれを目標にして財政支出をするから、どうか民間もこの方針に沿った形で経済活動をしてほしい、という希望を述べるとともに、政府のコミットメントを提出したと解釈できる。従ってこれらは政府の施策の提示と実行を約束したものであるから、経済計画の主旨に沿っているとの解釈は可能である。

表8-1に示された歴代内閣の経済計画の名称と目的を読むと、その当時の日本経済のおかれた状況を知ることができるし、何をしようとしていたかがよくわかる。例えば1960年代（昭和35～44年）であれば経済を強くすることが第一の目標となっており、いわゆる高度成長経済を目指すことを高々と宣言している。失業者がかなり存在していた時代には、経済を活性化すると失業者の数を減らすことができるので、完全雇用を目標に掲げている。それとともに高度成長を達成すると国民の生活水準が高くなるので、そのことを

表 8-1　日本の戦後の歴代自民党政府による経済計画

名　称	策定年月	策定時内閣	計画期間（年度）	計画の目的	実質経済成長率（計画期間平均）
経済自立５ヵ年計画	1955年12月（昭和30年12月）	鳩山一郎	昭和31～35年度	経済の自立 完全雇用	4.9%
新長期経済計画	1957年12月（昭和32年12月）	岸　信介	昭和33～37年度	極大成長 生活水準向上 完全雇用	6.5%
国民所得倍増計画	1960年12月（昭和35年12月）	池田勇人	昭和36～45年度	極大成長 生活水準向上 完全雇用	7.8%
中期経済計画	1965年１月（昭和40年１月）	佐藤栄作	昭和39～43年度	ひずみ是正	8.1%
経済社会発展計画 －40年代への挑戦－	1967年３月（昭和42年３月）	佐藤栄作	昭和42～46年度	均衡がとれ充実した経済社会への発展	8.2%
新経済社会発展計画	1970年５月（昭和45年５月）	佐藤栄作	昭和45～50年度	均衡がとれた経済発展を通じる住みよい日本の建設	10.6%
経済社会基本計画 －活力ある福祉社会のために－	1973年２月（昭和48年２月）	田中角栄	昭和48～52年度	国民福祉の充実と国際協調の推進の同時達成	9.4%
昭和50年代前期経済計画 －安定した社会を目指して－	1976年５月（昭51年５月）	三木武夫	昭和51～55年度	我が国経済の安定的発展と充実した国民生活の実現	６％強
新経済社会７ヵ年計画	1979年８月（昭54年８月）	大平正芳	昭和54～60年度	安定した成長軌道への移行 国民生活の質的充実 国際経済社会発展への貢献	5.7%前後
1980年代経済社会の展望と指針	1983年８月（昭58年８月）	中曽根康弘	昭和58～平成２	平和で安定的な国際関係の形成 活力ある経済社会の形成 安心で豊かな国民生活の形成	４％程度
世界とともに生きる日本 －経済運営５ヵ年計画－	1988年５月（昭63年５月）	竹下　登	昭和63～平成４	大幅な対外不均衡の是正と世界への貢献 豊かさを実感できる国民生活の実現 地域経済社会の均衡ある発展	$3\frac{3}{4}$%程度
生活大国５か年計画 －地球社会との共存をめざして－	1992年６月（平成４年６月）	宮澤喜一	平成４～８年度	生活大国への変革 地球社会との共存 発展基盤の整備	$3\frac{1}{2}$%程度
構造改革のための経済社会計画 －活力ある経済・安心できるくらし－	1995年12月（平成７年12月）	村山富市	平成７～12年度	自由で活力ある経済社会の創造 豊かで安心できる経済社会の創造 地球社会への参画	３％程度（８～12年度）
経済社会のあるべき姿と 経済新生の政策方針	1999年７月（平成11年７月）	小渕恵三	1999～2010年度	多様な知恵の社会の形成 少子・高齢社会、人口減少社会への備え、 環境との調和	（２％）

も目標に掲げているのである。

1960年代の池田内閣による「国民所得倍増計画」が成功裏に終了すると、国民の生活水準は平均的にはかなり上昇したが、中央と地方の格差が目立つ時代となり、その後の経済計画はひずみの是正とか、均衡のとれた経済発展というのが目標に掲げられるようになったことがわかる。地方経済や中小企業の弱さが目立つようになったので、これらへの対策を目的とするようになったが、それを達成することは必ずしも成功しておらず、それは現代にまで続いている日本の難題である。

政府の地方経済振興策の一つとして、公共事業投資を地方で行って産業を振興して雇用を増加し、人々の賃金を上げることを目標としたが、この政策は中央と地方の格差の是正にまでには至らなかった。むしろこの公共事業がなかったなら、中央と地方の格差はますます拡大したであろうところを、公共事業投資によって格差拡大のスピードを弱めることだけには成功した、というのが定説である。換言すれば、地方への公共投資がなかったのなら、格差はもっと拡大したであろうと予想できるのである。

この高度成長期と安定成長期にかけての経済発展重視の政府方針を、政府支出の構成比の視点から確認しておこう。図8-1は戦後から現代までの政府支出構成比の変化を示したものである。この図での主たる関心は1955年から80年までにある。

まず一番高い比率は「その他」である。まさに「その他」なので特定の項目を抽出できないが、例えば運輸や通信といったインフラ整備に含まれるような、経済発展に寄与する

国民所得倍増計画

図 8-1　一般会計歳出の構成比の推移：1995～2010年度

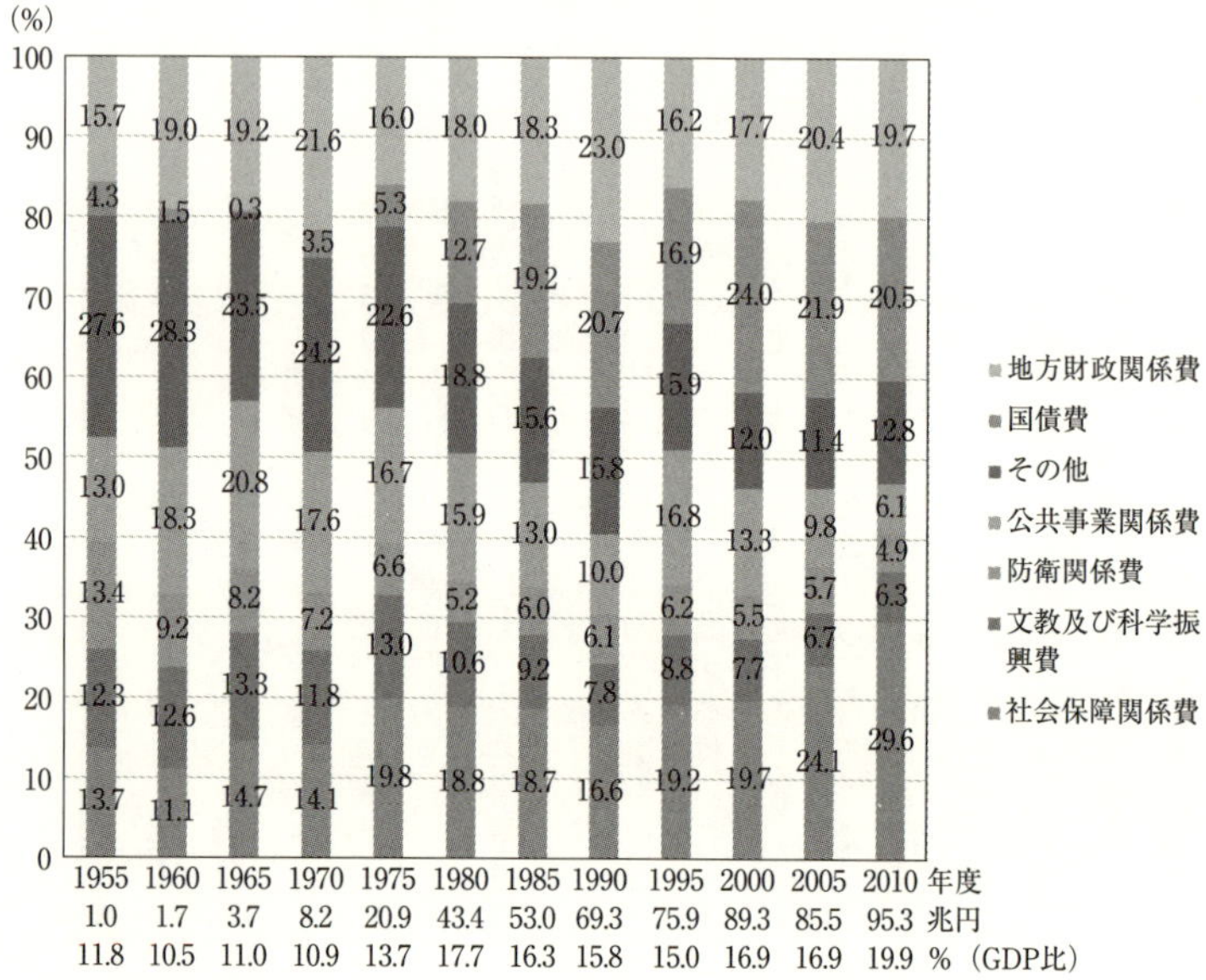

（注）　決算ベース.
（出所）　総務省統計局「日本の長期統計系列」表5－2－a，財務省「財務統計」.

項目が中心であることが想像できる。もっと明確な項目は「公共事業関係費」で1960年から80年にかけてはおよそ20%前後で推移しているので、巨額の公共事業を実行していたことを示している。公共事業はまさに経済発展に大きく寄与するのである。しかも中央と地方の格差是正のための目的として、公共事業は貢献するのである。「文教及び科学振興費」も10%前後のやや高い比率であり、以前に説明したように国は教育投資にかなり熱心で、これが国民の資質の向上に貢献したであろうことが、財政支出の特色から想像できる。しかし教育費の多くは義務教育に関する支出が多かったので、中等教育や高等教育といった水準の高い教育や研究費への支出はそう多くはなかった。

産業政策の功罪

日本の高度成長を背後から支えて強い産業を育成し、そしてある産業が弱くなった時にそれを再生させる目的のために、あるいは衰退させる目的のために、政府（特に経済産業省〔旧・通商産業省〕）が実行する政策を産業政策と呼ぶことがある。日本の経済計画を議論した時に政府の行った政策を述べたが、これは金融、産業、福祉、教育などいろいろな分野を含んでいたが、産業政策とはその中でも工業を中心にした産業に特化したものであると解釈してよい。

戦争直後に日本で行われた石炭と鉄鋼をまず優先させるといった「傾斜生産方式」は、産業政策の走りであった。これは産業政策を経済学の理論として正当化する「幼稚産業保護論」の一つの応用と考えてよい。経済学では基本的には自由貿易論を望ましいと考えるが、経済未発展の国では自由貿易に頼ると既に経済発展した国の強い産業には勝てず、工業製品が大量に輸入されることとなって、いつまでも工業発展は期待できない。そこで経済未発達国の産業を保護・育成する目的で保護貿易を行ったり、特定の産業を育成するために税制や補助金や助成金によって優遇措置を行うことが容認されているのである。日本

産業政策

の工業技術の水準が低かった時には、外国企業の優秀な技術を日本企業が高いパテント料を払って導入したのであるが、政府は陰に陽に企業に補助金を出していたことは既に述べた。これはまさに産業政策の一環である。あるいは設備の減価償却を素早く行うような税制措置も一つの典型であった。

筆者は、このような政策によって日本の産業を強くするための産業政策よりも、強い産業が出てくれば逆に弱い産業が出てくることも避けられないことであり、それら衰退産業をいかに軟着陸させるかも産業政策の一つであると理解しているし、むしろこの軟着陸の方がより価値が高いと判断している。こう判断する一つの理由は、日本の産業政策は日本の経済発展に大いに貢献したとの解釈があるが、これは特に外国の専門家（例えばジョンソン［1982］）から強いが、むしろ筆者は日本産業のあくなき企業家精神による競争力の強化のお蔭によるところが大であって、産業政策はそれを後押ししたにすぎないと解釈しているからである。

ところで衰退産業をいかに軟着陸させたのか、いくつかの例を述べておこう、例えば1960年代（昭和35～44年）に日本のエネルギー供給が石炭から石油に移ったことによって、九州や北海道の石炭産業が衰退の道を歩んだ。その時に政府は炭鉱地域から他の地域に移る炭鉱労働者のために、雇用先を見つけるための仕事の紹介や住宅の供給などに関して援助を行ったりしたし、炭鉱離職者を採用する企業には補助金を支給したのであった。

もう一つの衰退産業の例は、1970年代中期のオイル・ショック期に、石油価格の高騰によって電力価格が急上昇することとなり、大量の電力を消費するアルミ精錬産業は壊滅的な打撃を受けて、大半の企業が撤退することとなった。その時に政府金融機関の一つであった日本開発銀行（現・日本政策投資銀行）などが特別融資活動を行って、他の業種への転換を支援したし、どうしても廃業に追い込まれた企業には、既に述べた衰退する石炭産業への対策と似たような政策を行ったのである。これも産業政策の一環とみなしてよい。

このようにして産業政策は産業の発展や衰退に際してある程度の成果を示したことは確実であるが、政府が前面に出すぎて国民の利益、あるいは厚生にとってマイナス効果をもたらしたこともなくはなかった。産業政策の功罪のうち、罪をここで記しておこう。

第1の例である日本の電力産業は、よく知られているように、電力事業法によって規定された民間企業である電力会社（東京、関西、中部などの会社に加えて沖縄を含めて電力10社）による地域独占の産業であった。電力産業が巨大な設備投資を必要とすることが地域独占を生んだ理由の一つである。エネルギー供給という点について、国民生活のみならず一般企業をも電力消費者になるまさに国の基幹産業の一つなのであり、監督官庁である通商産業省との結び付きは強かった。

従って電力政策とはすなわち、産業政策の象徴とみなされてきたのである。例えばひと昔前であれば電力価格は通産省が電力会社の経営状態を見ながら望ましい価格を民間電力会社に提案していたのであり、民間企業でありながらも官民一体となった価格決定であっ

電力事業法

地域独占

た。これは産業政策の一環であるとみなしてもよい性質である。

さすがに現代では経済産業省が電力会社に電力価格を提案する方式ではないが、各電力会社は自己の会社の電力価格を経産省に上申して、認可を受けるという制度に変化しているので、電力会社に初期決定権がある。しかし認可を受けるということはまだ政府の意向が入っていることを意味するので、まだ産業政策の歴史はごく一部続いているのである。

電力価格が地域独占下で決められ、しかも国策として電力業界を政府が支援するなら、電力価格が高めに設定されてきたことは当然の帰結であった。国民は高い価格で電力を購入せざるをえず、国民の利益ないし厚生は損なわれていたと解釈できるのである。結果として産業政策は国民にとってはマイナスであったと理解できる側面がある。

もう一つの例は、通産省が民間企業のあり方や民間産業のあり方に、過剰介入しすぎることがあったことで示される。民間企業の旺盛な競争心だけに任せておくと、過当競争となって産業自体が弱体化するかもしれないと、通産省はそれを抑制しようとしたことがあった。例えば鉄鋼業において川崎製鉄（現・JFEスチール）や住友金属工業（現・新日鐵住金）は自社の製鉄所の数を増加させて生産量を増やそうとしたが、鉄鋼の過剰生産につながるとして国は反対の意思表示をしたことがあった。自動車生産においても、通産省は1970年代のオイル・ショック前に、メーカーを3社に集約させようとしたことがあった。これら鉄鋼業や自動車産業の例に示されるように、通産省が民間の競争に介入して独占ないし寡占の産業体制にしたいとすることもあったのである。

過剰介入、過当競争、過剰生産

独占ないし寡占の産業体制

もとより重化学工業は世界の企業との競争にさらされているので、日本国内で大規模ではなくしかも生産性の高くない多くの企業が存在しておれば、外国の巨大資本の攻勢に敗れてしまうという危惧があったことは事実なので、通産省が国内企業を保護しようとして過当競争に陥ることを避けようとした意図はわからないわけではない。しかし政府の過剰介入は民間企業の旺盛な企業家精神を阻害するかもしれないし、外国から見ると日本は政府と企業が一体となって「国家資本主義」を実践している国と批判されても仕方はなかった。20世紀末から21世紀の今日まで、日本経済は低成長時代が続き、再び経済が強くなるためには産業政策をもっと強くせよ、という声はなくはない。しかし産業政策自体が効力を発揮できない時代になっているし、成長一辺倒という時代でもないので、政府による産業政策の姿は大きく変化しつつある。例えば、市場経済の運営がうまく進むような制度の整備、企業の中で悪質な行動をするような場合の監視と罰則の発動といったようなことに特化して、政府自らが経済を強くするようなことをする必要はない。民間経済がそれをできるように政府は背後で支援するだけで十分である。

Too big to fail（大きすぎて潰せない）企業

産業政策と関連して、最近になって新しい言葉が登場してきた。この言葉は「企業規模が大きいと、もしその企業が倒産したりするとあまりにも国家の失うものが大きいので、潰さないような政策を採用してもよい」という意味である。もともと英語からの言葉なの

国家資本主義

Too big to fail（大きすぎて潰せない）

で、発信は英語圏であり、具体的にはアメリカで流布した言葉である。自由経済主義を信奉するアメリカであれば、企業を新しく開業することは自由であるし、逆に企業を廃業することも自由なので、倒産しそうな企業を外部から支援する必要がない、と信じているアメリカなのに、大企業を倒産させてはならないという政策には矛盾があると思われそうである。

自由経済の国アメリカであっても企業倒産を発生させない手段はいくつも用意されている。銀行などの金融機関は非常時に融資を行っているし、倒産に至る前に規模の縮小策は多くの企業で採用している。さらに企業合併や吸収という手段の場合もある。しかしこれらはあくまでも民間企業の範囲における自由な経済行動であって、政府がそこに登場することはアメリカの場合は少ない。ところが「too big to fail」は政府の介入がありうるのである。

具体的には、1984年にコンチネンタル・イリノイ銀行が経営危機に陥った時に、民間銀行やシカゴ連銀（アメリカの中央銀行）から緊急融資を受けたがそれでも危機は去らず、最終的に連邦政府が救済に乗り出して倒産を防いだのである。具体的には連邦保険会社が大量の不良債権を買い取ったのである。国家による税金投入という救済策である。このような政策はアメリカのみならずイギリスやスウェーデンの大手の民間銀行の倒産危機に際しても採用された。国家による税金投入という救済策であり、民間銀行が国営化されたこともあった。

連邦保険会社

民間銀行の国営化

なぜ国家が救済に走ったのか、それを一言で要約すれば「大きすぎて潰せない」がその根拠である。大銀行が倒産すれば一気に関連企業の連鎖倒産が大々的に発生する可能性が高く、生産高、雇用の両面でアメリカ経済、そして国民の受ける被害は甚大なので、大銀行の倒産を防ごうとした行動を擁護する論理である。中小銀行であればたとえ倒産しても被害の額は大きくないので潰してもかまわない、という論理が背後にある。

連鎖倒産

しかしこれは公平性という観点からすると、矛盾をはらんだ措置である。大企業も中小企業も自由主義経済の中にあっては自由な経済活動をしており、経営の失敗はどの企業にもあるわけで、大企業だけが救われて中小企業は無視してよいという根拠は希薄である。ましてや国民の税金を投入するのであるから、税金の使い道は公平になされねばならないこともある。さらに金融機関にだけ救済策が採用されて、非金融機関には採用されていなかったので、これも不公平感を生む理由である。

ところがである。2008(平成20)年にアメリカにおいて、投資銀行の一つであるリーマン・ブラザーズ証券が経営破綻に陥った。これを機に世界的に金融危機が発生して、リーマン・ショックと呼ばれた。これが発端となって、GM(ゼネラルモーターズ)というアメリカ最大の自動車メーカーが、2009(平成21)年6月に倒産してしまった。総資産822億ドル(7兆8000億円)のところに負債総額1728億ドル(16兆4000億円)という、巨額の債務超過によるアメリカ製造業における最大規模の倒産であった。これを放置しておくと関連企業の連鎖倒産が激しくなって、アメリカ自体の破綻すら想定

リーマン・ショック

されかねない状態となったのである。アメリカ政府は大規模な特別融資やGM株の購入という一大救済策を採用して、一時期は国営化までしてGMの再生に関与したのである。税金の投入額も500億ドル（4兆7500億円）と巨額であった。

自由主義の国・アメリカ、そして政府が民間事業部門に関与することを嫌い、かつ小さな政府の志向の強いアメリカにおいて、巨額の税金を投入してまでもこのような救済策に走ったのかを説明する論理が「too big to fail」なのである。

大企業の倒産をそのままにしておくと、生産や雇用、そして市場経済自体の崩壊につながり、アメリカ経済の破綻を意味するので、国家と国民を救うための非常手段としてやむをえない、という論理である。自由主義経済の原則に反する、経営責任があいまいになりかねない、税金投入の根拠が希薄、どうしても残る不公平感といったデメリットには眼をつぶって、ただただ巨大な損失を防ぎたいという論理だけを重視するのである。一国の経済が破綻してしまえば、国民の全員が不幸のどん底に陥りかねないからである。

筆者も「too big to fail」はある程度容認せねばならないと判断している。しかし、経営責任を明確にすること、従業員や関連企業の従業員もある程度の犠牲を覚悟すること、過大な税金投入を避けること、再生企業の経営者と従業員がとことん事業の邁進に励むこと、国民にことの顛末と支援内容を公開にすること、などを条件にすることは当然であろう。

日本においても「too big to fail」は生きていたのである。以前は金融機関の大企業であっても北海道拓殖銀行、山一證券のように倒産に至っても政府の支援による再生はなかった。しかし、日本長期信用銀行は国家の税金投入による支援策が導入されて一時期国有化された後、民間の新生銀行として再生した。

8・2 政府は生活者の味方であったのか

安心のある福祉社会への声が強くなる

高度成長期と安定成長期の終了した1980年代（昭和55年〜平成元年）に入ると、経済計画の目的は国民生活の質を向上させるとか、安心のある福祉の充実した国民生活を送れるようにする、といったことが掲げられるようになったことに、表8-1から気がつく。経済成長を追い求めるというよりも、国民が安心・安全な生活を送ることができるように、という目標に変化したのである。

この変化の意義はきわめて大きいのである。これまでは日本経済を強くすること、すなわち高度成長経済を目標としてきたが、ある程度の豊かな経済生活を送れるようになった日本は、次なる目標を安心のある質の高い生活におくようになったのである。これは高度成長から安定成長へという前半期の政府は「経済発展の牽引車」としての政府の役割を標榜したが、バブルの発生と崩壊を経験した後半期の政府は「生活者の味方」であることを標榜したかったからかもしれない、という解釈を可能にする。果たして政府は生活者の味

安心のある質の高い生活
経済発展の牽引車
生活者の味方

方であったかどうかが、ここでの検討項目である。

それを論じる前に、ここで数ある経済計画の中で、一つだけ特記しておきたいのは池田内閣による「国民所得倍増計画」である。10年間で日本人の国民所得を2倍にするという大風呂敷の経済計画であったが、日本経済はそれを見事に達成したのである。もとより政府はあくまでも背後から民間部門を後押ししただけであり、中心は民間経済の旺盛な経済活動の成果であったことは言うまでもない。

表8-1には確かに、政府における経済計画の目的が、福祉の重視や国民生活における質の向上などといった文言として大きく掲げられているが、実態は政府の掲げる目標どおりには進んでこなかった、というのがここでの問題意識と解釈である。

その前になぜ政府がこのような目標を掲げるようになったかを考えておく必要がある。まず第1に、一人当たり国民所得が1980年代になると先進諸国並に達したので、少なくとも名目上は国民生活は豊かになったが、日本人は働きすぎであるとの外国からの批判と国内からの反省意識があったので、これ以上の経済発展をしなくてもよいとの声が強くなった。

第2に、しかしたとえ名目上の所得は高くなったとしても、大都会を中心にして狭い住宅に住んでいるとか長い通勤時間に代表されるように、生活の質はまだ劣っているので、それを向上させるための政策の必要性が感じられ始めていた。

第3に、欧米、特にヨーロッパ諸国における充実した社会保障制度が日本でも紹介される時代となり、国民には福祉の充実が必要であるとの認識が高まった。この時代から日本人の家族観の変化が発生し始めたことも手伝って、福祉を家族に頼るのではなく福祉の提供者としての公的部門にシフトすることも可能ではないか、と思う人の増加があった。ヨーロッパ型の福祉国家への憧憬が日本人にも芽生え始めたのであった。福祉国家に関することは次章で詳しく議論するのでここでは多くを語らないが、1980年代あたりから国民が福祉に関心を寄せ始めたことを理解しておこう。

政府の支出構成比から言えること

再び図8-1を見てみよう。政府が国民生活の質の向上に乗り出したかどうかを、まず政府支出から検討しておこう。もっとも確実にそれを見られるのは「社会保障関係費」である。まず目につくのは、1970年から75年にかけて、社会保障関係費が14・1%から19・8%に急上昇していることである。政府が社会保障の充実に取り組み始めたのである。

確かに列島を土木事業を中心にした公共事業によって日本中を変えようとした田中内閣ではあったが、同時に福祉改革にも熱心な人で、1973（昭和48）年は「福祉元年」と呼ばれるほど社会保障の充実が行われた。具体的には、年金制度においては国民の全員が何らかの制度に加入する制度になったし、医療保険制度においても、一部の働かない人や労働時間の短い人は扶養者の被扶養人となっての加入であったが、いずれにせよ国民の全員が何らかの医療保険制度に加入するようになった。実は日本の皆保険制度は1961

ヨーロッパ型の福祉国家

福祉元年

日本の皆保険制度

（昭和36）年に達成されたとされるが、実質上はまだ加入していない人、加入できない人がいたので、実際に実現されたのは1970年代の初期からである。

「福祉元年」のもう一つの具体的な改革は家族手当・児童手当の創設、老人医療費制度（俗にいう無料化政策）の新設、などに加えて、年金や医療給付のアップに対処するため、社会保障給付額に占める税収負担分の増加が見られたことにある。社会保障給付費の財源は大別して加入者本人と事業者の拠出する社会保険料と、税収の二つであるが、それぞれの年金、医療制度において税収を投入する比率を高めたことにある。社会保障給付の財源を保険料に頼るのか、それとも税収に頼るのかは国によって対応が異なるし、どちらかに決着が容易につけられない神学論争のような側面がある。これらに関しては例えば橘木［2000、2002、2010a］を参照のこと。

図8-1でもっとも印象的なことは、1995年度頃から「社会保障関係費」が19％台から急激に上昇して、2010年度には30％台に達しようとする一般会計歳出の中でももっとも大きな支出項目になっていることである。これは一見政府が国民に安心のある福祉制度を提供するような姿勢を見せたように映るが、実態は必ずしもそうではない。なぜそう解釈できるかは次章で詳しく議論するが、ここでは日本が高齢社会に突入したことによって、社会保障給付を受ける高齢者が激増したことが大きく影響しているからであると、注意を喚起しておこう。年金受給者は高齢者であり、病気にかかる人の多くは高齢者なので、それらの人口の急増があれば、当然のこととして社会保障給付額の増加が見られるの

家族手当・児童手当の創設、老人医療費制度（俗にいう無料化政策）の新設

社会保障給付額の自然増

である。これを自然増と呼ぶことがある。ただし一人当たりの社会保障給付費がどうであったかとは区別する必要がある。自然増をそのまま容認するのか、それとも社会保障給付費の増加を阻止するためには、自然増を削減せねばならないという意見の二つに分かれている。

国債費と財政赤字

図8-1から得られる情報として、次の二つが重要である。第1に、1980年あるいは85年あたりから、「公共事業関係費」と「文教及び科学振興費」がともに減少傾向を示していることである。特に公共事業費は現代では6%前後にまでに大きく削減されている。前節からの連続で述べると、経済発展に寄与する政府支出をかなり削減したことを意味する。すなわち政府は経済を強くするということに、トップのプライオリティをおかなくなったことを意味しているのである。

第2に、1970年代後半から80年代前半より「国債費」の支出が大幅に増加して現代に至っていることである。財政赤字が大幅に増加した結果として、国債の元本の返還費と利子払いの額が激増したのであり、これが他の支出項目の増加を抑制することにつながったのである。この財政赤字と国債の効果については次章で再び取り上げる。

政府は本当に生活者の支援に出動したのか——非正規労働者の処遇

日本が年金・医療などの分野で福祉国家であるかどうかの検討は次章でするとして、ここでは労働者が働いた時の処遇として、生活苦に悩まなくてよい扱いを受けていたかを検討する。もし生活苦に悩まなくてもよい処遇を受けていたなら生活者としての支援を受けていたと解釈できるのである。労働者の雇用に関する処遇は、原則は経営者と労働者の自由な契約によって決まることなので、政府がこれに関与する程度は小さいのであるが、労働基準法、最低賃金法などの存在は労働者が著しく不利な契約をすることを排除している。これら労働関係法の制定は政府のイニシアティヴでなされるのであるから、政府が労働者、あるいは生活者の味方となっているかどうかの判断の材料になるのである。従ってこれらに関する政府の行動の評価によって、政府の意図が理解できるのである。

1990年以降の長期不況期への突入によってもっとも顕著に現れた労働市場での変化は、非正規労働者の増加であった。パートタイム労働、雇用期限付き労働、アルバイト労働、派遣社員などが非正規労働者の典型であり、正規社員と比較すると一時間労働当たりの賃金額が、欧州諸国では60〜80%なのに対して、日本では約45%であり、非常に低い処遇である。しかも多くの場合ボーナス支給はなされていない。

非正規労働者の数に注目すると、1984(昭和59)年では全労働者に占める比率はわずか15・3%にすぎなかったのに、現代ではそれが40%弱に達しようとした急増である。そしてよく知られていることであるが女性に非正規労働者が多く、全女性労働者の約6割が今では非正規労働者となっている。ここまでの数字は、総務省統計局の『労働力調査』によるものである。

なぜこれほどまでに非正規労働者が増加したかといえば、主として労働需要側、すなわち企業側の要因が大きい。低成長時代に入って企業は生き残りをかけて労働費用の節約に走っており、賃金額の低いパート労働者などは魅力である。サービス経済化の進行によって、労働時間がある時間帯や時期に集中する程度が高まる時代になったので、そういう時には非正規労働者で対応するのが好都合である。さらに労働時間の短い労働者は年金、医療、介護、失業などの社会保険に加入しない、あるいは加入できない場合が結構あるので、社会保険料の事業主負担の少ない非正規労働者を雇用することは企業にとって魅力である。

以上は企業側が非正規労働者を雇用したがる要因であるが、労働供給側の要因もある。例えば子どもを育てる既婚女子の場合には、家庭との両立から短時間労働を望むだろうし、高年齢者にとっても体力面で同じく短時間労働を望む人がいる。このように考えると、労働需要と労働供給の双方からすると、非正規労働者の増加する理由はわかる。とはいえ、強調したいことはどちらかといえば労働需要側の要因の方が強いということが、各種の研究によって明らかにされている。

正規・非正規労働者間の処遇格差

問題は両者の間に存在する処遇の差を容認するかどうかであり、日本が格差社会に入った一つの理由はこの正規・非正規労働者間の処遇格差である。当然のことながら企業側はこの格差をさほど問題とせず、企業の生き残りをかけるとして労働費用の節約を標語としながら、格差の是正、特に非正規労働者の賃金アップ策に反対である。ここで考慮すべきことは政府の態度である。

ワーク・シェアリング

ヨーロッパ諸国は、もともとオランダ、ドイツ、フランスなどがワーク・シェアリングの思想を生かすために、同一価値労働・同一賃金の原則を容認していたし、ＥＵ全体としても職務内容が同一であれば、時間給はフルタイムとパートタイムで差はあってはならないとするＥＵパートタイム指令という法律を定めるに至っている。同じ仕事をしているのなら、身分上の違いで賃金、そしてオランダでは昇進に際してまでも差はあってはならない、という原則なのである。

同一価値労働・同一賃金の原則

　日本政府はどうかといえば、ＩＬＯ条約１１１号（雇用及び職業についての差別待遇に関する条約）の批准に熱心ではない。すなわち、同一価値労働・同一賃金の原則に日本政府は消極的なのである。なぜそうかといえば、歴代の内閣は自民党政権のことが多く、今でも自民党内閣であるから、経営者側の意向に沿う政策をとることが多いのである。現今の政府は生活者の味方というよりも、経営者の味方と解釈することが可能なのである。

最低賃金

　このことは最低賃金のことを考えた時に、より鮮明に出現するのでそのことを述べてみよう。最低賃金というのは、労働者が最低限の生活ができるような賃金を受領すべきという発想によって、法律によってその額を毎年決めている制度である。現在は最低賃金が８００円前後に上げられているが、それは民主党政権が時間給１０００円を目標にして上げてきたからであって、それ以前は６００円強が全国平均の最低賃金額であった。時間当たり７００円の賃金であっても、たとえ１カ月フルタイムで働いても月額13万円から14万円程度にしかならず、これでは賃金だけでは生活が不可能であることは明らかである。

　最低賃金額が国民の生活を保障できない金額でありながら、なぜ今まで低い額に抑制されてきたかといえば、経営者層の反対が強かったからである。最低賃金額は、経営者、労働組合、中立的な学識経験者の三者から成る最低賃金審議会の会合で決められているが、いつも経営者の声が強くてその声に押し切られてきたのである。経営者側は最低賃金が上がれば倒産に追いこまれる企業が出てきてよいのか、という反対論を常に出してくるので、他の二者はその声に従わねばならないのである。さらに最低賃金を上げれば解雇者が出るので失業率が高くなってもいいのか、という声もよく出される理由であった。

労働組合側は最低賃金審議会ではいつもその額のかなりのアップを主張はするが、大体は経営者側に押し切られるのである。なぜならば、この会合に出てくる企業の労働組合の代表は、大企業で働く男性の正規労働者から成る労働組合員が大半なので、中小企業、特に非正規労働者は労働組合員ではなく、自分たちの声を聞いてもらえる機会を排除されているのである。そして本音を言えば、もし大幅な最低賃金のアップが実行されることがあれば、労働組合員の比較的高い賃金のカット策が導入されかねず、それを恐れて、労働側はとことん抵抗の姿勢を示さないのである。

最後に、最低賃金審議会を運営する行政側、すなわち政府も基本的に経営側の立場に与しているので、強い声でもって最低賃金のアップを主張しないし、経営・労働・中立という三者の決定に従う姿勢を常に持っているのである。これに関しては、例えば北欧諸国やオランダにおける中央での集権的賃金決定の会議においては、経営側と労働側の代表に加えて政府の代表という三者会議なので、政府が国民の立場に立って意見を述べることもし

最低賃金審議会

ばしばである。

以上をまとめると、短い期間であったが民主党内閣の時代を除いて、自民党政府が続く日本においては、政府はほとんどの場合に企業側の味方であって、生活者、あるいは労働者の味方であることはほとんどなかったのである。ただしこのことは、政府自身が意図的にそう行動するのではなく、国民が自民党政権を選択しているのであるから、政府は国民の意向を代弁しているのにすぎないのである、との解釈をすることは可能である。

第 9 章

日本が福祉国家になることにおいて、財政赤字は支障となるのか

キリスト教、仏教、儒教
恩給（年金）と死傷手当
健康保険法と後藤新平、武藤山《さん》治《じ》
国民健康保険
労働者年金保険と厚生年金制度
ベヴァレッジ報告
フェビアン社会主義（ウェッブ夫妻）
ケインズ経済学
福祉元年
日本的福祉国家論
新自由主義経済思想
共生社会：自助、共助、公助
法定外福利厚生費の縮小
血縁、地縁、社縁の希薄化
特例（赤字）国債と建設国債
財政政策
有効需要の理論
財政による景気安定化策
政策目標
スタグフレーション
ケインズ政策
クラウディング・アウト
リカードの等価定理
乗数理論
新古典派経済学
規制緩和
社会保険料方式と税方式

日本で福祉を提供してきたのは家族と企業（特に大企業）だったので、国家がその担い手である福祉国家ではなかった。しかし家族の絆の弱まりと、企業の力が弱まったので、国家の役割への期待はあるが、日本では反対論は強い。福祉を国家に頼ると民間経済に悪影響があるし、現今の財政赤字の大きさからも福祉国家になるべきではない、という反対論である。その反対論への反論を述べる。

9・1 日本は福祉国家ではない

戦前は家族が福祉の担い手だった

福祉国家

主として国家が国民の福祉の担い手である国を福祉国家と称するが、日本の現状はまだそうではない。今日では北欧諸国がその典型であり、他の西欧諸国もそれに近い特色を有している。アメリカはまったくその逆で政府の福祉への関与は非常に低い。日本の現状については後に詳しく検討するが、まずは日本の福祉の歴史を知っておこう。歴史は今日の姿を理解するうえできわめて有用だからである。

キリスト教の博愛・慈悲の精神

その前に福祉のことを理解するには宗教が大切なので、宗教のことを少し述べておこう。福祉国家であるヨーロッパにおいては、キリスト教の影響が大きいことを知っておく必要がある。福祉事業の起源は旧いヨーロッパにおいて「救貧法」という名の下での貧困者支援策があったが、これはキリスト教の博愛・慈悲の精神からの発想による。その後は福祉の発展も少なからずこの発想が影響を与えてきたのである。

仏教と儒教

一方で、東洋、特に日本の宗教となれば、仏教が国民の信仰度からすると第一の重要性を有しているが、儒教も思想的にかなりの影響力がある。仏教も慈悲を説くがそれを実行することまでは強く述べていないし、儒教は上に立つ者が下にいる者を思いやることを主張しているが、これも仏教と同様に具体的に何をすべきかまでは説いていない。仏教・儒教は福祉に関してはキリスト教ほどの影響力を有していなかったのである。

それを別の言葉を用いると、仏教と儒教は主として支配階級や偽政者の役割を念頭にしていた思想であって、庶民に関しては家族の間では助け合いの精神が大切である、と考えていたことに留意したい。まさにこのことが日本の福祉を考える際に重要なことであって、福祉は家族が担い手であることは、日本人の宗教観からの効果を無視できないのである。

その証拠を明治時代の救貧対策から知っておこう。日本最初の救貧対策は、1874（明治7）年の恤救《じゅっきゅう》規則である。この救貧法は公的部門による支援策を規定していたが、それを実施する前に家族や地域共同体でお互いに助け合うことが前提条件として厳に課されていたのである。まずは家族の助け合い、という思想が明治時代に法律によって明文化され、その伝統が現代まで脈々と続いているのである。どうしても家族やまわりで支援できない時にだけ救貧対策（今でいう生活保護制度）がとられるのである。その結果として主として家族が支援していたことになるので、公的部門の貢献度は非常に限られていたのである。ここに日本の非福祉国家の起源がある。

福祉への政府の登場

基本的には福祉を家族の助け合いに求める日本であったが、政府自らが福祉に関与し始めたのは1875（明治8）年にまで遡る。それは何と自分たちである公務員が対象であ

救貧対策（生活保護制度）

り、恩給と呼ばれる年金や死傷手当の制度の創設であった。軍人や公務員がまず最初の福祉制度の恩恵を受ける人であったことは、「富国強兵」や「官僚国家」という明治維新の特色をそのまま物語るのであり、今から考えれば随分と軍人・官僚の独走なのであった。

国民のための最初の社会保険は1922（大正11）年の健康保険法である。この健康保険法は後藤新平や武藤山治《さんじ》といった海外留学組が、欧米での国家による社会保険制度と企業独自の福祉制度の存在を学んで、日本にも普及させようとした努力の成果である。後藤は官僚だったので主として国家による社会保険、武藤は企業家（鐘紡）だったので企業福祉の創設に尽力したことで有名である。健康保険法の内容としては、病気、負傷、死亡、分娩などに備えたもので、保険料負担は事業主と従業員の折半であった。

もう一つ重要なことは、健康保険法においては企業における従業員数が300人以上の大企業は企業独自で健康保険組合を組織するが、300人未満の中小企業は政府が一つにまとめて管掌する保険制度にしたことである。何と保険料に関する企業と労働者による折半方法と、組合健保と政府管掌健保（今では協会けんぽと称されている）の併立というのは、およそ100年を経過した現代でも存在するものなので驚きでもある。

政府による社会保険制度は、その後加入者を増加させるために1938（昭和13）年に農家や自営業者が加入する国民健康保険が創設された。しかし全国民が医療保険制度に加入するようになるのは、戦後を待たねばならなかった。失業保険制度は戦前に何度か議論の俎上にのぼったが、経営側の反対が強くてこれも戦後になってからである。

恩給（年金）と死傷手当

富国強兵と官僚国家

健康保険法
1922（大正11）年

後藤新平
1857〜1929（安政4〜昭和4）年

武藤山治《さんじ》
1867〜1934（慶応3〜昭和9）年

健康保険組合

組合健保と政府管掌健保（協会けんぽ）の併立

国民健康保険

戦争中に行われた社会保険改革の目的

1941〜45年（昭和16〜20年）までのわずか4年間の戦争中における社会保険改革をここで論じる最大の理由は、国民を無視した制度改革を政府は行うことがある、ということを知るためである。戦争前の1939年ではあるが、政府はホワイトカラー用の職員健康保険と船員保険を創設した。船員保険は日本で初めて年金制度を組み入れたことに特色がある。そしてこの年金制度を普通の労働者にも拡張して、1942年には労働者年金保険を創設した。それは1944年には厚生年金制度となった。今の厚生年金の原型である。ごく短期間のうちにこれだけ制度の拡充をしたのはなぜだろうか。

戦争直前、あるいは戦争中という非常時に、政府が国民の福祉を充実する目的で新しい制度をつくるとは思えない。むしろ目的は戦争に必要な費用の調達にあったのでは、とする佐口［1977］の主張に賛成する。年金保険制度の導入意図は、先に保険料の収入があるので政府収入は短期的に増加する。その一方で年金給付の支払いはかなり先のことなので何とかなると判断して、当面の保険料収入だけを政府は目的としたのである。

なぜこのような策を採用したかといえば、戦費調達が目的である。結局敗戦を迎えるが、保険料収入を戦費に使用したし、多少残っていた保険基金もその後の超インフレーションの進行によって、紙クズ同然となってしまった。戦費調達用の国債発行、そして財政資金となった郵便貯金も同様の道を歩んだのである。犠牲になったのは国民であった。集めた

労働者年金保険
厚生年金制度

超インフレーション

社会保険料の額は短期間だけにそう大きな額ではないので、社会保険制度が戦費調達の柱となってはいない。しかし政府の意図だけは確実に理解しておいてよいと思う。

戦後に行われた社会保障制度改革

敗戦後の日本は連合国軍総司令部（ＧＨＱ）による諸制度の改革、そして国民挙げての頑張りによって経済復興を果たすが、福祉あるいは社会保障に関してはアメリカよりもむしろヨーロッパの影響を大きく受けた。特に第二次世界大戦中にイギリスで公表された「ベヴァレッジ報告」の効果が絶大であった。「ゆりかごから墓場まで」という標語が有名になり、国家が福祉にコミットする必要性を説いたものである。この報告書はその後世界中で「福祉の聖典」とまで称されるほどの影響力があった。

この報告書は社会思想上からはウェッブ夫妻によるフェビアン社会主義の流れにあり、経済学上からは政府が民間経済に関与することの必要性を説いたケインズ経済学の影響下にある。戦後の日本においてもこの報告書は読まれて、政府の社会保障制度の立案においても大きな影響を受けたのである。特に年金制度においては報告書どおりに保険料方式を軸にしたのである。そして失業保険制度もこの主張に沿って導入した。むしろ報告書どおりにならなかったのは、児童手当の導入のなかったことであるし、医療給付の財源をＮＨＳ（イギリスの国民健康機構）のような税収に求めずに保険料方式としたのである。このように「ベヴァレッジ報告」から学んだ制度を日本は全般にわたって導入したわけではな

ＧＨＱの諸制度の改革

ベヴァレッジ報告
１９４２年

ゆりかごから墓場まで

フェビアン社会主義（ウェッブ夫妻）

ケインズ経済学

ＮＨＳ（イギリスの国民健康機構）

かったが、政府による福祉の提供は必要であるとの精神は導入したのである。
その後日本の社会保障制度は徐々に発展することとなり、およそ1970年代半ばには国民皆保険・皆年金制度を達成した。しかし第8章で述べたように、名目上は皆保険・皆年金制度になったが、一部の人は自己で加入するのではなく、扶養人の下で家族として加入していたし、パートなどの非正規労働者は制度に加入できなかった。給付額やそのための負担額もヨーロッパの水準と比較すると、かなり見劣りしていた。

「日本的福祉国家論」とは何か

多分に政府の宣伝意図に踊らされた側面もあるが、1973（昭和48）年の「福祉元年」という言葉の下、一応の福祉国家の形は整えられた。しかし実態は政府の役割は小さく、福祉の提供は家族と企業が主役であった。これを橘木［2010b］は血縁・社縁の社会と解釈した。具体的には、三世代住居で代表されるように老親の経済支援、あるいは看護・介護は成人した子どもの役割であるし、企業（特に大企業）は社宅、企業年金、病院などの企業独自の福祉を、その企業で働く労働者に提供していた。

逆に言えば、政府が福祉に関与する程度は小さかったのである。表9-1と表9-2によって1990年代の福祉が、どの程度政府によって提供されていたかを主要先進国で見てみよう。これらの表は社会保障給付費が国民所得に占める比率と、その給付を負担する税収と社会保険料の対GDP比率で示したものである。

国民皆保険・皆年金制度

福祉元年

表 9-1　社会保障給付費が国民所得に占める比率：1993年

（単位：%）

日　　本	15.2
日本（1997年）	17.8
アメリカ（1992年）	18.7
イギリス	27.2
ド イ ツ	33.3
フランス	37.2
スウェーデン	53.4

（出所）　国立社会保障・人口問題研究所「社会保障給付費」2000年.

表 9-2　税収と社会保険料の対 GDP 比率：1996年

（単位：%）

	総負担	うち税負担	うち社会保険負担
日　　本	28.2	17.9	10.3
アメリカ	29.8	21.5	8.3
イギリス	37.6	29.8	7.8
ド イ ツ	42.5	22.6	19.9
フランス	47.5	26.0	21.5
スウェーデン	52.4	36.5	15.9

（出所）　厚生労働省　『厚生白書』（平成11年版）.

これらの表によって、日本では政府が福祉の主とした担い手ではなかったことが明らかにわかる。すなわち日本はヨーロッパ型の福祉国家ではなく、非福祉国家の道を歩んだ。しかし国民の福祉の水準はそう低くはなかったのである。政府のやらない分を、家族と企業が行っていたからである。

一部の論者はこのことを嘆いて、日本はヨーロッパ型の福祉国家になるべき、との声を発していたが、それは必ずしも多数派の主張ではなかった。

むしろその声に抗するかのように、政府や民間から「日本的福祉国家論」というのが主張されるようになった。それは主として1970年代から90年代にかけて強い声となった。換言すれば政府の役割を小さくして、家族や企業に期待しよう、という声である。

なぜこのような声が強くなったのか、いくつかの理由が考えられる。第1に、日本での福祉は家族と企業（特に大企業）が担い手になっていた「美しい」国なので、この伝統を失うことにつながりかねないような、政府が福祉を肩代わりする案はむしろ日本独特の文化なり美風を捨て去るので好ましくない、とする思想が結構根強い。これは既に強調したように、家族の助け合いという仏教や儒教の教えにも依存しているので、これまた日本人の宗教心に背くという反対論と解釈できる。

第2に、政府が福祉の充実策をとると、それにタダ乗りする者が大勢出てくるので、人々の間での公平感を保つには、福祉の水準を抑制しておく方がよい。日本では生活保護制度を悪用して、お金がありながら生活保護制度を受けている人への反感は、マスコミが不正受給を告発するなど、国民の間でも根強いものがある。あるいは失業保険受給中の人が真剣に職探しをしていないとか、医療の分野における過剰診療や過剰投薬、さらにお年寄りが病院をサロンのように使っているとか、種々の批判が日本では多く、国民もそれに賛意を示す傾向が強い。

第3に、これは近代経済学専攻の経済学者と行政・政治の人からの主張であるが、社会保障給付を充実させるためには税や社会保険料のアップがどうしても必要となる。国民そして企業の財政負担が大きくなると、国民の労働供給や勤労意欲にマイナス効果が生じるし、企業の投資意欲などにも悪影響があるので、経済活動に対して阻害効果を発生させるというのである。これは経済効率の確保にとってマイナスだし、結局は経済成長率を低くしてしまうのでよろしくない、という判断である。

この経済思想にはイギリスのサッチャー首相とアメリカのレーガン大統領が賛意を表して、政府が福祉を提供する程度を弱めることが経済活性化につながるとして、実際の政治の現場でも福祉の削減策を実行したのである。サッチャーとレーガンの両指導者はこれ以外にも、規制緩和、競争促進という政策を同時に実行したので、一時は弱くなっていた英米経済は確かに強くなったのである。これらは新自由主義経済思想として、1970年代から90年代にかけて欧米で強い勢力があったし、多くの国でこれらの政策を実行したのであった。日本においても中曽根、小泉内閣がこれらに立脚して政策を実行したこと、安倍内閣もそれを踏襲していることはよく知られている。

「日本的福祉国家論」をまとめれば、国家が国民に福祉を提供する度合いを大きくせず、家族が福祉の担い手である日本の美風をどこまでも大切にするし、企業もそれなりの担い手としての役割に期待する考えである。共生社会を語る時に、自助、共助、公助の三者のバランスのとれた役割が最適であるとされるが、「日本的福祉国家論」はこの共生社会を念頭に置いていると考えてよい。なお共生社会に関する詳しいことは橘木［2015b］を参照されたい。この三者に注目して日米欧の福祉制度の現状を特色づければ、日本は自

サッチャー首相
1925〜2013年
在任：1979〜90年

レーガン大統領
1911〜2004年
任期：1981〜89年

新自由主義経済思想

共生社会：自助、共助、公助

助、共助の重視、アメリカは自助の重視、ヨーロッパは公助の重視ということになる。

日本の福祉の現状をどう評価するか

ここまで日本の福祉制度、社会保障制度を歴史の流れに沿って評価してきたが、ここで現代における実情と政策論議を考えてみよう。

まずは表9-3によって、世界の先進諸国との比較に立脚して日本の地位を確認しておこう。表は社会保障給付費の対GDP比率を示しており、国家による福祉、社会保障の提供度がどの程度であるか、がおおまかにわかる。別の言葉を用いれば福祉国家の程度を示している。ついでに社会保障給付費などの対GDP比率を解釈するために、各国別の人口における高齢化率を表9-4で示しておこう。

表9-3によると社会保障給付費がGDPに占める比率は、日本の22・2%というのはほぼOECD諸国の平均値の22・1%と同水準にある。表9-1によると日本の社会保障の規模は1993年には15・2%と小さかったが、現代ではそれが22・1%に伸びているので、社会保障大国になりつつあることを暗示しているとも言える。しかしこの推測は間違いで、表9-4の各国別の高齢化率で示されるように、日本の高齢化率は22・7%で他のどの国よりも高いことが影響しているのである。年金、医療、介護といった社会保障給付額は高齢者の数が多ければ多いほど高くなるので、日本はこの影響を直接に受けたのである。同じことは前章の図8-1（一般会計歳出の構成比の推移）でも述べられている。

表 9-3　社会保障給付費が GDP に占める比率：2009年

（単位：%）

フランス	32.1	日　本	22.2
デンマーク	30.2	ニュージーランド	21.2
スウェーデン	29.8	カナダ	19.2
ドイツ	27.8	アメリカ	19.2
イタリア	27.8	オーストラリア	17.8
イギリス	24.1	韓　国	9.6
オランダ	23.2	OECD 平均	22.1

（出所）　OECD, 2013.

表 9-4　世界各国の高齢化率

（単位：%）

日　本	22.7	オランダ	15.3
イタリア	20.4	カナダ	14.1
ドイツ	20.4	オーストラリア	13.4
スウェーデン	18.2	アメリカ	13.1
フランス	16.8	ニュージーランド	13.0
イギリス	16.6	韓　国	11.1

（注）　高齢者とは65歳以上の人をさす.
（出所）　国連, *World Population Prospects*, 2010 Revision.

従って表9-4、あるいは図8-1によって、日本の社会保障制度は質の点から充実してきた、と解釈するのは間違いである。高齢化の進行によって高齢者の社会保障受給額が増加したという総量の面から拡大したにすぎないのであって、例えば一人当たりの給付費などの質の面からの発展はなかった。一部の経済学者あるいは政治家は、この対GDP比率が20%を超えるまでに社会保障制度が肥大化したことに危惧を感じて、社会保障制度の縮小を主張するようになった。社会保障制度の規模が大きくなると、民間経済に悪影響が強くなるということと、次に述べる話題ではあるが政府の財政赤字額が巨大になっているので、財政支出の削減策がどうしても必要で、その有力な手段の一つが社会保障給付費の削減、すなわち社会保障制度の規模縮小策なのである。

日本はどのような福祉国家へと向かうべきか

ここで筆者の好む社会保障制度のあり方を述べておこう。端的に言えば、ヨーロッパ型の福祉国家の道に向かう案である。個人的には北欧流の高福祉・高負担が理想であるが、日本ではアメリカ型の自立と自助を基本にした非福祉国家を理想とする人が結構多いし、既に述べた福祉の充実による種々の悪影響（例えばタダ乗りする人や経済効率へのマイナスの効果）を日本のようないろいろな考えをする人の多い大国ではなかなか阻止できないので、ドイツ、イギリス、フランスといった中福祉・中負担という福祉国家を目指すのがとりあえずの最善策と判断している。

なぜ日本は福祉国家に向かわねばならないかをまとめれば次のようになる。

第1に、これまで日本の福祉の担い手であった家族に関して、その絆が弱まってきたことが大きい。代表的には、三世代住居の激減、離婚率の上昇、一生結婚しない人の増加（すなわち家族をつくろうとしない人）、そして家族をつくった人の間においても助け合いの精神が弱くなったことは、いろいろなところで報告されている。

第2に、日本経済が低成長経済に入り、コスト削減が迫られている企業は、企業福祉の削減策に走るようになった。これは企業独自の社宅や退職金などを中心とした法定外福利厚生費の縮小のみならず、法定福利である社会保険料の事業主負担の削減策をも実行したい雰囲気にある。この削減策の象徴は既に強調したように、非正規労働者の採用数を増加させたことで代表される。

第3に、人々が大都市に移住した結果、これまでは地方に住む人々の間で強かった地域での絆の強さが、徐々に弱くなってきたことがある。例えば大都会でマンションに住む人々の間での助け合いに期待できないことは明らかであろう。

これらは橘木［2010b］によって、血縁、地縁、社縁の希薄化としてとらえられており、先ほどの共生社会の言葉を用いると、自助・共助の力が弱くなったのが日本社会の特色なのである。こういう時代であれば政府による公助の役割が高まらざるをえないと判断できるが、日本では公助の拡大策への抵抗感は結構強いのであり、ヨーロッパ型の福祉国家に歩む道は困難かもしれない。

公助に期待できないのであれば、アメリカ型の自立と自助、すなわち自分の福祉は自分で面倒をみる、という姿に方向転換するのも一つの案である。アメリカにはごく一部の高齢者と貧困者を除いて公的医療保険は存在していなかった。国民皆保険制度でないアメリカを民主党のオバマ政権は好ましくないことと判断して、すべての国民が医療保険制度に加入できるようにしたが、非常に不十分な制度にすぎないし、保険の提供は公共部門ではなく民間の保険会社の提供する私的保険に頼っている。これに加えて介護保険制度はない

法定外福利厚生費の縮小

血縁、地縁、社縁の希薄化

し、公的年金制度も規模は小さい。

もし日本国民がヨーロッパ型の福祉国家になびかないのであれば、アメリカ型の自立した選択肢しか残されていないが、自立に頼る案はどうしても国民の間で恵まれた人とそうでない人の格差が大きくなる。もともと医療費の高いアメリカであるし、民間の保険会社の提供する医療保険制度は保険料の価格が高いので、高所得者は加入できるが低所得者はそれができず無保険者とならざるをえない。もともと所得格差・資産格差の大きい国なので、高所得者は質の高い治療を受けられるが、低所得者の中には治療を受けられない人が多くいて、医療格差は深刻となっている。この問題を阻止するために、貧困者や高齢者のためのメディケイド、メディケアという公的医療制度は存在するが、十分なものではない。アメリカの自立の尊重主義にはこのような影もある。

いずれにせよ、日本はヨーロッパ型の福祉国家に向かうのか、それともアメリカ型の自立主義の国家に向かうのか、近々に決定せねばならない時期に入っている。繰り返すが、筆者はヨーロッパ流の福祉国家好みであるが、日本国民の多数派はアメリカ型の自立主義好みと解釈できる。なぜなら福祉削減の声が強いからである。

所得格差、資産格差

メディケイド、メディケア

9・2 日本経済の巨額の財政赤字をどう考えるべきか

日本の財政赤字の規模

日本政府の抱える財政赤字が巨額になっていることはよく知られているが、現実にどれほどの赤字額であるかを確認しておこう。2010年度において日本の財政赤字はOECD諸国中、一般政府の債務残高（対GDP比）において190%を超えており、もっとも高い比率となっている。すなわち先進諸国の中でももっとも高い財政赤字の国なのである。第2位はかのギリシャの150%前後であり、第3位はイタリアの130%前後となっている。ギリシャやイタリア、そしてスペインなどでは財政赤字が原因で金利が高騰してマクロ経済が危機に陥ったことは記憶として残っているところであり、日本もギリシャのような経済危機に陥る可能性のあることは否定できない。

日本の財政赤字がなぜこれほどまでに巨額になったのか、過去の財政支出と税収の額と、国債の発行額の推移を見てみよう。図9-1は1975（昭和50）年度から現在までの歳出、税収、国債（建設国債と赤字国債）の発行額を示したものである。財政支出は毎年ほぼコンスタントに増加してきたのに対して、1990（平成2）年度あたりから支出増に

図 9-1　一般会計における歳出・歳入の状況：1975～2013年度

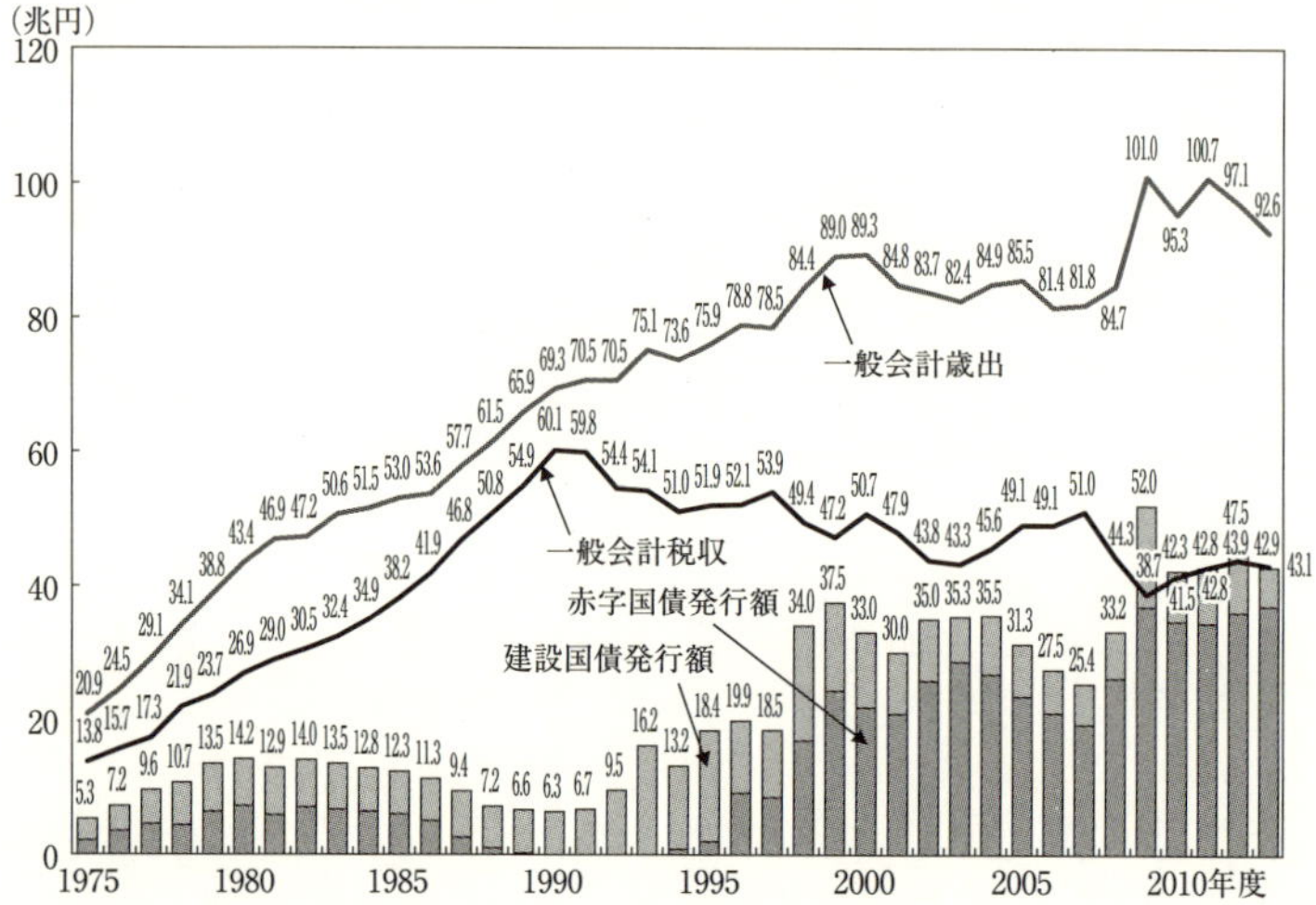

（出所）　財務省「日本の財政関係資料」（平成25年10月）.

見合う税収増加がなく、むしろ低下を示すようになった。このことが財政赤字を発生させることは当然のことであり、年度による変化はあるがこれまで財政赤字が増加したのである。それが現代では先進諸国における最高の赤字額（対GDP比）となってしまったのである。なお日本でいつ特例（赤字）国債が発行されたかといえば、1975（昭和50）年が最初である。なお、建設国債とは公共事業費、出資金、貸付金などの財源を調達するための発行する国債であり、特例（赤字）国債とは歳入不足を補填するために発行する国債である。前者は目的が明確なのでそれが後に役立つことがわかっているとして、後者よりもまだ発行理由に

特例（赤字）国債

建設国債

多少は筋が通っているとの解釈もあるが、両者とも国債発行という点では同じ性質を有していることに違いはない。

なぜ日本で財政赤字が巨額になったかを一言で述べれば、日本経済は時折景気循環の下降曲面（すなわち不況期）を迎えるので、景気を浮揚させるための手段として公共事業を中心にして財政支出をその時に増加させてきたことに理由がある。同時に景気浮揚のために所得税や法人税の減税政策も発動したので、支出－収入差が大きくなったからである。その補塡を結局は国債の発行額の増加で行ってきたので、赤字額が増大したのであった。

しかし留意点がいくつかある。第1に、小泉内閣（2001年4月～06年9月：平成13～18年）の時期には公共事業支出の削減策をとったので、一時的には財政赤字の削減が見られたこともある。

第2に、21世紀に入ってから高齢化が深刻になったので、社会保障関連の支出額が増加したのであり、これが財政支出の中で占める比率が高くなった。これはいわば人口における年齢構成比の変化による自然増による支出と考えてよい。

第3に、国債発行額が増加するとその償還のために財政支出を増加させねばならないことが発生した。いわゆる元本償還と利子支払いのための支出である。このことは前章の図8-1（一般会計歳出の構成比の推移）にも示されていて、1985（昭和60）年度あたりから国債費の比率が高くなっていることがわかる。現代では財政総支出のうち、およそ20％が国債費として占められているので、国家が自由に支出側から財政政策をコントロー

景気循環の下降曲面（不況期）
公共事業
財政支出
所得税と法人税の減税

ルできる割合が減少しているのである。

財政支出と歳入の経済学

ここで財政政策を経済学はどう評価してきたのか、簡単にレビューしておこう。有名なケインズ経済学は有効需要の理論として、不況克服のための経済理論を打ち立てて、特に減税や公共支出の増加による財政側からの景気対策を重視した。財源が不足する時には国債による調達も容認したのである。もとより景気過熱の時には逆の政策を考えるのである。これらは財政による景気安定化策と呼ばれる。

そこで政府の行う経済学からの政策の復習として、財政にはどのような役割が期待されているのか簡単に述べておこう。次の四つが政府の政策目標と考えられる。すなわち、(1)公共財の提供、(2)所得再分配、(3)景気安定化策、(4)経済成長の促進、である。

(1)公共財の提供とは、民間経済部門の提供できない財、例えば道路、橋、鉄道、空港などのように、人々が私的に費用を払って購入できない財、そして外交、国防、警察、消防、教育、健康、年金などのように、国民全員の受けるサービスの提供、といったことである。

(2)所得再分配とは、人間社会では高所得者と低所得者の並存というのが普通であり、平等性にできるだけ配慮するために、高所得者への高い税率や低所得者への手厚い社会保障制度、ということを目的とする。ただしこの所得再分配効果をどこまで持たせるかは国によって異なるし、個人によっても意見が異なる。

財政政策
ケインズ経済学
有効需要の理論
財政による景気安定化策
政策目標
公共財の提供
所得再分配

(3)景気安定化策については既に述べたので繰り返さない。

(4)経済成長の促進とは、人々の生活水準を上げるには政府が貢献できるところもあるので、これも政府の政策目標なり役割となりうる。

しかし、論者によってはこの経済成長の促進を政府の役割とすることをあえて挙げないことがあるので、例えば金森・大守編［2013］のように(1)、(2)、(3)を政府の役割とみなすことがある。筆者も金森・大守の意向に賛成である。

景気安定化策に話題を戻すと、ケインズ経済学の登場後しばらくの間は、ケインズ経済学による政策はうまく進行して、戦後経済は先進国において繁栄の時期にあった。しかし1970年代初期のオイル・ショックを契機にして、世界経済はインフレーションと失業が同時に起きているという「スタグフレーション」の時代を迎えて、ケインズ政策が有効に作用しなくなった。

財政赤字を国債の発行で賄うと、民間資金が国債購入に充てられるので、民間資金が減少するので資金が逼迫して高金利となり、設備投資が抑制されるとする「クラウディング・アウト」の考え方が、ケインズ政策がうまく効果を発揮しない一つの理由となった。

もう一つの考え方は、「リカードの等価定理」の復活である。政府が国債発行をして国民なり民間がその国債を買っても、民間はその後の国債償還のためには国は増税するだろうと予想するので、国民は消費拡大をせずに貯蓄をするだろう。そうであるなら当初の国

景気安定化策
経済成長の促進
オイル・ショック
スタグフレーション
ケインズ政策
クラウディング・アウト
リカードの等価定理

債発行による公共支出の増加という有効需要増は、民間の消費削減という有効需要減によって相殺されてしまう。似たことは、政府の減税政策の発動は、その後に増税政策があるだろうことを予想させるので、これまた民間消費を増加させない根拠となる。

このようにしてケインズ財政政策はうまく機能しない時代となったのである。日本でも減税や財政支出増によって景気浮揚策を政府は何度も採用したが、成功といえる結果を示すことはほとんどなかった。

乗数理論

ここで述べたようなケインズ政策がうまく機能しない理由に加えて、次の二つが日本では補足的に追加できる。

第1に、ケインズ経済学の一つの柱は乗数理論にあった。公共事業などで投資が増加すると、民間部門に呼び水効果が波及して、生産が増加するというのがこの理論である。例えば住宅投資があると、建築に要するセメント、鉄鋼、木材などの直接財に加えて、設計業や土建業、そして水道、電気、ガス工事関係者、などの需要を喚起するので、有効需要は確実に増加するのであり、好景気を誘発するというのが乗数理論の骨子である。しかし最近はこの理論が現実にはそれほど作用しなくなっているとされる。

日本の土地の価格

第2に、日本の土地の価格は異様に高かったので、公共事業を拡大しても事業費の大半は土地の収用資金として使用されてしまい、有効需要を上げるような財の購入額は少ないのである。

このようにして日本を含めて多くの国でケインズ政策の一つである財政政策はうまく機能しない時代となり、一時はケインズ経済学にはじき出されていた新古典派経済学が復帰するのが、1980年代以降のことであった。新古典派経済学を一言で要約すれば、政府が様々な政策を行うことは景気対策として役に立つことはなく、むしろ政府は自由主義経済がうまく機能するように、規制を緩和したり、企業や労働者の競争を促進する政策の方が、経済活性化に役立つとの主張である。新自由主義思想に立脚した自由経済の促進こそが経済政策の根幹である、との考え方である。しかも本項に述べた政府の役割、すなわち公共財の提供、所得再分配策、景気安定化策、といったことを重視せずに、政府はあまり前面に出てきてあれこれ政策をやらないことが肝心である、との主張なのである。

福祉国家と財政赤字は両立するか

現代では新古典派経済学が主流で、ケインズ経済学の支持は少数派である。私の持論である「日本は福祉国家への道を」の考え方は新古典派からの支持はないし、むしろ民間経済を活性化するために、社会保障の規模を小さくするということが肝心、というのがこの考え方の基本路線でもある。さらに、日本のような財政赤字が巨額に達している国において、社会保障の規模をこれ以上に大きくすることは、国の破滅に至る道なのでそれを避けることが必要であり、むしろそれを小さくするべきであるとの主張がなされる。

では筆者は「日本を福祉国家の道へ」という主張を撤回すべきであろうか。決してそう

新古典派経済学

規制緩和

ではない。なぜそういうスタンスをとり続けるのか、その根拠をここで述べておこう。

第1に、前節で日本の進むべき進路は、アメリカ型の自立と自助主義かヨーロッパ型の福祉国家かの選択しかないと述べたが、決してアメリカ型の弱肉強食の国になれない国民性の日本人なので、ヨーロッパ型しかないと判断している。

第2に、ではどういう国民性かといえば、安心ということに最大の価値基準をおいている日本人なので、安心のある生活の確保のためには福祉の充実がその根幹なのである。年金、医療、介護、失業といった人生上のリスクにうまく対処するには、社会保障制度の充実しかない。

第3に、では充実した社会保障制度を実行するには、国民による負担の覚悟が要る。ここは国民に消費税率のアップを容認してもらうしかない。橘木［2005］は年金制度の充実のためには消費税率を15％に上げる必要を説いたし、年金以外の他の福祉制度を考慮すれば20％もやむをえないと判断している。ヨーロッパの多くの国の消費税率は20～25％に既に達しているのである。

この消費税アップ策は、現代の巨額の財政赤字を大きく削減することにつながることを再認識したい。財政赤字の削減には支出の削減か、税収のアップしかないが、ここでは税収のアップが必要との主張である。

第4に、財政支出の削減に無関心かと問われれば決してそうではない。ムダな公共支出や公共事業はかなり削減されてきたが、まだそれは不十分である。3年間の民主党政権は

「コンクリートから人へ」というスローガンの下で、好ましい政策を打ち出したが政権運営の不手際から、政権は自民党に移った。民主党政権以前にも自民党政権の小泉内閣は公共事業の削減という大ナタを振るって成功させた。自民党政権においても意思さえあれば、公共事業の削減は可能である。

第5に、ムダな公共事業の削減と消費税アップに成功すれば、財政赤字の額は徐々に低下するので、国債費の支出の削減にも貢献する。国債の元金償還と利子支払いが少なくなった部分は、ぜひとも公的教育費支出の増加にまわしてほしい。図8-1で見たように、教育費支出の比率はこのところ低下の傾向にあるし、よく知られるようになったが日本の公的教育費支出が対GDPに占める比率は、OECD諸国の中で最低水準という不名誉にある。これを改善するために、教育費の支出増は必須である。このことが国民の資質を高めて、労働者としての生産性をも高めるので、国の経済を強くするために貢献することは間違いないからである。

第6に、社会保障給付の財源を社会保険料に求めるのか、それとも税収に求めるのか、これは神学論争であると述べたが、筆者は税収論者である。国民一人ひとりが安心した生活を送れるようにするには、国民全員に一定額の年金、医療、介護などの支給を普遍的に行うことが望ましいと判断するからである。そのためには国民全員から徴収する税収、特に国民全員の負担する消費税に依存する方法が最適と考えられる。このような社会保障制度を持っているのはデンマークが典型である。

日本では社会保険料と税収の負担割合はどのようになっているのであろうか。2012年の数字によると、保険料60・6兆円、税収29・4兆円、地方負担10・9兆円となっており、社会保険料方式であることがわかる。しかし地方負担の10・9兆円は地方税収入が大半なので、税収との合計では40・3兆円となる。保険料と税収比率はほぼ6・0対4・0となり、税収の比率のかなり高い国となる。私案では6・0の比率をかなり下げ、4・0の比率をかなり上げるということになる。現実にも日本では消費税のアップ分のほとんどを社会保障給付の財源にまわすとされているので、私案に沿った傾向にあると言える。しかし政府内の一部（特に財務省）には、社会保障給付の財源に充てるよりも、財政赤字の削減に消費税を充当する案に熱心なので、必ずしも筆者の期待どおりには進まないかもしれない。

もとより、社会保険料方式から税方式への変換は徐々に行うべきものであるし、この変換によって被害を受ける人の損失を最小限に抑制する必要がある。しかし長期的には日本も消費税を福祉財源の柱にしつつあるので、税方式に移行しつつあると解釈できる、筆者が理想とするデンマーク型の福祉国家に近づこうとしている。しかし何度も述べたように、日本では社会保障の規模を大きくすることには反対意見が強いので、本書では社会保障給付の財源の負担割合をどうするか、といったことしか議論していない。

第10章

不平等社会から平等社会へ、そして再び不平等社会へ

華族・士族・平民の身分制度
所得・資産の格差
職位別の賃金・所得格差
ホワイトカラーとブルーカラーの賃金格差
男女間の賃金格差
GHQによる改革
財閥解体と独占禁止政策
労働民主化
労働三法：労働組合法、労働関係調整法、労働基準法
シャウプ税制
所得税と法人税による直接税中心の税制
分離課税制度と総合課税制度
累進制による所得再分配効果
教育の機会均等政策
女性の教育機会均等
男女共学制度
ジニ係数
年功序列制
一億総中流社会
経済の効率性と平等性（公平性）のトレード・オフ関係
高い経済成長率と所得分配の平等性
高齢者の所得分配
絶対的貧困と相対的貧困
貧困線と生活保護基準額
規制緩和策
失業保険制度
職業訓練政策

戦前の日本社会は不平等や格差の非常に大きい国であったが、戦後の諸改革によって一気に平等社会となった。それに続く時代においても経済効率性が高く、しかも平等性も高いという世界に誇ってよい国であった。その後格差社会に日本は移行したし、特に貧困者の多いことで象徴される国になっている。

10・1 戦前の日本は不平等社会だった

華族・士族・平民という三つに分かれた身分社会

戦前の日本は不平等社会であった。その不平等の程度と性質は現代とは比較のできないほどの不平等社会、あるいは格差社会だったのである。その代表例は人々が身分によって区別されており、公文書に自己の名前を名乗る時は士族○○○○、平民××××と書くことさえあったほどである。当然戸籍にも身分が書かれていた。

江戸時代には有名な「士農工商」の身分制度が存在していた。言うまでもなく、士は武士階級、農は農民、工は工業従事者、商は商人であった。武士は支配階級なのでトップの位置にあるのは当然としても、農民が次の第2番目にきていたのは、人間が生きていくための食料を生産する人だからである。工業は人が生活するうえで必要な器具の生産をしていたので、第3番目の地位だった。一方、商人は物財を横に流すだけのことしかしていない卑しい仕事をするということで、最下位だったのである。とはいえ、このように四つの順番が付けられていたが、一番上の武士だけが権力の頂点にいて、他の三つの間にはそれほどの差はなく、それらのすべての階級が武士に支配されていたのである。

明治新政府は「士農工商」の身分制は廃止したが、支配階級の不満をできるだけ和らげ

不平等社会、格差社会

士農工商の身分制度

るために、公家や大名には華族、武士の地位にいた者には士族、という称号を与えた。それ以外の人には平民という身分制度で区別をした。華族には新政府から何らかの便宜を受けることが明治時代の初期にはあったが、士族にはこれといった特権はなかった。従って一部には没落士族という言葉があったし、不平士族は自分たちの恵まれない状況を打破するために反乱などを起こしたが、明治政府はそれらを比較的簡単に抑えた。例えば西郷隆盛の率いた西南戦争は不平士族の反乱と解釈する向きもある。

士族はどれほどの数いたのであろうか。1876（明治9）年には全人口がおよそ3400万人いたが、士族はおよそ189万人だったので、約5・5%が士族であった。それが大正時代に入るとおよそ4%台の前半にまで減少したが、これは士族の総数はさして変化がなく、総人口の増加の影響が大きかったからである。

少なくとも法律上の特権の賦与がなかった華族、士族の身分制上位にいる人々であったが、やはり支配階級の出身なので経済的に豊かな人がかなりいたし、エリート意識も残っていた。そのことから教育や職業のことに注意すると、そこには士族が有利な人生を送っていることがわかる。ここであらためて身分制度を取り上げる理由なのである。

明治・大正・戦前の昭和時代においては、小学校のみが義務教育であり、その上の旧制である中学校、高等学校、大学に進学する人はかなりの少数派だった。竹内［1999］は高等中学校（旧制中学校の上にあって、旧制高校の前身）と旧制高等学校の在籍生を華族、士族、平民という三つの身分別に調べると、身分の高い士族の占有率が明治時代には

華族・士族・平民の身分制度

西南戦争
1877（明治10）年

表 10-1　旧制高校生の族籍分布（外国人を除く）：1910年

	華族	士族	平民	合計
一高	1.1%	27.1%	71.8%	273
二高	0.3	25.0	74.7	739
三高	0.2	25.4	74.3	869
五高	0.0	40.8	59.2	868
六高	0.0	24.1	75.9	601
七高	0.3	33.7	66.0	726

（出所）竹内［1999］.

顕著であったとした。例えば1892（明治25）年における全部の高等中学校生のうち、華族出身は0・2%、士族出身は51・6%、平民出身は48・2%であった。ついでながら旧制中学校の上にある旧制高等学校に関して、いわゆるナンバー・スクールと称されたエリート旧制高校生を学校別に族籍分布を示したのが表10-1である。

以上のことをまとめると、まずは明治時代の中期であれば、高校レベルという上級学校である高等中学校に進学していたのは士族出身がほぼ半数を占めていたのであるが、全国民のうち士族は5%前後しかいないのであるから、士族がほとんどの学生を占めていたと言える。逆に言えば、平民の子どもで高等学校レベルに進学できたのは、非常に少なかったことを示しているのである。

それが約20年後の明治末期になると、士族出身者は20～40%の比率まで減少し、平民出身者が増加したことが示されている。これはたとえ平民の子弟であっても、勉強のできる人は旧制高等学校に進学できるような時代になったことを示しているのである。換言すれば、明治時代の中期までは士族が幅を利かしていて、子弟の教育にかなり熱心であったが、明治の後期あるいは大正時代に入ると国民全体が多少は経済的に豊かになったので、平民の子弟でも旧制高校に進学できるようになったのである。

旧制高校、特にナンバー・スクールは帝国大学への進学切符の役割を果たしていたので、エリートになるには身分はそれほど関係なくなり、勉強の出来・不出来が重要な基準となりつつあった。しかし日本全体で評価すると、旧制高校に進学できたのはほんの一握りにすぎない少数なので、家庭が豊かでないと高校には進学できなかった。別の言葉で述べると、身分上の区別に左右されず、むしろ親が裕福でしかも本人の勉強ができれば高校に進学する時代となったのである。このことは平民でも親が経済的に裕福になる人が増加したことを意味しているのである。

次の関心は身分社会が人々の職業決定にどれほどの影響があったかである。明治政府は日本を欧米列強のように強い国にしようとしたが、その先頭に立って指導者になることが期待されたのは高級官吏（官僚）であった。高級官吏は試験によって登用したので、一見公平な制度ではあるが試験の合格には帝国大学を卒業した人が有利であった。高等中学校（あるいは後の旧制高等学校）の卒業生が帝国大学に進学するのであったから、これまで調べてきたようにこれらの学校に進学したのは士族出身が多かったので、官吏になるのにも士族出身者の多いことが当然の帰結であった。

これらを数字で示すと、１８９５（明治28）年に官吏登用試験に合格した人37名のうち、士族出身は43・2％の高さであった。10年後の1905（明治38）年にはその比率が40・6％、その10年後の1915（大正4）年には27・9％となっている。時代が進むに従って士族の比率が徐々に低下していることがわかるが、これは既に見たように教育においても徐々に士族の比率の低下があったことと同じである。すなわち平民の子弟でも高等学校・帝国大学に進学するようになったし、官吏登用試験の合格率の差についても同様のことが発生したのである。高校・帝大生に平民の子弟が増加すれば、当然のように官吏登用試験の合格者にもそのことが反映したのであった。これらの傾向は身分による区分の影響力が小さくなりつつあることを示すので、好ましいことであった。

士族、平民といった身分区別よりも、日本社会に根強く残り、しかも実生活（例えば結婚、就職、住居など）のうえで差別があったのは、「部落問題（被差別問題）」であった。特定の職業に従事していた人々、そしてその子孫にまで差別が存在していたのは日本社会の恥部であった。これは大きな課題ではあるが、様々な角度からの分析が必要なので、ここでは課題を提示するだけにとどめておく。

所得・資産の格差は極端に大きかった

華族、士族、平民といった身分上の格差は少なくとも権利、義務といった法律上のことで華族や士族が優遇され、平民への差別ということは排除されていた。むしろ、教育をどれだけ受けるとか、どういう仕事に就くかということで、これまで見たように格差は生じていた。しかしこの格差以上にもっと深刻なことは戦前の日本では人々の間での所得・資産の格差が非常に大きかったことは強調されてよい。これは士族・平民の双方を巻き込んだことであった。

戦前の日本における所得・資産の分配に関しては、一部の地域や一部の人々、特に所得税納税者という高所得者のみ、あるいはある時期についての統計はあるが、全国民を対象にしたり、長期間にわたる統計が不十分なので、戦後のような系統的な分析は不可能である。従って、断片的な情報のみによって語らねばならないという制約がある。

戦前における格差社会を経済の側面から特徴づけると、地主と小作人の存在、小商工業者の存在、財閥を中心にした大資本家と労働者の存在、女性の所得稼得者としての役割が小さかったこと、などが挙げられる。特に地主・小作人関係については、既に示したように多くの国民が農業に従事していたので、影響が大きかった。地主、特に大地主は多額の小作料を農民から受領するので所得は高かったが、小作農民はやっと食べていけるだけの所得しか得ていなかったのである。とはいえかなりの数の自営農民もいたことはわかっているが、その収入は高くはなく低所得に甘んじていた。小規模の商工業者も低所得者であったことに間違いはなかった。

日本も日清・日露の両戦争の頃から始まった産業革命を経てから資本主義が徐々に進展し、工業が盛んになったのである。そこで経営者、管理職、労働者間の違いが明確になる時期に入った。ここで昭和初期（1930年代）において、これらの人がどれほどの所得

所得・資産の格差

日清戦争　1894〜95（明治27〜28）年
日露戦争　1904〜05（明治37〜38）年

格差にいたかを断片的に確認しておこう。表10-2（表1-4を再掲）は某製紙会社における管理職、事務員、工員などの賃金額を示したものである。いわゆる職位別の賃金・所得格差が見事にわかる表である。この表はあまりにも重要なので再掲する次第である。

役職にいない男の普通工員の賃金を1・0とした時に、工場長は実に17・27倍、工場長代理は10・25倍の賃金を得ていた。すさまじいほどの賃金・所得格差である。現代であれば工場長の賃金ははは普通工員のせいぜい3～5倍にすぎないのであるから、従業員の間の賃金格差は管理職かそうでないかの間で非常に大きな差があったのである。さらに正社員（ホワイトカラー）と工員（ブルーカラー）の間の賃金差も大きく、3・93倍の差である。現代であれば少なくとも正規社員であれば、ホワイトカラーとブルーカラーの賃金格差はせいぜい1・5～2・0倍なので、これも大きな格差であった。もう一つ目立つのは男女間の賃金格差であって、女工は男子工員の半分以下の賃金しか得ていないという時代だったのである。

以上は一つの企業における社員間の大きな賃金・所得格差であるが、現代の企業に

表 10-2　企業内の賃金格差：1930年代

	年収（円）	倍率（普通工＝1）
工場長	10,808	17.27
工場長代理	6,419	10.25
工場係長	5,008	8.00
正社員	2,463	3.93
準社員	1,626	2.60
雇員	1,480	2.36
準雇員	1,338	2.16
男工頭	980	1.57
男工（普通工）	626	1.00
女工頭	464	0.74
女工	281	0.45

（注）賃金は某製紙会社の資料による．同志社大学石田光男教授のご好意によって提供を受けた．
（出所）橘木［1998］．

職位別の賃金・所得格差

ホワイトカラーとブルーカラーの賃金格差

男女間の賃金格差

おけるよりもはるかに大きかったのである。旧い時代の資本主義では次に示すように経営者と労働者の間の所得格差は大きかったのであるが、労働者間においても役職別、ホワイトカラー・ブルーカラー別、男女別による差には相当な格差があったのである。

巨額の資産保有家と高額所得者が存在した

戦前の所得と賃金分配はかなり不平等であったことに加えて、もう一つの戦前の特色は並はずれた巨額の資産家や高額所得者の存在である。すなわち、大土地所有者が多くいたこと、あるいは財閥をはじめとする少数の大資本家階級が存在していた。これらの社会階級制度が巨額の資産保有家と高額所得者を生み出した最大の原因である。

戦前の高額所得者については谷沢［1992］が貴重な研究を行っているので、それを参考にしながら高額所得者が誰であったかを明らかにしてみよう。第1に、高額所得者は資本家階級の多い東京や大阪に集中していたが、新潟などの地方にも結構多い。それは地方に大地主が存在していたことを暗示する。ちなみに大地主の存在が所得分配の不平等に寄与する割合は、地主・小作関係に加えて宅地貸付と貸家の存在が43%と相当高い数字を示していたことによっても、大きかったことがわかる。すなわち、大地主の所得の多くを、地代と家賃収入が占めていることを意味している。現代ではこのような大地主の数はさほど多くないことは明らかである。

第2に、高所得者のトップは三井家、岩崎家（三菱）、服部家（時計店）、古河家（古河

財閥をはじめとする大資本家階級

鉱業）、といった財閥かオーナー企業のような大資本保有者によって占められている。この人たちは全国の長者番付順位で1ケタ台にいる。例えば1936（昭和11）年における最高位の所得者である三井高公《たかきみ》は、実に254万円という所得の高さであった。表10-2で示されたように、一般社員の年収が2000円前後であったことと比較すれば、その差は実に1270倍に達するので、想像を絶する高い金額であったことがわかる。三井持株会社の株主である三井家の人たちは、保有株による配当所得等によって巨額の所得を得ており、三井家の多くが全国長者番付で三菱家の人たちとともに十傑にいたことが示されている。ちなみに、1982（昭和57）年におけるオーナー企業家の課税所得の最高は、全国第8位の松下電器産業（現・パナソニック）の創業者であった松下幸之助で10億円前後、第95位のサントリーのオーナーであった佐治敬三の4億円がこれに続く。いかに戦前の財閥に資産と所得が集中していたかがわかる。

10・2 戦後の日本社会は平等社会へ向かって発展した

日本社会の平等化を進めたGHQによる改革

敗戦後の連合国軍総司令部（GHQ）の改革については以前の章でも少し述べたが、こ

GHQによる改革

こでは平等・不平等問題に関係のある改革だけを述べておこう。(1)財閥解体と独占禁止政策、(2)農地改革、(3)労働民主化、(4)税制改革、(5)教育の機会均等政策、の五つである。それぞれの改革にどのような意味と効果があったのか、簡単に論じてみよう。

(1) 財閥解体と独占禁止政策

財閥解体と独占禁止政策の導入は、戦争を引き起こしたグループの一員とみなされた財閥を排除し、財閥の産業支配力を弱めるためにとられた政策である。具体的には、持株会社の解体、所有する株式の公開、さらに財閥家族の企業支配力の排除が行われたのである。産業集中排除のために、独占禁止法と過度経済力集中排除法が1947(昭和22)年に施行された。独占禁止法はその後日本経済を復興させることと、外国企業との競争に立ち向かう目的のために、徐々に連続的に緩和されていったことを特筆しておきたい。特に経済界からの要望が強く、政府もそれに呼応した。戦後に数多くの企業に分割された企業群が、合併の歴史を繰り返して巨大企業に成長していった。

このように財閥解体は、限られた一部の人たちの株式保有が禁止され、大資本家階級が一時的に消えたことを意味する。従って戦前の大資本家がいなくなったので、資産分配や所得分配の平等化を大きく前進させたことになる。

(2) 農地改革

農地改革は、不在地主の土地を全部、そして在地主であっても1町歩(北海道は4町

財閥解体
1945(昭和20)年

独占禁止法、過度経済力集中排除法
1947(昭和22)年

農地改革
1945～46(昭和20～21)年

歩）を残して全部買い上げる政策だったので、圧倒的に強烈な土地保有の移動を意味した。大土地保有者の数が激減し、もともとは小作人だった農民が、小さな面積ながらも土地所有者になったのである。地代や家賃で高所得を得ていた地主の資産と所得が激減し、これまで地代を払っていた元小作人にその必要性がなくなったので、その人たちの所得が増加したといえる。

これらの変化は、当然のことながら所得と資産の分配を平等化に向かわしめた。個人所得に占める財産所得（土地所有による所得）の比率が急激に下落したからである。例えば、前出の大川一司・篠原三代平・梅村又次編集『長期経済統計』によると、戦前の１９４０（昭和15）年ではその比率が21・４％であったが、戦後の50（昭和25）年には何と３・４％まで下落したのである。所得分配における土地の役割の低下といってよい。

これらの影響力が強かったのは、地主の多かった東日本が中心であった。農地改革の効果が、戦後間もなく日本を平等化に向かわせた意義は大きかった。しかし、戦後30～40年を経過してから、元小作人であった農地の小土地所有者が、大都市近郊を中心にして１９８０年代の土地価格上昇のバブル経済の影響を受けて、逆に高資産保有者になってしまったことは歴史の皮肉とも言えよう。

（3）労働民主化

労働民主化のことを考えてみよう。占領軍は民主化政策の象徴として労働三法（労働組合法、労働関係調整法、労働基準法）の導入をはかった。これに伴い労働民主化の機運が

労働民主化
労働三法

高まり、労働組合が続々誕生した。1940年代後半には労働組合の組織率は50％を相当超えた数字であった。2010年代後半の現代では労働組合の組織率がわずか20％弱にまで低落していることと比較すれば、圧倒的に高い数字であった。労働組合の力が強いということは、労働者の権利が保障されたのみならず、賃金や労働条件決定において労働側の要求が強く影響力を持つことを意味するので、賃金分配に平等化の効果が作用したのである。

（4）税制改革

次に、戦後の税制改革であるが、わが国はアメリカ人の財政学者であるシャウプ博士による勧告を出発点として、次のような税制の改革を行った。まず、巨額の所得を得ていた一部の国民しか納税しない部分所得税から、国民の大多数が納税する一般納税に変わった。これも大衆民主化路線の一環といえる。法人税の拡充も見逃せない。所得税と法人税によるいわば直接税中心の税制を目指したのである。

所得税に関していえば、いわゆる総合所得課税が理想とされた。この制度は、賃金所得や利子所得、その他いろいろな所得源泉を合計した総合所得に、一定の所得税率をかけて税を徴収するものである。これに対して分離所得課税は、それぞれの所得源泉別に課税するものである。所得税率は一般に累進制で、分離課税制度よりも総合課税制度の方が税率が高くなるので、所得再分配効果は強く働く。「シャウプ税制」は総合課税を原則としたが、その後分離課税制度が中心になった。

労働組合法
1945（昭和20）年
労働関係調整法
1946（昭和21）年
労働基準法
1947（昭和22）年

シャウプ税制

所得税と法人税による直接税中心の税制

分離課税制度と総合課税制度

「シャウプ税制」のもう一つの特色は、所得税率における累進制の強化によって、所得再分配効果の作用することをはかった点である。すなわち、高所得者には高い税率を、低所得者には低い税率をという考え方は、日本の税制を特徴づける顔の一つであった。しかも最高所得階級への税率は80%あたりにまで達していたので、強烈な累進性であった。これも戦後の民主化路線の影響を受けているといえる。戦後にわたって累進性の低下が続き、最高税率は40%台まで低下している。

累進制による所得再分配効果

(5) 教育の機会均等政策

教育の機会均等政策

最後に、教育の機会均等政策について述べてみよう。まず義務教育が9年間に設定され、国民の平均教育水準が高まった。さらに、高校、大学に関して、能力と意欲のある学生には進学の道が戦前よりはるかに開かれた。戦前では高等教育を受けることのできる人は、本人の能力と努力に加えて家庭の経済力が必要であったが、戦後の民主化路線は授業料負担の軽減化や教育環境の整備によって、経済力の影響を小さくしたのである。高い教育を多くの人が受けられるようになったので、親の経済力とはほぼ無関係に、高等教育を受けた人が高い地位の職業に就くことができるようになった。経済力のある家庭の子女のみが高い地位と高所得を得る社会ではなくなり、この変化が日本社会の平等化に大きく貢献したことは特筆されてよい。

女性の教育機会均等

もう一つの重要な改革は、女性の教育機会均等が男性並みに与えられたことである。戦前では女性の大学進学率は極端に低く、せいぜい高等師範学校か女子専門学校どまりであったが、旧制帝国大学や新制大学にも女性の進学の道が開かれた。戦後70年を経過して、女性の高等教育就学率は増加し続け、今では短大を含めれば女性の大学進学率の方が男性よりも高くなった。この効果は社会的にも、経済的にも大きい。

最後に、戦後に男女共学制度が実現したことも大きな変革である。戦前の女性の地位の低さは、男女別学制度も寄与していたと考えられるので、男女共学の意義は大きい。

男女共学制度

高度成長期と安定成長期に平等化がおし進められた

戦後の諸改革によって日本は一気に自由主義、民主主義の国になったし、不平等社会から平等社会に移っていった。これらの諸改革の次に重要なことは、経済活動においてどのような姿で平等化が進行したかを検討することにある。特にこれに関しては高度成長期が重要であり、この時期に所得分配の平等化が進んだのであった。図10-1は高度成長期とその後の安定成長期において、所得分配の平等化が進んだことをジニ係数の変遷で見たものである。ジニ係数とは不平等の指標を示す統計量で、イタリア人のジニによって考案された。完全平等の時に0、完全不平等の時に1の値をとり、その数字の高いほど不平等の程度が高いことを示す。

ジニ係数

日本で高度成長が進行したかの理由については前章（第2章）で述べたので、それらの理由のうち賃金や所得格差への効果が如実であったことに関してここでは論じておこう。

第1に重要なことは年功序列制の意義である。これは企業での賃金決定において、その

年功序列制

図 10-1　所得分配の不平等をジニ係数で見た推移：1963～93年

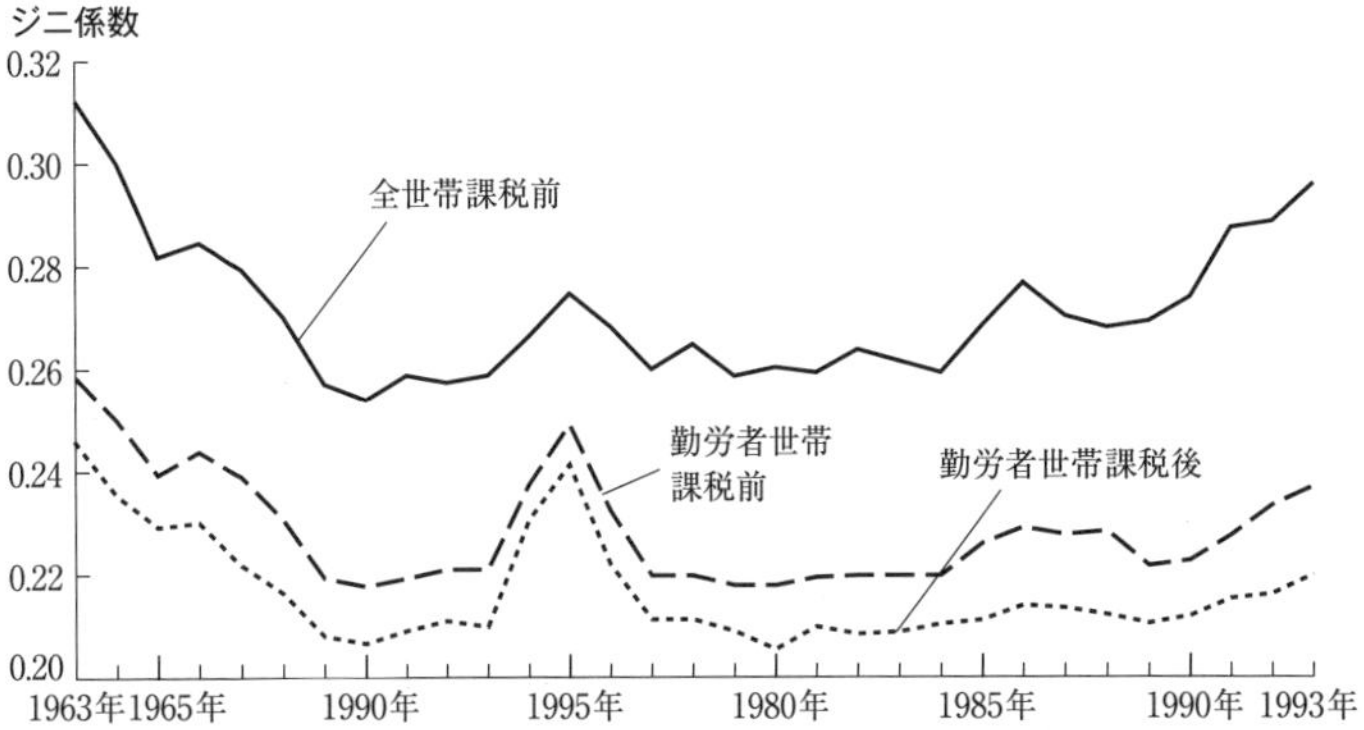

（注）　データベースは 2 人以上の非農家家計.
（出所）　総務庁「家計調査」.

人の年功（すなわちその企業で何年働いたか）に応じて昇進や賃金が決まる制度である。新入社員のほとんどが毎年同じ賃金上昇率で昇給していくので、同期入社の人の間ではほとんど賃金差が発生しないこととなる。これは労働者に平等処遇を感じさせるのに有効な手段であるし、現に賃金差は発生しなかった。

年功序列制度が入社後の10～20年間続いてから、働き振りや能力の高い人とそうでない人の差をしっかり把握している企業は、昇進や昇給に差を付け始めるのである。この制度は同期入社の人に適用されるが、毎年の賃金上昇率が高ければ、若年層と中・高年層の人の間では賃金差はかなり大きくなる。従って年功序列制においては、高度成長期での賃金上昇率はかなり高かったので、若年層と中・高年層の間ではかなりの賃金差が発生した。その意味では年功序列制は若年層と中・高年層の間では大きな所得格差はあるが、同期入社の人の間ではそれがほとんどないという点に、平等処遇の真髄がある。少なくとも自分と同じ年齢の人の間には処遇差がないことを、皆が認識していたのである。

この認識の意味は大きいのである。会社が少なくとも同期の人間の間では自分たちを平等に処遇しているのであるから、ほぼ全員が高い勤労意欲を持って働いたのであり、会社もそれに期待した。若い頃から処遇に差を付けると、低い評価の人はやる気を失うことがあるかもしれない。さらに高い業績を残した人は、きっと企業は自分を後になってから高い地位に昇進させるだろうと予想するので、これらの人も決して高い勤労意欲を失うことはない。全員が一生懸命働くことを期待できるのが年功序列制のメリットである。

第2に、財閥解体の副次効果として出現したことであるが、大資本家が追放され、かつ高齢の経営者も半自発的に辞任したので戦後企業の経営者には、比較的若い年齢層の人がなったのである。しかもいわゆる資本や株式を保有する人もいなかったので、これらの経営者は企業生え抜きの人が多くなった。いわゆるサラリーマン重役・社長が経営者の圧倒的な多数派となったのである。もとよりこれらの人は企業内では高い業績を示して、有能な人であることを示してきた人であることは確実である。しかし、もともとは労働者として働き始めた人であるから、高い賃金ないし所得とは無縁であったし、資本家としての意識もないことから、本人はそれほど高い報酬を望むことはなかった。

これらのことが理由となって、高度成長期から安定成長期にかけては、いわゆるサラリ

戦後企業の経営者

サラリーマン重役・社長

ーマン経営者の所得はそれほど高くなかった。そのことを統計で確認しておこう。表10-3は企業規模別に役員（会長、副会長、社長、副社長、専務、常務、平取締役）の報酬を示したものである。ここでの数字は1980年代後半のものである。この表で興味のあることは、もっとも高い報酬を得ている大企業の会長で4500万円であり、社長の報酬は3600万円程度であった。大企業であっても平取締役の報酬は1800万円程度である。これらをまとめると、それほどびっくりする高い金額ではないことがわかる。当時の国民一人当たりの所得が300万円前後だったので、大企業の経営者であってもそれほど高い報酬ではなかったのである。現代の大企業トップは1億円以上の報酬が珍しくないので、当時の報酬の高くないことが確認できる。

むしろ興味のあることは、中小企業の経営者が意外と高い水準の報酬を得ていたことである。会長で2600万円、社長で2400万円、平取締役で1400

表 10-3　企業経営者の特性と報酬

役職	大企業			中小企業			大企業				中小企業			
	会長	副会長	社長	会長	副会長	社長	副社長	専務	常務	取締役	副社長	専務	常務	取締役
勤続年数	35.57	29.85	25.50	25.75	15.00	17.72	31.57	29.01	27.47	27.97	25.25	25.43	22.50	24.86
	12.78	16.54	18.00	16.58	0.00	15.92	13.34	12.51	12.67	9.54	16.65	14.45	14.62	11.47
外部経験	8.57	10.14	13.03	14.62	30.00	17.68	6.96	7.26	7.62	3.83	12.33	11.37	13.08	6.86
	12.37	17.02	16.86	15.99	0.00	14.51	12.68	12.21	12.74	9.03	15.83	13.53	14.48	11.55
年齢	67.57	63.42	61.69	62.87	66.00	58.88	61.71	59.08	57.88	54.65	60.83	59.56	57.73	54.39
	4.36	2.87	5.90	5.64	0.00	6.59	4.68	4.13	3.51	3.78	5.70	4.71	4.46	4.72
報酬	4,499	3,142	3,595	2,593	2,499	2,409	3,476	2,634	2,164	1,796	2,562	1,970	1,692	1,373
	1,493	801	1,272	934	0.00	1,015	945	828	654	51	747	440	461	290

（注）上段は平均値．下段は標準偏差．報酬の単位は万円．
（出所）野田［1995］．

万円程度である。中小企業の経営者の報酬が大企業のそれよりも低いことは確かであるが、想像されるほどには低くなかった。考えられる理由としては、中小企業の経営者の方が大企業の経営者よりもややオーナー体質が強いので、自己の報酬の決定に他人を意識する程度が弱くてよいことが考えられる。

第3に、戦後のシャウプ税制による伝統、すなわち所得税の高い累進税率がこの時期まで保持されたので、たとえ所得の高い人がいたとしても多額の税金を払っていた。このことは課税後の所得分配が平等化することを意味したのである。

第4に、後の時期になって企業労働者の中で非正規労働者の数が増加することになるが、この時期は経済が好調だっただけに企業は労働費用の節約をはかる必要がなかった。従って従業員の大半は正規労働者だったので、身分の違いによって生じる低い賃金の労働者はそう多くはいなかった。このことは賃金所得の格差拡大を招かないのである。

第5に、ただし、全般的に言えば労働者の賃金分配は平等であったが、男女間と企業規模間の賃金分配は不平等であったことに注意しておきたい。戦後の改革によって憲法の上からは政治的に男女は平等になったと述べたが、経済的な平等はまだそれほど進展していなかった。さらに、教育についても理念上は男女平等となったが、家計所得の低かったことが理由となって女性はまだ教育水準が高くなく、男女の学歴差はかなり存在していたので、その差が賃金差として現れたのである。企業規模間の賃金格差については前章（第5章）で述べたのでここでは再述しない。

10・3 再び不平等社会へと向かう日本経済

1980年代以降に再び不平等化がはじまる

高度成長期と安定成長期の日本は平等社会であった。所得・資産の分布は平等性が高かったので、大半の人々は生活水準においては、自分は中流にいるという判断をする「一億総中流社会」であった。この時期の平等性の高さは特筆されてよい。なぜならば、経済学では経済の効率性（高い経済成長率にあるとか不況でない経済）と平等性（あるいは公平性）はトレード・オフ関係にあるとされるので、この時期の日本は効率性と平等性の両方を満たしていたので、希有な例外の時期であったという解釈が可能なのである。すなわち、高い（あるいは安定的な）経済成長率を示しながらも、所得分配の平等性が高かったのである

しかし、1980年代あたりからは日本は所得分配の不平等化を示すようになった。例えば橘木［1998］が論争に火をつけたように、所得分配の不平等度を表すジニ係数がこの時期から上昇し始めた。国際比較においても昔は平等国家であった北欧諸国と同じ水準であったが、イギリス、フランス、カナダといった欧米大国並みの所得分配の不平等度に達していたことが示されたのである。これに関しては表10-4が示すように、日本のジ

一億総中流社会

経済の効率性と平等性（公平性）のトレード・オフ関係

高い経済成長率と所得分配の平等性

表 10-4　1980年代における日本と先進資本主義国の所得分配の不平等度（ジニ係数）

		再分配所得	当初所得
日　本	1980年	0.314	0.349
	1983年	0.343	0.398
	1986年	0.338	0.405
	1989年	0.364	0.433
	1992年	0.365	0.439
アメリカ	1979年		0.37
	1989年		0.40
イギリス	1981年	0.28	
	1988年	0.35	
フランス	1979年	0.364	
	1984年	0.372	
オーストラリア	1981年	0.31	
	1985年	0.32	
ノルウェー	1979年	0.346	
	1986年	0.330	
フィンランド	1981年	0.28	
	1987年	0.21	
カナダ	1981年	0.395	
	1988年	0.404	
ニュージーランド	1981年	0.29	
	1985年	0.30	
イタリア	1986年	0.310	
スイス	1982年	0.323	
スウェーデン	1989年	0.220	
アイルランド	1987年	0.330	

（注）1）ジニ係数は0と1の間の数字をとり，数字が高いほど不平等度が高い．
2）日本は当初所得，再分配所得の双方が示されているが，アメリカを除いて他の諸国は再分配所得である．
（出所）日本は厚生省「所得再分配調査」，日本以外はAtkinson[1995]．

ニ係数の値は欧米諸国の高さに達していることがわかる。

これをきっかけにして日本は格差社会に入ったのかどうかをめぐって論争が発生したのが20世紀から21世紀に変わる頃であった。論争がどういう形をとったかといえば、日本が格差社会に入ったという事実に対する反対論というよりも、格差社会に入った原因に関することと、格差社会に入ることはやむをえない、という主張からの反対論であった。

前者は、日本が高齢社会に入りつつあることに注目して、高齢者の所得分配はもともと豊かな人と貧しい人の目立つ格差の大きい世代なので、高齢者の数が増加すれば全体としても格差が拡大しているように見えるという、統計上の見せかけにすぎないというものであった。この側面のあることは私も認めていたが、格差拡大のすべてを統計上の見せかけに帰するのは誇張であり、これから述べるように種々の原因をも伴っているので、格差拡大は否定できない、というのが私の反論であった。

もう一つの反対論の方が本質的なものであった。それは先ほどの経済効率性と公平性（平等性）のトレード・オフ関係を信じる立場からのものであった。1990年代は日本経済はバブル崩壊後の不況の時期に入っていたので、経済効率化（すなわちより高い経済成長率あるいは不況からの脱却）が至上命題と考えられていたので、公平性（平等性）を犠牲にしてでも、経済活性化を進めるという必要性を主張したのである。すなわち、所得分配の不平等化には目をつぶらねばならないという思想である。特に当時の首相であった小泉純一郎氏からの反論が象徴的であり、政府はこの立場を保持した。

高齢社会
高齢者の所得分配

貧困の深刻さが際立つ日本の格差社会

経済の効率性と公平性（平等性）のトレード・オフについては後に再び論じるとして、1980年代に入ってからの格差社会を特徴づける現象として、貧困者の増加したことがある。一般に格差問題というと高所得者と低所得者の間の格差に注目が集まるが、低所得者の経済状況がどれほど深刻か、ということも格差社会のもう一つの重要な顔である。なぜならば高所得者と異なって、低所得者、特に貧困者は日頃の生きて食べていくことに問題があるからによる。

図10-2はバブル突入時の頃から現代までの、わが国における貧困率の推移を示したものである。貧困には絶対的貧困と相対的貧困の二つの概念、定義がある。前者は人が食べていけない所得（貧困線と呼ぶ）以下にいる人である。わが国ではこの貧困線はまだ計測されていない。日本ではこれに替わるものとして生活保護基準額が一つの目安として用いられるが、多くの国で貧困線が計測されているので、日本でもその試みが必要である。

相対的貧困は所得分配上の所得のもっとも低い人から高い人を順で並べて、その中位にいる人の所得のある一定%（例えばOECDでは50%、EUでは60%）以下の所得しかない人である。この概念は他人との比較のうえで貧困をどれだけ悲惨と感じるのか、ということから出発したものである。この概念と定義のメリットは、すべての国の貧困が共通の定義で計測されているので、国際比較上での信頼性が高いことにある。絶対的貧困を国際

絶対的貧困と相対的貧困
貧困線
生活保護基準額

図 10-2 日本における相対的貧困率の年次推移：1985～2012年

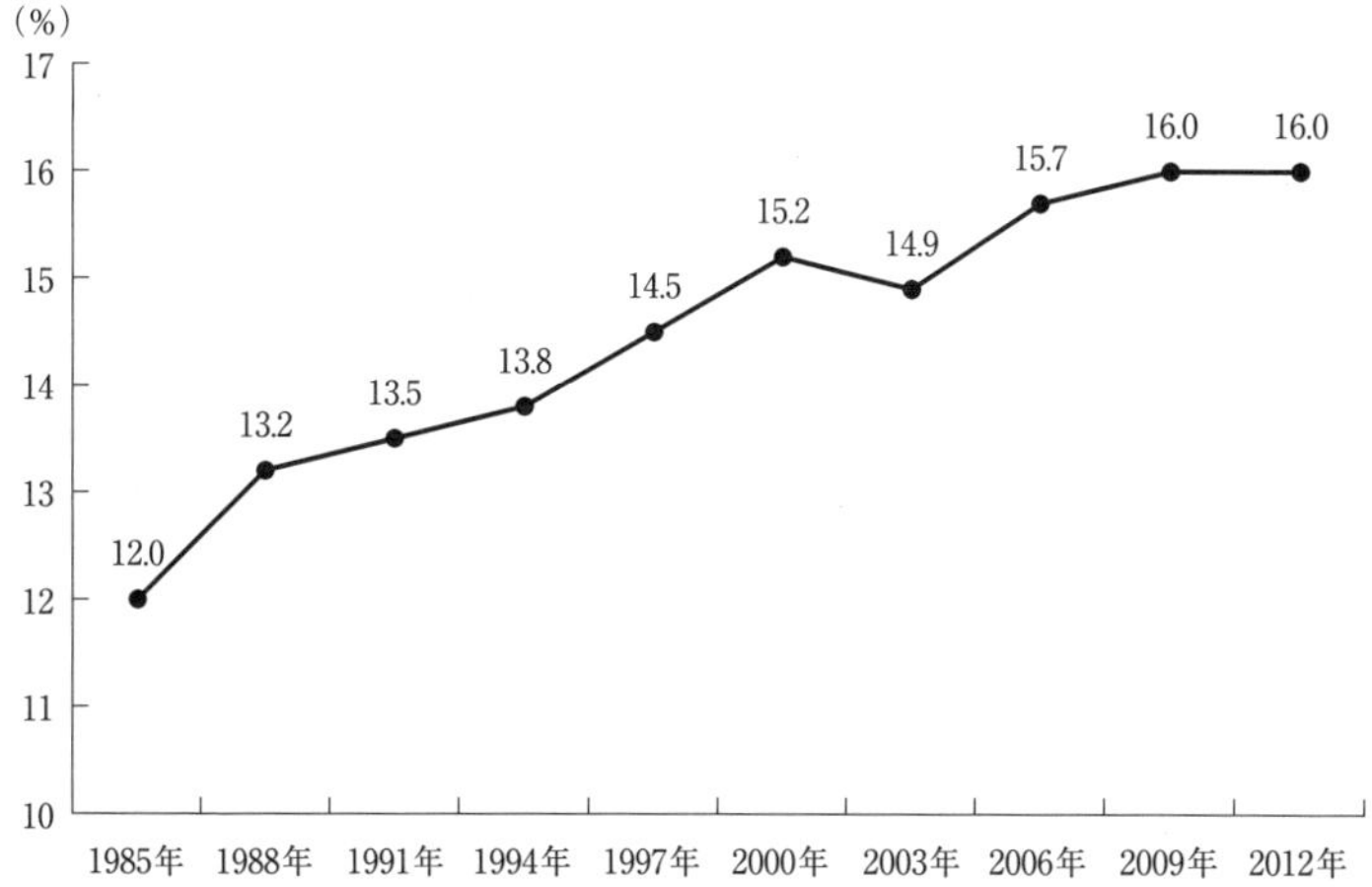

（出所） 厚生労働省「国民生活基礎調査」2014年.

的に比較することが困難なのは、国によって必需品が異なるからである。食料・衣料・住居が必需品であることに異論はないが、例えばアメリカだと多くの人が自動車を必需品とみなすだろうし、寒い北欧諸国であれば暖房費は必需品であろう。さらに年齢による差（例えば若者にとってはスマートフォンなどが必需品）や性別の差なども加わるので、国際比較は容易ではない。

図10-2によってわかることは、ここ30年間に日本の（相対）貧困率は12・0%あたりから16・0%台にまで上昇し、貧困者の数が増加したことである。この数字だけでは貧困の深刻度がわからないであろうから、図10-3によって主要先進諸国との比較を見てみよう。これによると皆が予想するようにアメリカがトッ

図 10-3　相対的貧困率の国際比較
所得の分布における中央値の50%に満たない人々の割合

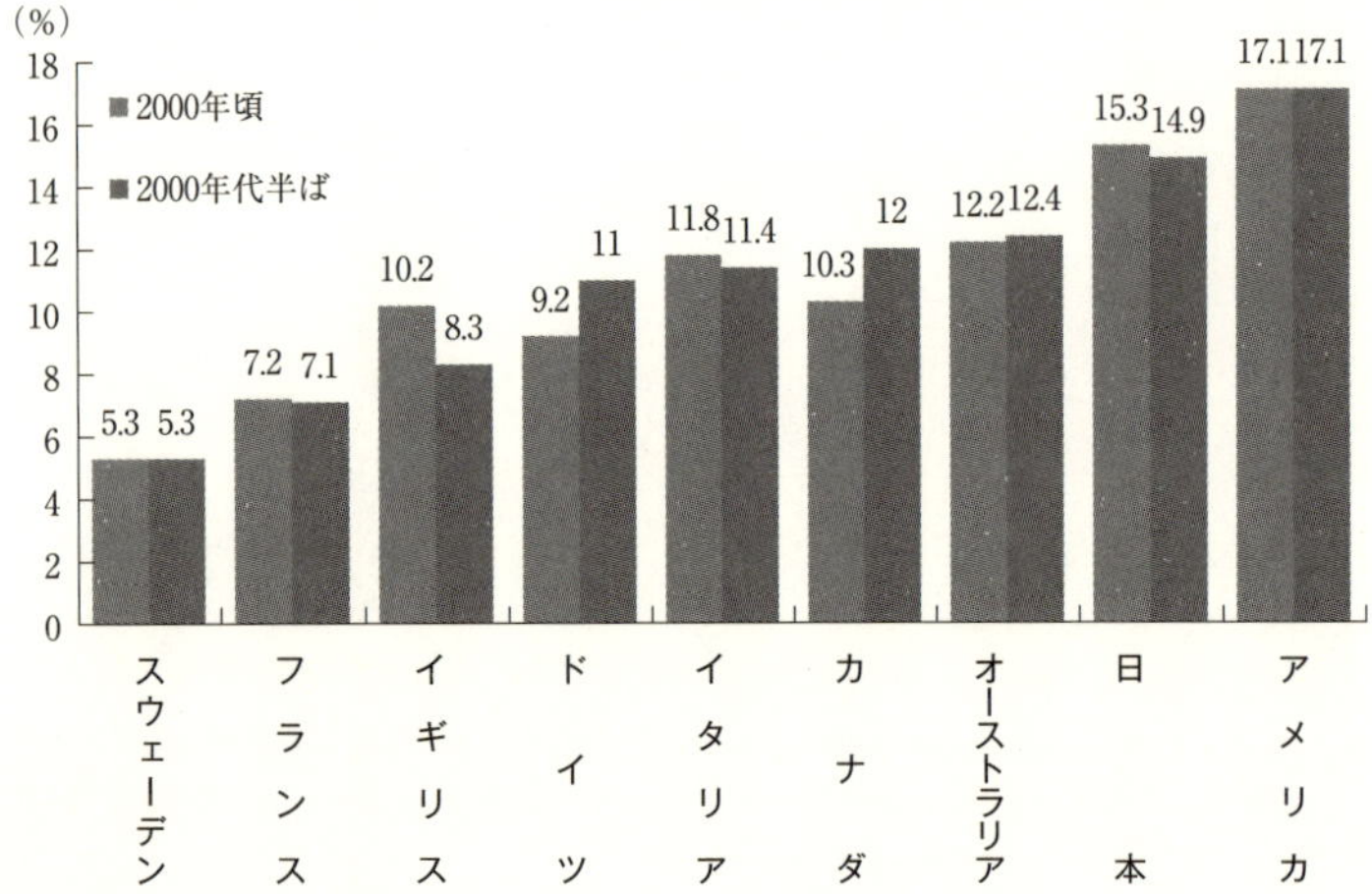

(出 所) OECD, "Growing Unequal? Income Distribution and Poverty in OECD Countries," 2009.

プの高さで17・1%である。日本は何と主要先進国の中では第2位の高さである。他の主要先進国では多くが10%以下であるし、北欧のスウェーデンにいたっては5%台の低さである。これら二つの図から、日本の貧困問題が相当に深刻であることがわかるし、これが日本の格差社会の象徴となっているのである。

なぜ日本は貧困者の多い国になったのだろうか。いくつかの理由が考えられるが、ここでは詳細を議論せずに箇条書きにしておこう。

(1)日本経済の不況長期化により、失業者の数が増加した。失業者は雇用保険の給付があれば生活できないということはないが、そもそも日本の失業保険制度は加入者が労働者の半数強しかいないので、制度に加入していない人やたとえ加入していても加入期間の短い人は失業給付額が低く、生活苦は明らかである。

(2)低成長時代では労働費用の節約をはかる企業が多いので、パートや契約社員といった非正規労働者の数が急増したことは既に第3章で述べた。いわゆる労働条件の悪い人の増加は、生活に困る人の増加につながる。

(3)日本の最低賃金制度における賃金額の低いことも既に第3章に述べたことなのでここでは再述しない。

(4)年金、医療、介護、幼児支援策などの社会保障制度が不十分であることも既に強調したので、これが貧困者の増加につながることは明らかである。

(5)生活保護制度がうまく機能していない。日本の貧困者は高齢単身者、若者、母子家庭の三者で代表されるが、高齢者であれば年金、医療、介護の給付が十分になされておれば、高齢貧困者の出現は避けられる。若者の貧困は職のないことや、非正規労働者の多いことで説明できる。母子家庭の貧困は最低賃金額の低さ、幼児支援策の不十分さ、などで説明できる。

以上をまとめると、貧困者の数を減少させるには、経済を活性化して仕事の増加をはかることに加えて、種々の制度、すなわち最低賃金、社会保障、労使関係などの改善の必要なことが明白である。

生活保護制度

経済の効率性と公平性の両立は可能か

再び経済の効率性と公平性（平等性）のトレード・オフについて考えてみよう。日本では経済効率性を高めるには格差社会の存在はやむをえない、という考え方が強いが、この主張には賛成しない。第9章では日本は福祉国家に向かうべき、と主張したが、福祉国家（すなわち公平性重視）であってもわが国はそこそこの経済効率性を保持できると考える。

そう考える理由をいくつか述べておこう。

第1に、福祉国家にすると福祉にタダ乗りしようとする人が多くなることを危惧する意見が多いが、これに対しては制度をしっかり監視・運営することと、タダ乗りしようとする人には厳罰で対処する。制度の監視と運営には費用はかかるが、これは必要費用として政府が準備する。厳罰制度はこれまでの日本は人間を性善説として扱ってきたが、これからは性悪説に変えてもいいということを意味している。

第2に、税制による強い再分配政策は有能な人が勤労意欲を失うとされたが、これを証明する事実はほとんどない。ただすべての人と同様に税金が嫌だ、と言っているにすぎない。むしろ高所得者には高い税率は社会の義務、あるいは名誉と思ってもらうようにする。大変注目されているピケティ［2014］では、各国において高い所得・資産の人には高い税率を課すべきと主張している。反対論は結構強いが、格差社会を是正する方策として有効性が高い。従って経済効率を失う可能性は低い。

第3に、規制緩和策は必要と考える。福祉国家として有名な北欧諸国は、冷たいかもしれないが弱い企業を保護する政策をとらず、むしろこういう企業は効率性の維持にとってマイナスと判断して、市場からの退任を容認している。そしてむしろ強くて新しい企業の参入を歓迎するような政策を実施している。この策が成功すると、経済は強くなるし、企業も進んで福祉政策に関与できるようになる。

労働者についても同様で、労働条件の悪い企業や倒産した企業から新規参入の企業に移ることにためらいがない。当然のことながらもしこの間に失業することがあれば、充実した失業保険制度によって生活の苦しさを味わうことはない。さらに政府による周到な職業訓練政策によって、新しい企業に移っても有能な労働者として働くことができるのである。

すなわち、経済効率性と公平性の両方を満たすような経済政策、社会政策を北欧諸国から学ぶことが勧められる。

規制緩和策

失業保険制度

職業訓練政策

第 11 章

教育が日本経済と社会に与えた影響

経済成長論
ハロッド＝ドーマー理論
資本蓄積論
新古典派の成長論
ソロー＝スワンの成長論
成長会計式
人的資本（教育資本）
内生的経済成長モデル
物的資本と人的資本
人的資本理論（G・ベッカー）
放棄所得、機会費用
大学進学の費用と便益
学歴主義
受験戦争
管理部門、営業部門、製造部門
ビジネス・スクールと法科大学院（ロー・スクール）
指定校制度
学歴主義と実力主義
スクリーニング仮説
医学部人気
企業で働くことのリスク
教育の機会平等
奨学金制度
公共教育支出

人々のこと、あるいは労働の側面から日本経済を論じるのが本書の目的なので、教育が経済成長、職業や所得格差にどういう効果があるのかを議論することは、中心テーマの一つになりうる。特に経済成長への貢献や賃金・所得などの結果の格差への影響を論じる。もう一つ重要な論点は、機会平等の視点から教育を評価することにあるので、このことを論じる。

11・1 教育が経済成長に及ぼす効果

経済成長理論の簡単なサーベイ

経済成長のための経済政策を考えることの必要性があることは多くの人が認めることなので、経済成長論は経済学の中でも重要なテーマの一つであった。経済学史をたどれば、第二次世界大戦前の経済学では経済成長論は主要なテーマではなかったが、大戦後に急速に大きな関心が高まったのである。それは戦争による破壊から復興してから、先進諸国は経済繁栄の時代に入って、経済成長を経験したことが大きく、学問から経済成長を考えようとする気運が強くなったのである。

大戦前は1929年のニューヨークの株式市場での株価暴落（暗黒の木曜日）により、世界経済は大不況に陥ったのであるが、その不況を解決する経済学を説いたのがJ・M・ケインズであったことは皆の知るところである。ケインズ自身は経済成長論に貢献することはなかったが、その弟子筋にあたるロイ・ハロッドがポスト・ケインジアンの経済学として経済成長論を新しく提出したのであった。ロシア生まれのアメリカ人経済学者であるエブセイ・ドーマーも似た理論を打ち出したので、後にこの成長論はハロッド＝ドーマー理論と呼ばれるようになった。

経済成長論

J・M・ケインズ　1883～1946年

ハロッド＝ドーマー理論

ハロッド=ドーマー理論を一言で要約すると次のようになる。すなわち$\Delta Y/Y$（経済成長率）はs/cに等しいのである。

$$\frac{\Delta Y}{Y}=\frac{s}{c}$$

ここでsは貯蓄率のS/Y、cは$\Delta K/\Delta Y$の限界資本係数、Yは国民所得、Sは貯蓄、Kは資本量である。この理論の真髄は、経済成長は資本をどれだけ蓄積するか、そして生産をするのにどれだけの資本が必要か、ということによって決まると主張したことにある。

ハロッド=ドーマー理論は労働の役割をも考慮したが、労働が分析の中に入ると経済はむしろ不安定になる可能性があることを説いたのであり、それはナイフ・エッジと称されて経済が収束の道に進まないことがあるという特徴を有していたのである。ついでながらピケティ［2014］による「資本主義は内在メカニズムとして格差拡大が発生する」として有名になった資本蓄積論は、このハロッド=ドーマー理論から出発したものである。

経済の不安定さを秘めたポスト・ケインジアンの経済成長論とは異なり、新古典派の成長論は経済は安定的に収束に向かうことを主張したのである。これはソロー=スワンの成長論として有名であり、労働Lと技術水準tを考慮した生産関数、

$$Y=F(K,L,t)$$

を用いてエレガントに証明したのである。新古典派の成長論は、国民所得の成長率は次の

ナイフ・エッジ

資本蓄積論

新古典派の成長論

ソロー=スワンの成長論

三つの成長率の総和で与えられることになる。すなわち、資本、労働、技術水準の三つであり、これは時折「成長会計式」と呼ばれるものでもある。

経済成長論の一つの目的として、発展途上国の経済成長率は高くて成熟国のそれは低いことを期待して、世界における豊かな国と貧乏な国の差は縮小するはずとされた。しかし現実にはそれは達成されずに格差は平行して進行するか、もしくは拡大の気配すらあるので、成長論を含む新古典派経済学は一つの難点を抱えることとなった。それを克服するためにいくつかの試みがなされた。

まずは新古典派の生産関数の説明変数として、人的資本（あるいは教育資本）を新しく考慮して、

$$Y = AF(K, L, H)$$

から出発した試みである。ここでHは人的資本を表す。その理論的な解析結果をここでは示さないが、少なくとも人的資本を考慮したモデルの実証結果は先進国が成長率を高く保持し、発展途上国の成長率が高くならない事実をうまく説明できたので、人的資本ないし教育資本が経済成長に与える効果の大きいことが確認できたのである。労働人口あるいは総労働投入量であるLとは別個に、人的資本が生産に貢献するということを考慮したので、確かな一つの発展ではあった。そしてそれを発展させたのが次の内生的経済成長モデルである。

成長会計式

人的資本（教育資本）

内生的経済成長モデル

内生的経済成長モデルでは、生産関数は、

$$Y = AF(K, H)$$

と与えられる。ここでKは物的資本、Hは人的資本である。ここでのモデルの最大の特徴は、人は教育投資（例えば職業訓練でもよい）にする部分と、物的資本を生産に用いる部分に区分して考え、教育投資をした結果として物的資本の質が向上することを考慮する。これすなわち、人が教育投資をすることによってその人の生産性が向上することを、モデルを通じて表現できるし、人がどれだけ教育投資にまわすかの比率は外生的に与えられるのではなく、内生的に決まるので内生的モデルによる経済成長論と呼ばれるのである。

このモデルは必ずしも学校教育という人的資本を先に蓄積させてから、次に生産活動に入るというような、人のライフ・サイクルの順序に合わせたものではないが、教育という人的資本と生産活動の間の配分を考慮しているので、教育をどれだけ受けることがその人の生産性を向上させるのかを吟味しているので有用である。内生的経済成長モデルに立脚した実証研究の多くは、学校教育を長くしている国ほど経済成長率が高いということを証明しているのである。

以上をまとめると、教育には経済成長を高める効果のあることが確実に言える。すなわち、教育を受ける人の数が多いほど、あるいは教育においても高い教育を受ける人の数が多いほど、経済成長率は高くなるのである。前者に関しては、例えば文字の読み書きや算

物的資本と人的資本

表 11-1　成長会計

ψ = .58	GNP	生 産 性	物的資本	人的資本	就業者数	労働時間
高度成長期：1956～73年	9.30%	3.30%	3.10%	2.00%	0.90%	0.00%
安定成長期：1973～90年	3.80%	0.70%	1.90%	0.80%	0.70%	-0.20%
低 成 長 期：1990～2003年	1.30%	0.40%	0.90%	0.50%	0.10%	-0.60%
ψ = .28	GNP	生 産 性	物的資本	人的資本	就業者数	労働時間
高度成長期：1956～73年	9.30%	3.80%	3.10%	1.50%	0.90%	0.00%
安定成長期：1973～90年	3.80%	0.40%	1.90%	1.10%	0.70%	-0.20%
低 成 長 期：1990～2003年	1.30%	0.10%	0.90%	0.80%	0.10%	-0.60%

（出所）　Miyazawa [2011].

術計算のできる人が増加すれば生産を効率的に行えるし、後者に関しては、例えば技術革新を促進したり組織運営や経営を効率的に行うことのできる人が多くなるので、これまた経済成長に役立つことになる。

最後に日本経済を戦後から現代まで、日本の経済成長はどのような要因が貢献したのかを検証した Miyazawa [2011] による研究例があるので、それによって教育の貢献度を知っておこう。表11-1がそれである。なお労働投入量は就業者数と労働時間に分けられていることに注意されたい。

まず前半期（1956～73年：昭和31～48年）は高度成長期、中半期（1973～90年：昭和48～平成2年）は安定成長期、後半期（1990～2003年：平成2～15年）は低成長期、と区分していい。この3区分のとおり、GNPの成長率は時期によってかなり違うことがわかる。

いくつか興味のある事実がこの表には示されている。第1に、高度成長期を説明する要因としては、生産性の伸びと物的資本の伸びがもっとも重要である。9・30%のGN

P成長率のうち、生産性と物的資本の伸びでほぼ3分の2が説明されている。人的資本（教育）の伸びに関しては絶対値は他の期間より高いが、成長への貢献度で評価すると、人的資本の貢献は小さい。

第2に、人的資本（教育）は時代が進むにつれてその数字が小さくなっているので、絶対的な貢献度は低下していることになるが、相対的な貢献度（GNP成長率への比率で見れば）は低成長期においては要因の50％近くを占めているので、かなりの貢献をしていることがわかる。

第1と第2のことを要約すると、高度成長期において人的資本（教育）が果たした役割は、教育を受ける人の比率が高まったことによる効果が出現し、低成長期においては高等教育を受ける人の増加が影響している。すなわち前半期では国民の平均教育水準が高くなったことによって、教育の絶対的貢献の大きい効果の時期であり、後半期では高い教育を受けた人による技術進歩や効率的な生産体制の効果が出現して、教育の相対的貢献が高まった時期、と理解してよい。

第3に、労働投入量に注目すると、就業者数は時代が進むにつれて数字が小さくなっているが、これは人口（あるいは労働人口）の伸び率が小さくなったことの反映である。労働時間に関しては、中半期と後半期はマイナスの数字であり、労働時間の短縮が進んだことの反映として、働きすぎの日本が労働時間を減少させたので良い現象と評価できる。

第4に、この表から得られる結論として次のようにまとめてみよう。経済成長率を決めるのは、まずは物的資本の貢献であり、時期によっては生産性の貢献も大きい。人的資本（教育）の貢献には無視できないほどの大きさがある。特に経済成長率の低い時代に入ると、国民一般の平均的教育水準を上げることよりも、教育の内容や質（例えば高等教育なのか、あるいは技術教育なのか）が重要な役割を演じるのである。

教育は個人の所得にどのような影響を及ぼすのか

教育が経済成長に与える効果は、社会全体が受けるメリットと考えてよいが、個人のことを考えるとそれはどれだけの所得を得るか、ということで評価できる。学校を卒業してから人は働き始めるが、その時の賃金額にどれだけ教育を受けたかの効果が反映されているかである。わかりやすい言葉を用いれば、大学卒、短大卒、高校卒、中学卒によって賃金や所得に差があるのか、あるとすればそれはどれほどの差なのか、ということになる。

表11-2によって、日本における学歴差による年収差を見てみよう。単年度の年収差も興味あるが、ここでは生涯年収に注目してみよう。まず中学卒と高校卒の間にはほとんど差はないし、高校卒と高専・短大卒の間でもそれほどの差はないことがわかる。あるとすれば大学卒の高い生涯年収であるが、高校卒との間の差でも男子でおよそ6000万円にすぎず、大差があるというわけではない。ただし女子では7500万円の差があるので、男子よりも女子に学歴差による影響が大きい。

この数字だけでは学歴差にどれだけの大きさや意味があるのかわからないので、他の国

表 11-2　日本における学歴による収入差

2012年度（単年）

	男　子	女　子
中　学　卒	384万円	243万円
高　校　卒	459万円	294万円
高専・短大卒	484万円	381万円
大学・大学院卒	648万円	443万円

生涯年収

	男　子	女　子
中　学　卒	1億7,130万円	1億1,050万円
高　校　卒	1億9,040万円	1億2,470万円
高専・短大卒	2億40万円	1億5,890万円
大学・大学院卒	2億5,180万円	1億9,930万円

（出所）　厚生労働省「賃金構造基本調査」.

との比較を行うことによって、日本の位置がどこにあるかを知ってから、学歴の効果を考えてみよう。表11-3は主たる先進諸国と隣国・韓国における学歴による収入差を示したものである。中等教育を基準の100として、それ以下の教育水準の人と高等教育を受けた人の収入を相対的に見たものである。表によると日本の学歴別収入差には次のような特色がある。第1に、中等教育（高校）を受けていない人の収入は、他のどの国よりも低い位置にいない。中学卒と高校卒の間で差のないことは表11-2でわかったが、そのことは国際比較でも非常に収入差が小さいことがわかった。

第2に、高等教育（主として大学卒）に注目すると、日本はスウェーデンよりは高いが、韓国とともにその相対的優位はそう大きくない。イギリスやアメリカの大学卒の人の方が、日本よりもかなり高い収入を得ていることが目立つ

表 11−3　学歴による収入差の国際比較「中等教育を100とした場合」

		中等教育より下	高等教育
フランス	2009年度	80	142
ドイツ	2011年度	78	142
日本	2007年度	90	139
韓国	2011年度	85	132
スウェーデン	2010年度	78	118
イギリス	2011年度	70	153
アメリカ	2011年度	69	169
OECD 平均		80	146

（出所）　OECD, "Education at a Glance," 2014.

し、フランスやドイツの大学卒より少し低いという結果である。

以上をまとめると、日本においては学歴の差による賃金格差、あるいは収入差はかなり小さい、ということが結論となる。しかし学歴が高いと賃金が高くなる、という厳然たる事実は存在しているのである。

学歴が高いと賃金が高くなるという命題を、経済学の理論として明確にしたのが、「人的資本理論」と呼ばれるものである。この理論はアメリカのシカゴ大学に所属した経済学者によって受け継がれてきたので、シカゴ学派の理論とも称される。その代表はゲーリー・ベッカーで、ノーベル経済学賞を1992年に受賞した。人的資本という言葉は既に本章でも登場しているが、人は学校教育や職業訓練を受けるとあたかも投資をしたように生産性が上がって、それによる収益も増加するという発想である。

この理論の導出を簡単に要約すると次のようにな

人的資本理論

ゲーリー・ベッカー　1930〜2014年

る。人は義務教育を受けた時にもっと上級の教育を受けるかどうかの決定をする。わかりやすい例として、ほぼ義務教育化している高校を卒業してから、勤め始めるかそれとも大学に進学するかの選択を考えてみよう。大学に進学するとすれば次のことを考慮せねばならない。第1に、大学を卒業するとその後にどれだけの賃金・収入が一生涯にわたって得られるかを予測する。第2に、大学に進学するには学費をどれだけ払わねばならないのかを計算する。第3に、もし大学に進学すれば4年間収入がないわけで、高校を卒業してすぐに働き始めた時に稼ぐ賃金・収入を放棄せねばならない。これを放棄所得と呼ぶが、経済学では機会費用の一種である。このことも考慮する必要がある。

第2と第3の合計額は大学進学に要する費用となり、第1の合計はそれの便益となる。推計した便益が推計した費用よりも大きければ、大学進学には価値があると判断して、人は大学に進学するというのが人的資本理論の導出メカニズムである。この理論は概念としては納得できるが、いくつかの点で疑念が呈されたことも事実である。

第1に、人が大学に進学するのは経済的な損得だけで決めているのか、という基本的な疑念を抱く人はきっといるだろう。確かにこの疑念に多くの人は賛意を表するであろうが、経済学が教育について考える時にはこのように便益と費用を計算して比較することは、学問上からは正当なことである。従って、人が大学教育を受けるかどうかを決定する時には、多くのことを考慮するであろうが、この経済的な計算はその一つにすぎないと判断すればよい。

放棄所得、機会費用

大学進学の費用と便益

第2に、将来の賃金・収入を全生涯にわたって推測することはほぼ不可能に近いので、将来便益の計算には誤差が必ず伴うことがある。この疑問はきわめてまっとうなものであるが、大学卒業後にどのような職業に就くかはおおよそ推測可能なので、まったくもって計算不可能な数字ではない。しかし誤差の大きいことは認めねばならない。

第3に、このメカニズムは自分の条件だけを考慮していて、すなわち供給側の要因だけのメカニズムであって、需要側の要因は一切考慮していない。例えば、大学入学を希望しても志望どおりには入学できないかもしれないし、どこの大学や学部に進学するか、そしてどのような職業に就くのか、どこの企業で働くのかといったことにも不確定要因があるので、将来賃金や収入の予測にも不確定要因がある。この需要側要因に関する疑点もそのとおりであるが、これを理論に組み入れると複雑になるのであきらめざるをえない。

11・2 教育が個人の所得や職業・地位に及ぼす効果

日本社会における学歴主義

前節では人的資本に基づいて、学校教育と人々の賃金・所得との間の関係について経済理論として考えたが、教育に関してはもう一つ関心の高いテーマがある。それは東京大学を筆頭にして名門校・有名校とそうでない学校による差が大きく、名門大学を卒業した人はその後の人生、例えば職業や昇進で有利であることを、学歴主義と称していることにある。日本のトップの大学は東京大学という認識が一般的であるが、東京大学をはじめとするいくつかの名門大学の卒業生が社会で指導的な地位にいることから、学歴主義という言葉が生まれた。学歴の意味については、例えば橘木［2013a］を参照のこと。

学歴主義

　例えば政治家、官僚、大企業の経営者、大学教授、司法界の人々など多くの分野において、名門大学出身の人が目立ってきたからである。このことを多くの国民が知っているので、できればそういう大学に進学したいと考える親子の希望があって、日本は戦前から現代まで「受験戦争」という言葉で象徴されるように、入学試験競争は激烈であった。いい大学に行くにはいい高校、そしていい中学校というように、その競争は大学以下の学校にまで波及したのである。

受験戦争

　戦前、そして戦後からここ20年ほど前までは確かに名門大学を卒業した人は社会的に高い地位に就くことが多かった。代表的には、中央官庁の幹部は東京大学法学部の出身者が多かったし、裁判所・検察庁の幹部もそうであった。大企業の経営者にも東京大学、一橋大学、京都大学、慶応義塾大学などの出身者が多かったし、大学教授に関しても同じような様相を呈していた。しかし例えば橘木［2013b］が示したように、最近に至って名門大学の出身者ばかりではなく、他の大学の出身者が増加の傾向にある。その象徴は、戦後の40年間ほどは日本の首相の地位は東京大学法学部出身の官僚上がりが占めていたが、最近では私立大学の出身者が圧倒的な多数派になっていることでわかる。

もっと明確に出現しているのはビジネス分野であり、いわゆる名門大学出身者の経営者比率は低下傾向にある。ひと昔前の企業であれば、総務、人事、経営企画といった管理部門にいた人がトップに昇進していたが、現在に至っては販売と購買といった営業部門、モノやサービスをつくる製造部門といった現場で頭角を現した人がトップになるケースが増加している。管理部門の仕事であれば勉強のよくできる秀才に向いていたが、企業間の競争が激しくなった現在においては、そういう人よりもまずビジネスの現場で成果を挙げる人でないと企業間の競争に勝てないからである。現場で活躍できる人は当然名門大学出身者の中にもいるが、必ずしも名門大学出身でなくとも実力を発揮することは可能なのである。

管理部門、営業部門、製造部門

日本は人々が考えるほど学歴社会ではない

戦前と戦後からここ20年ほど以前に関しては、日本は学歴社会の中にいると判断する人は多いかもしれないが、諸外国、特に主要先進国の中では日本以上の学歴社会の国は多い。隣国・韓国はよく知られているように日本以上の学歴社会である。従って、受験戦争も日本より激しい。

他の先進諸国がどのような学歴主義であるかを簡単に述べておこう。まずアメリカであるが、大学のビジネス・スクールを卒業した人を例にすると、企業では卒業した学校名によって初任給で差をつけているほどである。例えば名門ビジネス・スクールの出身者の初任給は、普通のビジネス・スクール出身者の1・2～1・4倍である。その後の昇進についても名門ビジネス・スクール出身者は有利である。日本企業においては、卒業大学名によって初任給に差をつけている企業があるとは聞いたことがない。アメリカの法科大学院（ロー・スクール）においても名門校出身者は知名度の高い法律事務所に入る確率が高いし、報酬にもかなりの差がつくのである。

もっと学歴社会が徹底しているのはフランスである。フランスの高等教育は大学とグランゼコールという二つの制度に区分される。大学にはバカロレア（高校卒業資格試験）に合格すれば誰でも入学できるが、グランゼコールはバカロレア資格に加えて各学校が独自に課する厳しい入学試験に合格せねばならない。この入試に合格するにはリセ（高校）卒業後に、リセの上にある準備校で2～3年間の勉強をして初めて合格するほどの厳しさである。代表的なグランゼコールは、エコール・ポリテクニク（理工科学校）、エコール・ノルマルシュペリウール（高等師範学校）、ENA（国立行政学院）である。これらの学校の入学定員はそれぞれは500人以下の少数なので、エリート性の高いことがわかる。エコール・ポリテクニクは官僚と民間企業、高等師範学校は学者と教員、ENAは官僚の世界でのエリートとして遇されるのである。日本人になじみのあるオランド大統領はENA、日産自動車のゴーン会長はエコール・ポリテクニクを卒業して、グランゼコールの名門の一つであるパリ国立高等鉱業学校の出身である、フランスにおける政治、官僚、実業

ビジネス・スクール

法科大学院（ロー・スクール）

界、学界などのトップの多くはこれら三つの超名門校を中心にしたグランゼコールの出身者という学歴社会なのである。フランスのエリート校については橘木［2015a］に詳しい。

イギリスはアメリカと同じアングロ・サクソンの国なので、アメリカに近い水準の学歴主義の国であるが、フランスやアメリカほどではない。しかし皆がその名を知っているオックスフォード、ケンブリッジの両大学は古い伝統を誇る頂点の大学であり、卒業生はエリートの道を歩む人が多い。

主要先進諸国の中で学歴社会の国でないのはドイツである。ドイツの大学は国立ではなく、すべての大学が州立である。ドイツは州の独立性をかなり認めた連邦国家なので、かなりの地方分権が進んでおり、大学も州の管理下にある。フランス、イギリス、日本のように大学が国家の管理下にあれば、国の中に多くの大学が存在することになるので、必然的に大学間に序列が生じる。ドイツでは一つの州が少数の大学を管理するならば、それらの大学間に格差は生じる。各州のトップの大学が多く存在するだけで、一国の中でダントツのエリート大学の出現する可能性は低いし、逆に州内のボトムの大学であってもドン底のボトムの大学は出現しない。日本の国立大学は100校弱あるが、共通一次試験（現・センター試験）によって、最上位から最下位までの順位のついたことを思い出してほしい。ドイツでは、一つの州内にある州立大学の数ははるかに少数なのである。

こういう状況であれば、ドイツではどこの大学を卒業したかはそれほど重要ではなく、指導者になる人は卒業後の仕事振りのよかった人が選ばれるのである。とはいえ、大学卒業者と非大卒者との間に存在する差はかなり大きいことを指摘しておこう。

ドイツにはエリート大学のないことに関しては、最近になってエリート大学をつくるべきだ、という声がある。なぜかというと、アメリカ、イギリス、フランス、日本はそういう高等教育機関を持っていてエリートを輩出しており、それらの成功例にならってドイツが強国になるにはそういう人たちの養成をエリート大学に任せるべき、との声である。エリートの果たす役割、養成、そしてその評価については橘木［2015a］で論じたので、これ以上は述べないでおこう。

日本の学歴社会の話題に戻そう。名門大学出身者の有利さは低下中であると述べたが、まだそうした有利さが残っている分野があることと、新しい動きのあることを述べておこう。前者については、ビジネスの世界に関しては確かに経営トップになる名門大学卒業生の数は減少したが、新入社員の採用に関してはまだ名門大学出身者が有利である。ひと昔前は「指定校制度」と呼ばれた制度があって、企業、特に大企業は新卒学生の採用時に特定の大学を指名して採用試験を受けさせていたのであった。すなわち求人を特定の大学に限定していたのである。

指定校制度

しかしこの制度は公平ではないという声が強くなり、少なくともこの「指定校制度」は公式には発動されなくなり、入社希望者は誰でも応募できるようになった。その具体的な方法はエントリー・シートを就職希望先企業に送付して、企業はその応募者の中から入社試験ないし面接に来る人を指名するのである。エントリー・シートには本人の経歴や志望理由を書くことは当然として、大半の企業が在籍する大学名をも書かせているのである。一つの企業に到着するエントリー・シートの数は非常に多くなるので、その中からの選定に際して在籍大学を考慮することは否定できない。

入社試験ないし面接に呼ぶ人の選定の基準の一つに大学名が使用されるということは、入社時には卒業大学名がある一定度の役割を演じることを意味する。さらに企業の人事部にいる人の話によると、どういう大学出身の学生を選定するかに際して、その入学偏差値が高い大学、あるいは名門校として評判の高い大学、その大学の卒業生が多くその企業で働いている場合、などが基準になっているのである。これは旧来の「指定校制度」を現代風にアレンジした制度と解釈できる。

しかし重要なことは既に述べたように、採用後にはどこの大学の卒業生であるかということの意義が小さくなっている。すなわち働き始めてからは、学歴主義の役割がゼロになったとまでは言わないが、小さくなってきており、実力主義の時代に向かっているのである。学歴主義が残っているのは入社試験の時なのである。

なぜ入社時に学歴主義が残っているのであろうか。第1に、応募者の数が多いので、何らかの基準で選抜をせねばならないことがある。第2に、入社試験の時にはまだその企業で働いていないので、その人がどの程度の実力を有した人であるかを判断することは、何度か面接を重ねたとしてもそう容易ではない。そうすると学歴という客観基準にも頼ろうとするだろう。第3に、名門大学に入学しているということは、むずかしい入学試験をパスしているわけであり、それはある水準以上の学力を保持していることの証拠として使用できる。第4に、むずかしい入試をパスするために、その人は勉強という努力を続けてきたと判断できる。企業に入社してからもそうした人は、仕事の遂行においても努力する確率が高いであろう、という予想はできる。

ここで論じた学校名を重要な情報として選抜の基準として用いることを、経済学では「スクリーニング仮説」と称している。学校名に込められた情報が貴重なので、その情報を重用するのである。教育の経済学ではこの「スクリーニング仮説」は一つの有用な理論として定着している。

スクリーニング仮説

最後に、日本の学歴社会を考える時に、一つの新しい動きのあることを述べておこう。それは現代において高校生の進学希望において、医学部人気が異常に高くなっていることである。低成長時代に入って企業倒産の数が多くなっているのであり、企業で働くことのリスクが高くなっていることを嫌って、安定した職である医者になりたい人が増加しているのである。しかも医者の年収の高いこともよくわかっている。この医学部人気は特に学力の高い人の間で目立っており、どこの大学の医学部入試も高い偏差値を示す時代になっている。逆に理工学部の人気が低下している。従来ならば学力の高い人がこういう学部に進学していたのであるが、今はこういう人が医者を目指しているのである。

医学部人気

企業で働くことのリスク

医者に学力の低い人が集まることは避けねばならないが、逆にこれだけ高い学力の人が医学部に集中することは日本にとって望ましくない。例を挙げれば、地方の国立大学の医学部入試の最低点が、その大学の工学部の最高点よりも高いということが発生しているし、東京大学や京都大学の医学部には全国の高校生の中でトップ100の学力を有する人のうちの多くが進学していることも異常である。日本は医学部を中心にした学歴主義の中にいる、と言えなくもない。理工学部に優秀な人が来なくなると、日本の学問水準や工業技術にとって好ましくない影響を与えかねないし、他の学問分野についても似たことが発生するかもしれない危惧がある。

教育の機会平等が侵されている

教育に関しては「人的資本理論」と「スクリーニング仮説」が貴重な経済学上の有用な理論であった。そこでの結論の一つは、高等教育（例えば高校よりも大学）を受けた人、あるいは名門大学を卒業した人は、良い職業に就けたり、高い地位に昇進したりして、高い所得を稼ぐ可能性が高いのである。

そうであれば人々ができるだけ高いレベルの教育を受けたい（例えば大学に進学したい）、そしてできるなら名門大学に進学したいと希望するのは自然なことである。それらを希望する人には平等な教育機会が与えられるべし、という主張に賛成する人は多いと思われる。そこで日本では教育機会は平等に開かれているのだろうか、ということを検証してみよう。

図 11-1　両親年収別の高校卒業後の進路

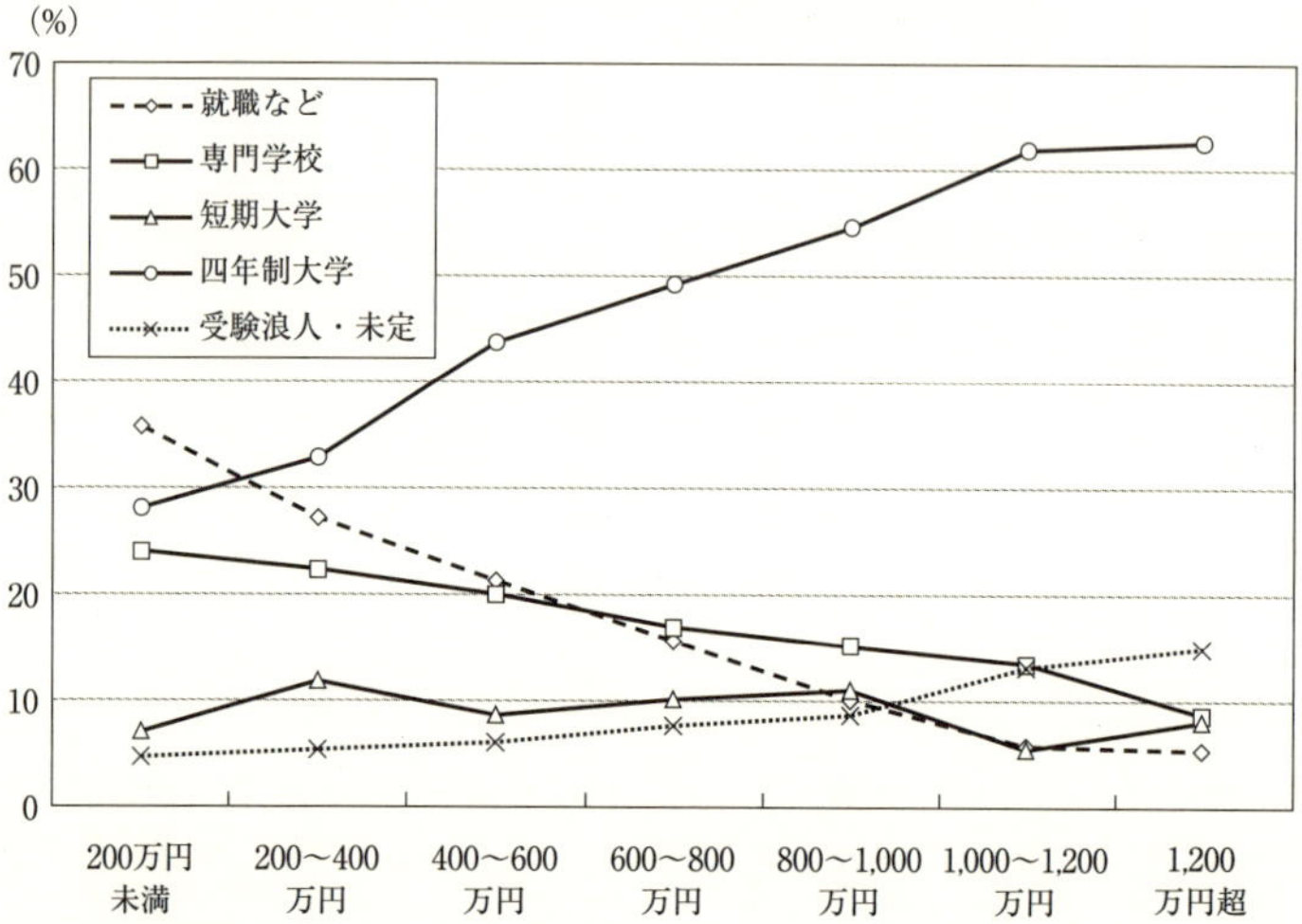

（注）日本全国から無作為に選ばれた高校 3 年生4,000人とその保護者4,000人が調査対象である.
両親年収は，父母それぞれの税込年収に中央値を割り当て（例：「500万～700万円未満」なら600万円），合計したもの.
無回答を除く.
「就職など」には就職・進学，アルバイト，海外の大学・学校への進学，家事手伝い・主婦，その他を含む.
（出所）東京大学大学院教育学研究科大学経営・政策研究センター「高校生の進路と親の年収の関連について」（2009年 7 月）.

図11-1は、家計所得別に進学するか就職するかの選択の現状を示したものである。これは全国の高校3年生の4000人の調査から得られたものである。これによると、年収200万円未満の家庭の大学進学率は、28・2%、600～800万円で49・4%、1200万円以上で62・8%と、親の年収によって大学進学率に大きな違いのあることがわかる。

すなわち家計所得の高い家庭の子弟は大学に進学できるが、それの低い家庭の子弟はなかなか大学に進学できないのである。

親の経済状況によって大学進学率に大きな差のあることは、すべての子どもたちに平等な教育機会が与えられてはいない、という解釈が可能である。もとより大学に進学するには、本人の生まれながらの能力・学力、本人がどの程度勉強に励むか、本人がどの高校に在籍したのか（大学への進学率の高い高校とそうでない高校では教育の質が異なることがある）、などの影響を受けることは確実である。この図は家庭の所得のみの影響を示したものなので、ここで挙げた三つの要因、すなわち能力、努力、高校の質を考慮していないので、家計所得の効果のみを誇張することには慎重であらねばならないことは承知している。

もう一つの希望、すなわち人々はできるだけ名門大学に進学したいということに注目すれば、高校の質が問題となる。名門大学の合格者が多い高校（併設の中学校も含めて）の入学試験はむずかしいのであるが、その中・高一貫校の入試に合格するためには塾や家庭教師という学校外教育を受けた人が有利であることがわかっている。もとより学校外教育を受けるには費用のかかることは当然で、裕福な家庭の子弟が学校外教育を受ける確率の高いことは当然のこととして想像できることである。

以上のことをまとめると、家計の裕福な家庭の子弟ほど、大学進学率ないし名門大学進学率の高いことは明らかなこととなる。このことは本人の能力・努力を考慮せねばならないという前提はあるとしても、教育の機会平等がすべての子どもに与えられている、とは言えないとほぼ結論づけられる。

このように家庭の経済状況によって教育の機会平等が満たされていない事実を是正するには次の政策が有効となる。すなわち教育費の支出を家庭に任せるのではなく、教育費の負担を公的部門が賄う方法にする案となる。具体的には大学の授業料（国立大学が約53万円、私立大学が文科系でおよそ100万円など）をかなり安くすることで達成できる。理想は授業料ゼロであるが、それを実行に移すことは不可能なので、授業料を安くすることが当面の政策である。ついでながら、数年前から導入されつつある高校授業料の無償化策は、すべての子どもに高校教育を受けさせるのに有効な政策である。

ところで授業料の無償化や低額化は確かに教育の機会平等化をはかるために効果はあるが、それだけでは不十分である。なぜならば、貧困家庭においては子どもが若い頃から働いて、家計への補助が期待される事情がある。人的資本理論を解説した時に、高校卒業後に大学に進学した場合、もしその4年間を働いたとすれば稼いだ分の所得を放棄していることになるので、それは教育費用として勘定されると述べたことを思い出してほしい。この放棄所得は本人のみならず親への助けにもなるのである。

この現状を解決するためには、大学に進学する人への奨学金の支払いが欠かせない。本人への経済支援になるだけでなく、親の支出を削減することにもなるので、有効な教育機

図 11－2　学校教育費の対 GDP 比率：2011年

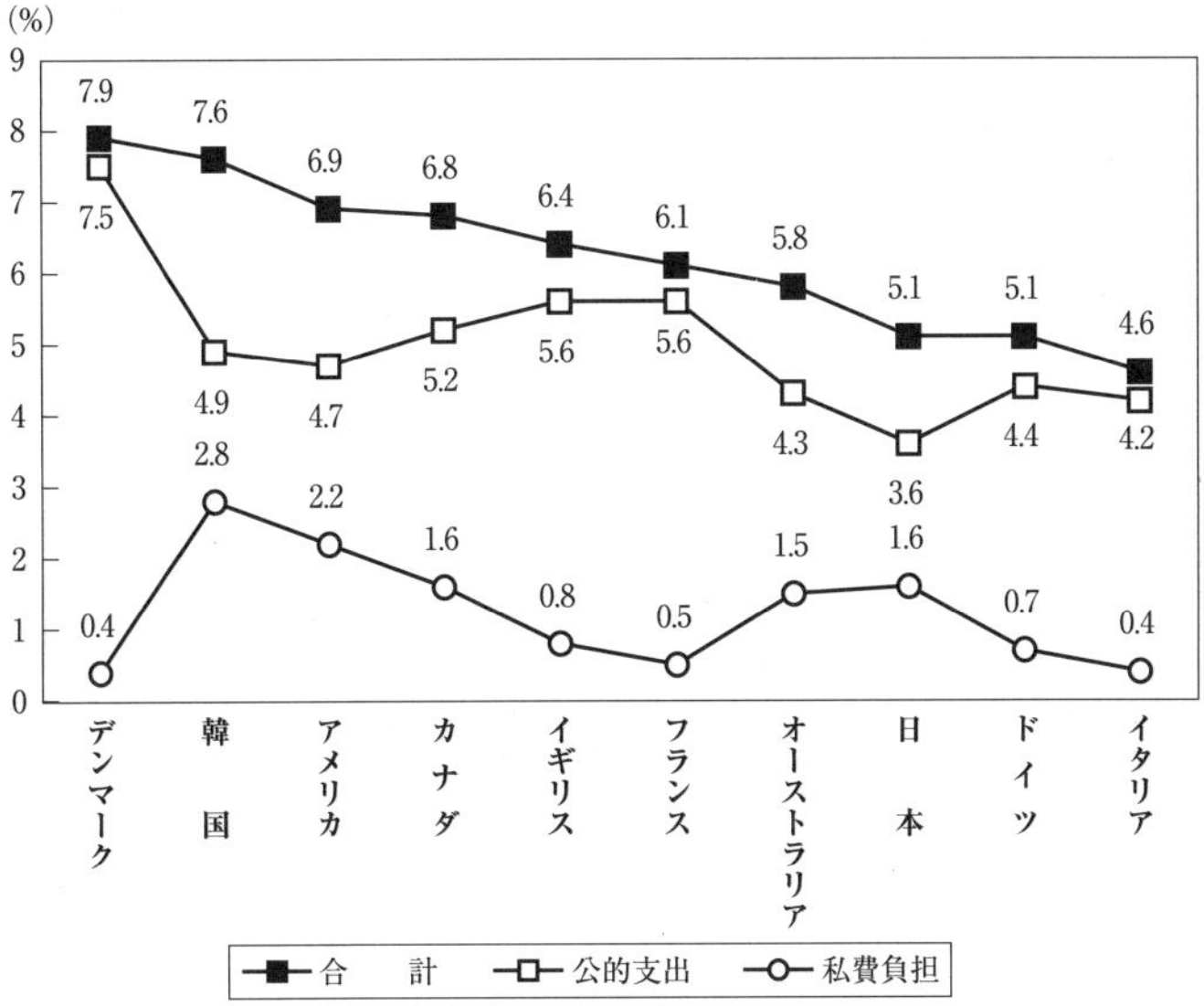

（出所） OECD, "Education at Glance," 2015.

会平等策として不可欠である。

奨学金制度

小林［2009］が示すように、日本の奨学金制度は不十分なものであり、政府はもっと充実させる必要がある。

授業料負担の軽減や奨学金制度の充実、そして文教・研究の分野を振興させるには、国あるいは地方による公共教育費支出額を増加させねばならない、

公共教育支出

日本は公共教育支出をどの程度行っているのであろうか。図11-2は、OECD諸国における公共教育支出と私的負担の対GDP比率を示したものである。この図によると、日本は何とそれが3・6％にすぎず、OECD

諸国の最低水準という低位置にいることがわかる。逆に私的負担が大きい。教育を家庭に押しつけているのである。公共教育費支出をもっと増額することによって、教育機会の不平等を是正することは可能なのである。

第12章

今後の日本経済の進路を占う

合計特殊出生率
人口数の定常状態
嫡出子と非嫡出子
300万円の壁
初婚年齢の上昇
できちゃった婚（授かり婚）
ラチェット効果
相対所得仮説
ゼロ成長率（定常状態）
A・スミス
J・S・ミル
産業革命
三大生産要素：資本、労働、土地
資源・環境問題
社会保障制度
賦課方式と積立方式
均衡財政
年金の一階部分と二階部分
ヨーロッパ諸国の消費税（付加価値税）
ヨーロッパ型の社会保障制度
日本の年金制度：厚生年金、国民年金、公務員共済
日本の医療保険制度：組合健保、協会けんぽ、国民健保、公務員共済
高福祉・高負担：デンマーク、スウェーデンの北欧
中福祉・中負担：ドイツ、フランス、イギリスの中欧
低福祉・低負担：スペイン、ポルトガル、ギリシャの南欧
待機児童ゼロ作戦
ワーク・ライフ・バランス
子ども手当（児童手当）

これまで日本経済に関する様々な話題を取り上げて論じてきたが、今後の日本経済がどのような方向に進むのか、いくつかの重要な論点に注目して議論してみたい。どのような課題かと言えば、これまでの章でさほど論じられなかった少子化問題、結婚のこと、社会保障問題、環境問題、定常状態の是非、などである。

12・1 少子化問題と経済成長はどのように関連しているのか

深刻な少子化問題

日本の低出生率が騒がれるようになってから、もうかれこれ20～30年が経過した。日本の戦後の出生率の動向を簡単にレビューしておくと次のようになる。

合計特殊出生率という奇妙な名称で呼ばれる数字がある。それは一人の女性が生涯に産む平均の子どもの数である。この数字が2・0を少し上まわれば、人口数は増加もせず減少もせず、いわば人口数が定常状態で推移することを意味する。

戦争直後の1946（昭和21）年はベビーブームの時代だったので、合計特殊出生率は4・5前後と非常に高かった。そしてその後徐々に出生率は低下に向かい、1960年には2・1にまで降下した。この時期が人口の定常状態の始まりとみなしてよいが、出生率が2・0前後というのはほぼ20年弱しか続かなかった。

その後、すなわち1970年代後半から出生率は低下の傾向を示し始め、それが1・40前後にまで落ちるという激しい低下となった。何と2005年に1・26にまで低下した。このことが少子化現象の最大要因であるし、将来を見通せば日本の人口はいずれ減少に向

合計特殊出生率
人口数の定常状態
ベビーブーム

かうと予想できる。ところがこの間に医学の進歩によって日本人の長寿傾向が顕著になったので高齢者の数が増加し、少子・高齢化現象の中にいる日本の特色が出現したのである。

少子化現象と高齢化現象は日本社会に多大な影響を与えることとなったが、それについては後に詳しく検討する。この段階で記憶しておきたいことは、少子化現象によって将来の日本の総人口数は減少すると予想されるが、その減少幅は高齢人口の増大によって和らげられた、ということである。換言すれば、少子化によって人口は減るが、寿命の伸びによる高齢化によって人口の減少が大きく緩和されることによってむしろ高齢人口は増加し、結果として総人口はそう大きく減少はしなかった。しかし現代ではそれら二つの効果の相殺については少子化の影響力がより強くなり、総人口数は低下の傾向の時代に入ったのである。少子化は将来の労働力人口の減少を予言するし、高齢化は社会保障給付費の増大をもたらすのである。

人口減少のことを図で示しておこう。図12-1は終戦直後の1947（昭和22）年から2060（平成72）年までの総人口と、人口増加率の将来推計を示したものである。総人口数は戦後から2008（平成20）年あたりまで増加の傾向にあったが、それ以降は減少の傾向を示し始めたことがわかる。人口増加率のグラフも、2008年あたりからマイナスに転じており、人口減少が始まったことがわかる。この図で驚くことは、これからの2020年から60年の40年間に、人口が2015年の1億2700万人からおよそ4000万人弱も減少すると予想されていることである。40年間に約3分の1の人口が減少するとい

少子化現象と高齢化現象

労働力人口
社会保障給付費の増大

図 12-1　総人口，人口増加率の現状および将来推計：1947〜2060年

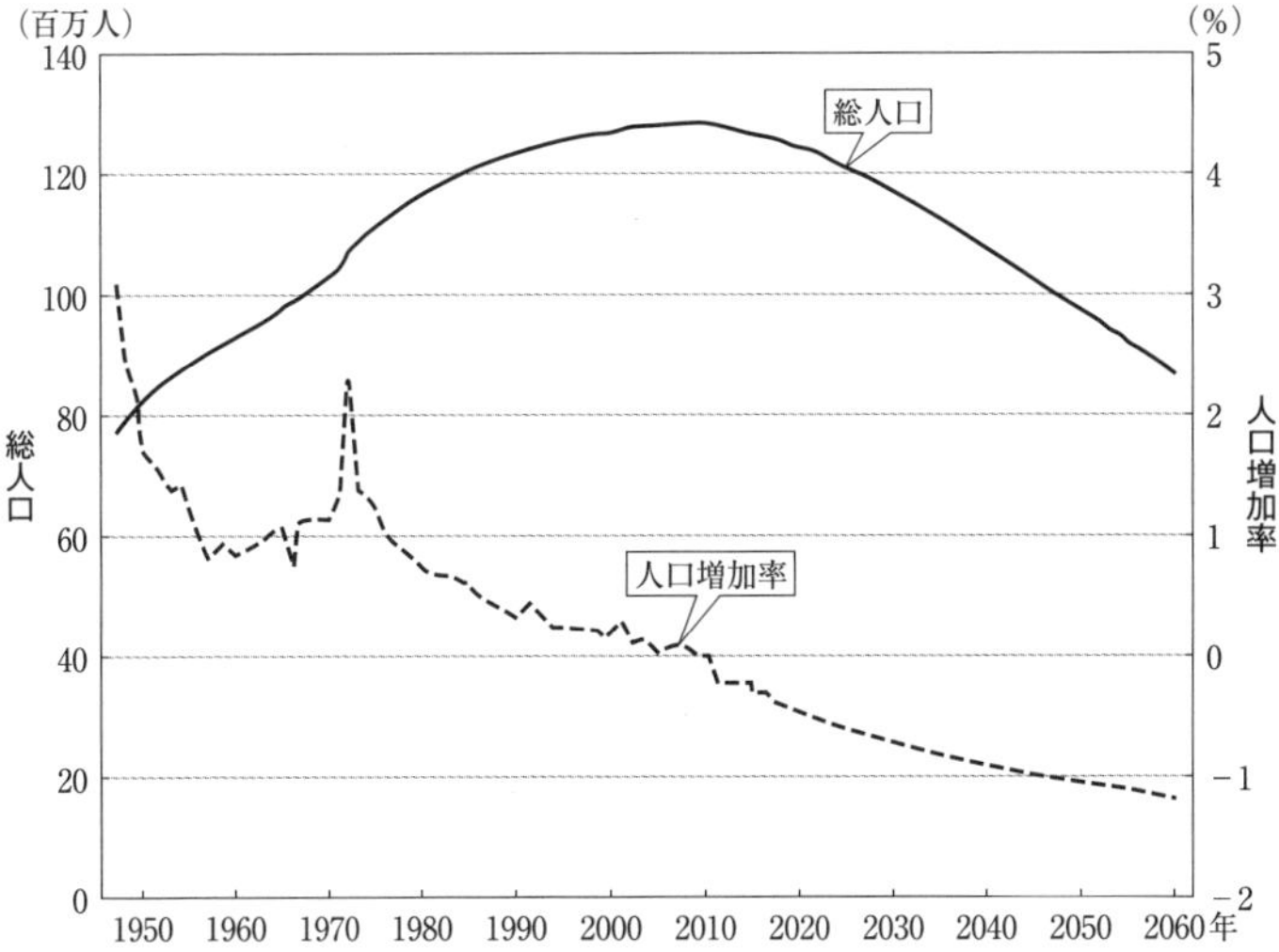

（出所）　総務省統計局「国勢調査」および国立社会保障・人口問題研究所「日本の将来人口推計」（2012年１月）による．

う予想は、非常に大きな影響を日本の社会や経済に与えるのであり、それらについては後に議論する。

日本の出生率は、なぜ低下したのか

合計特殊出生率が１・４前後に低下した現状を説明する理由を考えてみよう。出生率を決める要因にはいろいろある。両親の経済的事情をはじめ、両親がどれだけ子どもを持ちたいかという希望、逆に希望はあっても出生にはいたらない場合の事情、女性が妊娠しても中絶することがあるがこれをどう評価すればよいか、嫡出子（公式に結婚している夫婦の間で生まれる子ども）と非嫡出子に対する

嫡出子と非嫡出子

処遇や世間の見方の効果はどうか、などの複雑な要因が多くからんでいる。それらをここで論じてみよう。

言うまでもなく、子どもは男性の精子と女性の卵子が接合して初めて女性が妊娠し、約10カ月後に出産に至るのである。もっとも自然な姿は男性と女性が結婚して、夫婦の間から生まれる出産であるが、精子や卵子に不備がある時には、代理母とか人工授精と称されることがあるように、子どもは必ずしも結婚している夫婦だけから生まれるのではない。現に欧米では結婚していない男女の間から生まれる子どもが、出生数の半数前後に達している国がある。もっとも見知らぬ男女から生まれるのではなく、同じ家に住んでいるとか、住んでいなくとも親しい関係を持ち続けている男女の間というのがほとんどである。とはいえ、医学と科学の進歩が続けば、見知らぬ男性の精子と女性の卵子を結合させての出産、という時代が到来するかもしれない。この時には誰が子育てをするのかが大きな課題となるが、今ではまだ空想科学の粋を出ないのでここでは語らない。

日本の出生について表12-1によってその歴史を見ると、戦前は非嫡出子の比率がかなり高かった。すなわち、1920（大正9）年では8・25%の高さだったし、戦争直前の40（昭和15）年でも半減したとはいえ4・10%であった。戦争後は急激に減少して高度成長期や安定成長期を経て20世紀を通じて、1・0%前後という非常に低い率で推移した。これを別の言葉で述べれば、生まれてくる赤ちゃんの99%は法的に結婚した夫婦から生まれた、ということになる。21世紀に入ると非嫡出子の率が2・0%台にと少し上昇したが、

表 12-1　嫡出ではない子の出生数および割合：1920～2010年

	嫡出でない子	割合（%）
1920（大正 9 ）年	167,011	8.25
1930（昭和 5 ）年	134,221	6.44
1940（昭和15）年	86,820	4.10
1950（昭和25）年	57,789	2.47
1960（昭和35）年	19,612	1.22
1970（昭和45）年	17,982	0.93
1980（昭和55）年	12,548	0.80
1990（平成 2 ）年	13,039	1.07
2000（平成12）年	19,436	1.63
2010（平成22）年	22,986	2.15

（注）　1947～72年は沖縄県を含まない．割合は出生総数に対するもの．
（出所）　厚生労働省大臣官房統計情報部「人口動態統計」による．

この率は欧米と比較するとはるかに低い数字である。現在でも日本の子どもの98%は法的に結婚している夫婦から生まれているのである。

そうであるならば、出生率が低下した大きな理由としては次の二つが考えうる。第1は、結婚した夫婦から生まれてくる子どもの数が減少した、すなわち一夫婦当たりの子ども出生率の低下である。第2は、結婚する夫婦の数が減少したことである。出生の98%が結婚した夫婦による嫡出子であるならば、結婚しない人が増加したに違いないと想像することが可能である。

第1に関しては、結婚した夫婦についてそれほど出生率の低下は見られていない。昔から結婚した夫婦の間で子どもを持たない人の比率はほぼ10%で推移してきたので、夫婦で子どもを持たない人の効果は小さい。

あるとすれば一夫婦当たりの子どもの数がやや低下したことである。一人っ子の増加、あるいは三人以上の子どもを持つ夫婦数の減少などがやや見られるのであり、これが出生率の低下に影響をしていることはある。

むしろ深刻なことは第2の婚姻率の低下の影響が大きいのである。表12-2が明確に示すように、戦後の30年間では婚姻率は8・0~10・0%の間を推移していたが、1970(昭和45)年代後半から婚姻率に新しい動きが発生し、その後は徐々に低下の一途をたどったのである。現代では5・3%にまで低下しているので、結婚しない日本人の増加が目立つのである。

なぜ結婚しない人が増加したのか、いくつかの理由があるが、簡単に箇条書きしておこう。

第1に、そもそも結婚の意思のない男女が少し増加した。これは特に女性に目立ち、結婚せずに自己の収入だけで生活できる女性が増加したことがある。それと、家事・育児に熱心ではない男性と結婚するのを嫌う女性が、少なからずいることも影響している。

第2に、若者に非正規労働者の数が増加したが、これらの人の所得は低く、結婚生活ができるような収入のないことが多い。特にこれは若い男性に多く、橘木・迫田[2013]では「300万円の壁」と称した。年収300万円に満たない若い男性は、結婚することが困難であるだけでなく、恋人やガールフレンドなどにもめぐり合えない悲惨な状況にある。日本ではまだまだ男性に経済能力への期待がかかっているので、若い男性にとっ

300万円の壁

表 12-2　初婚・再婚別婚姻数および婚姻率：1883～2013年

	総数	初婚の割合(%)		婚姻率
		夫	妻(%)	
1883(明治16)年	337,456	—	—	9.0
1890(明治23)年	325,141	—	—	8.1
1900(明治33)年	346,528	—	—	7.9
1910(明治43)年	441,222	83.4	88.5	9.0
1920(大正９)年	546,207	83.0	89.7	9.8
1925(大正14)年	521,438	85.2	91.3	8.7
1930(昭和５)年	506,674	86.3	91.8	7.9
1935(昭和10)年	556,730	87.2	92.6	8.0
1940(昭和15)年	666,575	87.1	92.5	9.3
1947(昭和22)年	934,170	—	—	12.0
1950(昭和25)年	715,081	—	—	8.6
1955(昭和30)年	714,861	87.6	91.8	8.1
1960(昭和35)年	866,115	90.3	93.8	9.3
1965(昭和40)年	954,852	91.4	94.3	9.8
1970(昭和45)年	1,029,405	91.7	94.0	10.0
1980(昭和55)年	774,702	89.2	90.5	6.7
1990(平成２)年	722,138	86.6	88.3	5.9
2000(平成12)年	798,138	85.0	86.6	6.4
2010(平成22)年	700,214	81.5	83.8	5.5
2013(平成25)年	660,613	80.8	83.5	5.3

(注)　1983，90年は内閣統計局『帝国統計年鑑』，1900年以降は厚生労働省大臣官房統計情報部「人口動態統計」による．
1947～72年は沖縄県を含まない．
1940年以前の総数には初婚・再婚の別不詳を含む．
婚姻率は1940年以前は総人口，1947年以降は日本人人口1,000との比率．
(出所)　国立社会保障・人口問題研究所「人口統計資料集2015」．

ては深刻な問題である。

第3に、若い男女に出会いの場が減少した。昔は企業においては男女がともに働いていたが、今では特に女性の間で派遣やパートなどで働く女性が多くなって、男女が親しさを増す機会が減り職場結婚の数が減少した。かつては、「おせっかいおばさん」などがいて、お見合いという出会いの場があったのだが、これも大きく減少した。

第4に、結婚相手への要求度が高くなって、気に入らないのであれば独身の方がよいとする若者が増加した。これは特に女性に目立つようになっているが、女性の社会進出によって稼ぐことのできる人が増加したことが影響している。

第5に、性の自由化が進行したことによって、性の欲望を結婚という形で満たす必要性が低下した。

出生率の低下に関して言えば、結婚しない人の増加に加えて初婚年齢の上昇ということも少し影響がある。図12-2は戦後から現代にいたるまでの夫と妻の全婚姻（これは初婚と再婚の両方を含む）と初婚年齢を示したものである。出産を担う女性に注目すると、終戦直後の1950（昭和25）年には平均初婚年齢が23歳ほどだったものがその後は上昇を続けて、今では29歳あたりにまで達している。女性の妊娠は若いほど確実だし、出産は若い年齢ほど困難が少ないし、逆に年をとれば妊娠・出産が困難になる。

これらのことはたとえ結婚した夫婦であっても初婚年齢が高くなれば、出産数の減少が起こる可能性を高めている。これが一夫婦当たりの出生数がやや低下した理由の一つであ

職場結婚の減少

初婚年齢の上昇

図 12-2　全婚姻および初婚の平均婚姻年齢：1947～2013年

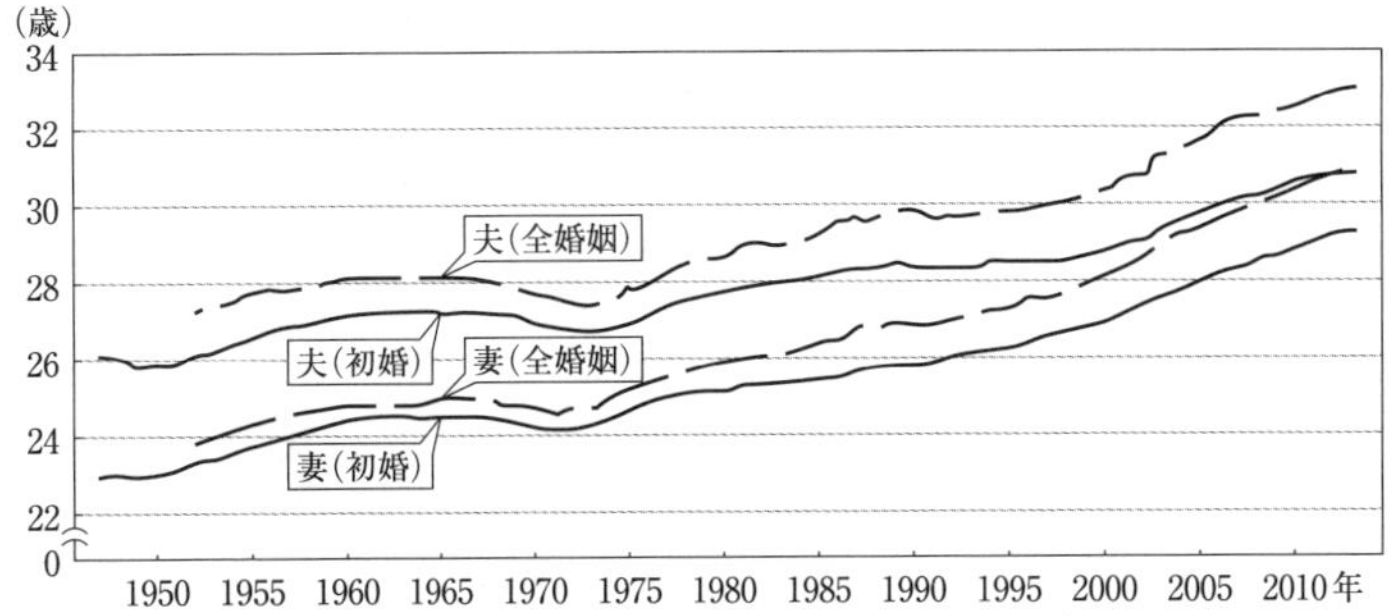

（出所）厚生労働省大臣官房統計情報部「人口動態統計」.

るが、まだそれほど深刻ではないので、これ以上は言及しない。

むしろ最後に、日本でも法的に結婚する前に出産するケースが増加していることを述べて、それを前向きにとらえておきたい。「できちゃった婚」あるいは「授かり婚」と呼ばれるものであるが、妊娠したり出産してから法的に結婚する夫婦の増加である。結婚する夫婦の約30％がこの形態にあるとされる。

婚前交渉の容認、性の自由化が進行した結果であるが、子どもができたからには子育てという責任感から、法的に結婚しようとする夫婦の多いことは健全な現象であると理解しておこう。でもこうしたケースで生まれた子どもは最初は非嫡出子であるが、いずれしばらくして嫡出子として登録されるので、子どもの約98％が嫡出子であることには変わりはない。

なお今日のヨーロッパでは結婚していないカップルからの出産が非常に多いと述べたが、これらのう

できちゃった婚（授かり婚）

ちのかなりの割合が数年後、十数年後、あるいは数十年後には結婚することがあるので、日本における「できちゃった婚」や「授かり婚」は、このヨーロッパにおける特色の前兆にあるとみなしてもよい。

少子化が経済成長率に及ぼすマイナスの効果

国民が少子化を選択して人口数の低下が進んでいる日本であるが、この効果がもっとも端的かつ考え方によっては深刻な影響を与えるのは、マイナスの経済成長率を日本経済に与えることが予想されることにある。なぜマイナスになるかといえば、第11章の経済成長理論に関連して生産関数のところで説明したように、経済成長率は資本、労働、技術進歩の成長率の総和で示されるが、労働がマイナス成長率であることに加えて、現今の低い貯蓄率の効果によって資本の成長率もマイナスに陥る可能性が高いのであり、よほどの高い正の技術進歩率でない限り、経済成長率は負にならざるをえない。なお労働力不足のみならず、消費者数の減少による家計消費の減少も財の需要側で発生するので、経済成長率はマイナスになることを促すことになる。

少子化によって経済成長率がマイナスにならざるをえないという予想を危機と感じるか感じないのかは、内閣によって異なるが、歴代の内閣のほとんどが成長戦略を政策目標に掲げてきたにもかかわらず、すべて失敗に終わったのが、ここ20年ほどの経験である。先ほど述べた根拠によって日本は少子化の中にいるので、正の経済成長率を求めること自体

マイナスの経済成長率

成長戦略

が不可能なところに、歴代内閣がなぜ成長を目標にしたかといえば、成長することが内閣の経済政策がうまく進んだという成功物語と理解されるので、必死になるのである。さらに成長率がマイナス、あるいはゼロ・パーセントというのは負け犬経済の象徴になりかねないし、国民に頑張りの精神を鼓舞するためにもプラスの経済成長率を求める声を発するのである。企業の経営者が競争に打ち勝つために「売上げ倍増、生産高倍増」というキャンペーンを張るのと同じ動機で、「売上げ低下OK、生産高低下OK」などと社長が述べれば社員のやる気を損ねるので、決して経営者はそうした声を発しないのと同じ論理である。

　第二次安倍内閣も実質経済成長率2〜3%を掲げて成長戦略を目標にしている。現実の経済成長率が時にはマイナス成長率、多くの時期にゼロ・パーセントをほんの少し超えているのにすぎないところに、これだけの高い成長率の達成はほぼ不可能に近いが、どの内閣も高い成長率目標を掲げることがキャンペーンになっているのと同様に、安倍内閣も高い経済成長目標を掲げているのである。このことをあえて非難はしない。政治家や経営者が弱音を吐くことは決して許されないことだからである。

　むしろ以下のように解釈した方がより気楽だし、現実の世界にマッチしたことと思われる。日本人は少子化を選択したので負の成長率を選択したことと同義である。しかし負の成長率は生活水準の低下を意味するのであり、これは人間にとって耐え難い試練である。経済学の消費理論の一つとして、人々は一度獲得した消費水準を下げることを嫌う（これを「ラチェット効果」と呼ぶ）ので、生活水準の低下を防ぐためにも負の成長率を避けて、せめてゼロ成長率にもってくような成長戦略を容認したい。

ラチェット効果は消費関数論における「相対所得仮説」の一変型で、具体的には人々はたとえ可処分所得が低下しても消費額を低下させない、というのがこの「相対仮説」の主旨である。アメリカの経済学者であるデューゼンベリー［1955］の主張によるもので、現代ではむしろ「ラチェット効果」として理解されている。この効果が正しい限り、人々の消費水準を下げることは避けるべきことであり、これを確保するための手段は人々の所得を下げることとなく、すなわち成長率を負にしないことである。負の成長率を避けるにしても、日本のように正の成長率を達成することが困難であるならば、妥協点はゼロ成長率ということとしかないのである。ゼロ成長率を定常状態と呼ぶこともある。

定常状態が必要である根拠

少子化を選択した日本であれば負の成長率が発生することは自然なことであるが、それは生活水準（すなわち消費水準）の低下をもたらすので避けるべきであるし、筆者のような経済学者としても生活水準の低下はぜひとも避けたい。負の成長率では経済学の存在すら問題視されかねないことなのであり、負の成長率をゼロ・パーセントに引き上げる成長戦略は容認する。そのための具体的な政策は後に議論するとして、ここではゼロ成長率、あるいは定常状態を経済学がどう議論してきたかを述べておこう。

ラチェット効果

相対所得仮説
可処分所得

ゼロ成長率（＝定常状態）

アダム・スミスから始まる経済学の歴史の全貌を語る必要はないが、経済学には大きな二つの流派がある、マルクス経済学と非マルクス経済学（近代経済学、新古典派経済学、あるいは主流派経済学と称される）である。定常状態の思想は後者のグループから出現したものであるが、前者の顔もやや帯びている。定常状態はジョン・スチュアート・ミル［1848］というイギリスの経済学者の主張に起源をも持つものであるが、ミルは基本的に近代経済学の流れにいる人である。例えば土地の国有化論や労働者の過酷な生活に同情したなどで代表されるように、同時にマルクス経済学への橋わたしのような役割をも果たした人でもあるので、100％で非マルクス経済学の中にいる人とは言い難い。

ミルの生きた時代は19世紀の前半から中盤にかけてであり、イギリスで産業革命が発展期に入った頃であったが、経済活動の中心は工業ではなくまだ農業であった。農業は土地を必要とするし、工業においても用地が必要なのであり、その頃から新しい土地を見つけることが困難になりつつある時代であった。当時の経済学は資本、労働、土地を三大生産要素とみなしていたが、土地不足が生産の制約になりそうな時代になることをミルは問題視していたのである。換言すれば、土地供給の制約が経済成長にマイナスの効果を与えることになるので、経済成長率はゼロにならざるをえないと考えたのである。これがミルの定常状態の発想である。

ミルにはもう一つ定常状態を肯定する理由があった。それは人の生き方に関することである。労働によって苦しい生活を強いられてばかりいる状態から脱却して、楽しい生活を

アダム・スミス
1723～90年
マルクス経済学と非マルクス経済学（近代経済学、新古典派経済学、主流派経済学）
ジョン・スチュアート・ミル
1806～73年

産業革命

三大生産要素：資本、労働、土地

土地供給の制約と経済成長

送ることを推奨するために、労働することばかりの生活からの逃避を提言したのである。ミルは天才とされた知的水準の高い人なのであり、学問、読書、思考にふけることなどが好ましい人生と説いているが、私にはそのことよりむしろ知的な生活に限らず人生を自由に生きて楽しく生活することの意義を強調したい。たとえ所得は高くなくとも、働きすぎることがなく、自分の好きなことをする余暇を大切に生きるということが、定常状態の教えることであると理解している。

現代において定常状態を後押しするもう一つの理由は、ミルが土地の制約を説いたのに加えて、石炭、石油、水、鉱石といった資源の制約が深刻になっていることにある。成長率が高いとこれら天然資源を使用する量が多くなるのは明らかであり、将来世代への資源確保という命題に忠実であるのならば、現世代は資源使用の節約に熱心にならねばならない。そのための有効な手段は、経済成長を求めずに今の生活水準を維持するような定常状態にいることとなる。

最後に加えるならば、環境問題が深刻になっている現代において、CO_2の排出による地球温暖化や砂漠化、よごれた水や空気の問題といったことを和らげる手段として、経済活動の規模を小さくすることが有効である。それは経済成長を求めない姿、すなわち定常状態にいることを推奨することとなる。

以上をまとめれば、資源・環境問題のためにも、定常状態は好ましいことなのである。

地球温暖化

資源・環境問題

12・2 少子化と社会保障問題

少子化は、なぜ社会保障にとって問題なのか

年金、医療、介護といった社会保障制度は基本的に賦課方式で運営されているので、少子・高齢化が進めばそれぞれの制度は財政運営が困難となる。賦課方式とは、例えば年金制度を例にすれば、年金給付を受ける人の財源は現在働いて年金保険料を拠出している人の負担で賄われる。少子高齢化は現役の労働世代の人数が減少するので総保険料収入が減少し、一方で給付を受ける人数が増加するので、総給付額は増加する。当然のことながら年金財政は赤字とならざるをえない。介護保険制度もこれとほぼ同じである。医療保険は現役世代も病気になるので年金制度ほど明白ではないが、高齢者が病気になる確率は現役世代より高いので、年金と似たような財政状態になる。

賦課方式と対極にあるのは積立方式である。年金を例にすれば、自己が現役の時に働いて拠出した保険料を引退までに蓄積した額を財源として、その人が引退した後に年金給付をするものである。すなわち自分の拠出した金額を引退後に取り戻すという制度である。積立方式であるならば、何も政府が保険料の徴収と年金の給付をやらずに、個人が金融機関にお金を預けて、引退後にそれを引き出せばいいのではないか、という疑問が呈される

社会保障制度

賦課方式と積立方式

かもしれない。この疑問への解答は、個人に任せておくと貯金をしない人が必ず出てきて、そういう人は高齢者になってから生活に困ることとなる。それを防ぐために政府が強制的に貯蓄を国民に強いて保険料を拠出してもらえば、すべての人が高齢になってから生活費に困ることがないのである。

ここで述べたことは、社会保障をなぜ政府が運営するのか、あるいは社会保障制度の存在意義を説明している有力な根拠と理解してほしい。医療、介護についても同じである。個人に任せるときっと「ケセラセラ」の人がいて、将来を無視して何も準備しない人が出てくることとなる。これらの人は老後や病気・介護の必要な時には大きく困ることとなり、こういう人を助けるのに政府は多額の支出をせねばならなくなる。社会保障制度はこうした困難が発生することを未然に防いでいるのである。

日本の年金制度の運営は、賦課方式と積立方式の二つの折衷案とみなしてよい。しかも給付の財源として保険料のみならず税収もかなりの額が投入されているので、財政運営はかなり複雑なものになっている。具体的にどの制度、すなわち年金であるのか、医療か、介護であるのかによって財政運営がどう違うのかについては、社会保障制度について論じた書物に譲り、ここでは全般に通じることで少子化が社会保障制度に与える影響について考えてみる。

既に述べたように、少子化は将来の年金、医療、介護などの制度の財政運営に大きな支障となるので、いくつかの政策が採用されてきた。まずは給付額を削減して保険料をアップするという案がある。支出を減らし収入を増やす政策は均衡財政への常套手段である。日本政府はこの政策をどの内閣も採用し続けてきた。この政策は誰でも思いつくものなので新鮮味に欠けるし、高齢者の年金、医療、介護への給付額の削減はこれらの人の生活を脅かすので、できれば避けたい。かといって現役労働者の保険料アップもそれらの人に苦しい生活を強いることになるので、これも望ましくない。

そこで登場するのが消費税率のアップによって、社会保障給付のために財源確保をはかる案である。例えば橘木［2005］は消費税率を5％から15％に引き上げて、一階部分である基礎年金の財源を全額税で賄うこととし、二階部分は保険料収入に依存した積立方式に特化することを主張した。その主旨は基礎年金給付を高齢者の誰もが貧困者とならない最低生活保障のために用い、二階部分はそれぞれの所得額にふさわしい生活をしてもらうように年金給付をする目的がある。

医療や介護についても年金と同様の発想をして、財源調達のかなりの部分を消費税収入で充てる案が考えられる。年金、医療、介護のかなりの部分を税収で賄うとすれば、消費税率は20％前後にまで達することとなる。現実にヨーロッパ諸国においては多くの国で消費税率（正式には付加価値税率）は20％前後にあるので、日本を福祉国家にするには、消費税率をアップすることは避けられない。

実は私はヨーロッパ型の福祉国家における社会保障制度の中では、デンマークの制度がもっとも理想に近い姿にあると判断している。その根拠は諸々の社会保障給付に際しての

均衡財政

消費税率のアップ

基礎年金
年金の一階部分と二階部分

ヨーロッパ諸国の消費税（付加価値税）

ヨーロッパ型の社会保障制度

財源調達を税収、特に消費税（付加価値税）にほとんど依存しているからである。消費税という間接税は資源配分に中立なので、経済効率性への阻害効果がないという意味で、経済活力への影響力がかなり小さいというメリットがある。しかも税収を充てるので、国民全員に普遍性をもって一律の給付をすることができ、国民を公平に扱うという点からもメリットがある。

日本の福祉をデンマークのように消費税中心の普遍性を持った制度にするには、次の二つのハードルがある。第1は、これまでの制度は積立方式を加味した賦課方式であり、しかも税収の投入もかなりあった財源調達の方法を、消費税中心の税方式に変化させることは大変革を意味するので、世代間や世代内、あるいは職業間における損得論議に発展する可能性が大である。

職業間の損得論議に関しては、筆者は国民一人ひとりが職業を問わず国内唯一の年金制度、医療保険制度に加入する案を考えているので、いずれ職業間の損得論議は消えることとなる。よく知られているように日本の年金制度は、厚生年金、国民年金、公務員共済、医療保険制度は、組合健保、協会けんぽ、国民健保、公務員共済と分立した制度になっているので、それらを一本化して統合する案を私は主張している。この統合案は確かに統合前にそれぞれの制度に加入していた人の間では損得論議が発生するので、それを最小化するための工夫が必要である。なお公務員共済は民間との統合が進行中である。

世代間・世代内の損得論議は必ず発生するので、これに関しても周到な制度上の工夫を

日本の年金制度　厚生年金、国民年金、公務員共済

日本の医療保険制度：組合健保、協会けんぽ、国民健保、公務員共済

行って、その損得を最小にすることが求められる。このためには20年から30年かけての調整が必要になるかもしれない。

第2は、これまでの日本の社会保障制度は制度の乱立と特色づけられる。それぞれの制度が歴史的な発展を経てきたし、独自の運営方式に頼ってきた。それをここで税中心の財源調達への大きな変換するというのはあまりにも影響が大きすぎるので、小さな変革に抑制すべきだと主張は根強い。この考え方にも説得力があるので、私は日本の社会保障制度の今後をどうするかを、国民投票にかけるぐらいのことを行って、国民の意思を確認する必要があるのではないかと思っている。

そのためには各政党が独自の案を提案して、それを国民投票での選択に任せるか、国民投票が不可能であるならば国会議員の選挙の時に、各政党の主張する案を国民に選択してもらうということであってよい。

日本はどのような福祉国家を目指すべきか

もう一つ日本国民の決定せねばならないことは、日本がヨーロッパ型の福祉国家に向かうのか、それともアメリカ型の他人からの福祉に頼らない自立志向の国家になるのか、それともこれまでのように家族の福祉提供に期待する国家である続けるのか、という問題である。これまでの日本の福祉は主として家族、次に企業、そして最後に国家という役割の順に期待されてきたので、日本は非福祉国家であったとしても、それほど低い福祉水準で苦しんでいるのではなかった。ただし政府の役割が小さかったのである。この課題は第9章でも論じたので、そこでの議論と重ならないことを中心にする。

このことを国際比較のうえから確認しておこう。図12-3は社会保障給付費の対GDP比率を先進国で見たものである。日本は22・2%でOECD諸国の平均である21・5%に近い数字なので、国家の役割は大きくもなく小さくもなく、という位置にいる。しかし、先進諸国で福祉国家として知られた北欧や中欧諸国よりはかなりその比率が低い。この日本の比率は、以前はもっと低かったが、高齢化の進行により、社会保障給付費が増加した効果がある。

ところで最近に至って日本において家族の絆が弱まり、福祉の担い手として家族に大きな期待の寄せられない時代になっていることは皆の知るところとなった。その象徴はいろいろなところで認識されているが、もっともわかりやすい例は「三世代住居」の激減である。祖父・祖母・父母・子どもの三世代が同じ家に住むというのが、戦前から戦後の数十年間にわたっての日本の家族の姿であったが、その同居率の低下が激しいのである、多くの老夫婦、あるいは老夫、老母が独立して住んでいるケースが非常に多くなっている。その象徴は独居老人である。

三世代が同居しておれば、まず老親への経済支援は成人した子どもによってなされることが多いし、老親が病気や要介護になった時にも経済的な支援のみならず、看護や介護の支援を受けられる可能性は高い。こういう状況であれば政府がここに福祉の提供者として

三世代住居

独居老人

図 12-3 社会保障給付費の対 GDP 比率の国際比較（OECD 諸国）：2009年

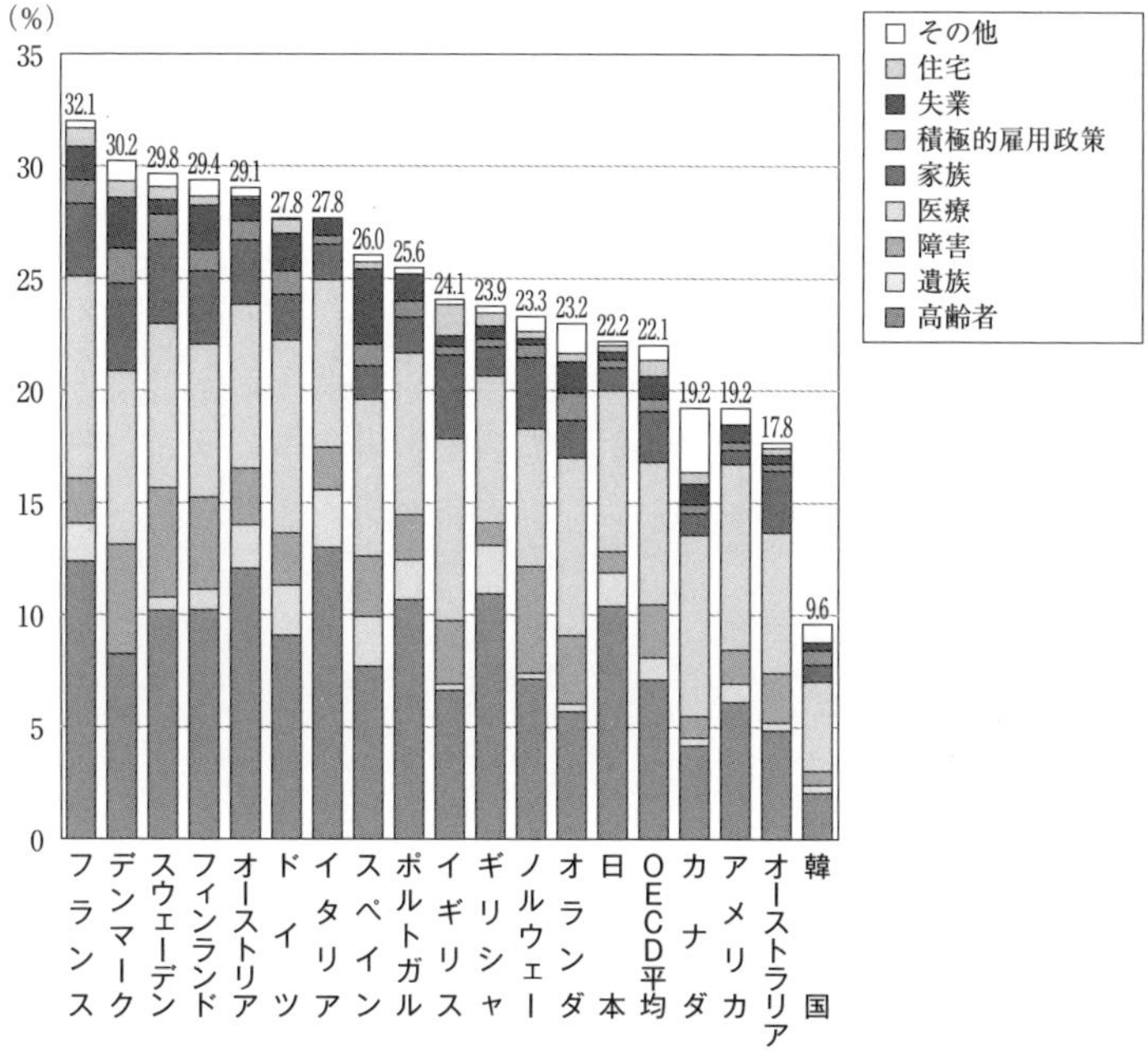

（注） 税や社会保険による公的支出（Public Social Expenditure）の対 GDP 比である．スイスはデータなし．メキシコの失業，アメリカ，トルコ，韓国の住宅は不詳．

（資料出所） OECD. Stat. data extracted on 30 Sep. 2013.

登場する必要性は高くなかったのがこれまでの日本であった、しかし三世代住居が減少すると、あるいは家族間での支援が弱くなると、家族以外の人が福祉にコミットせざるをえず、それが政府であるとすることも可能だし、民間の福祉提供者であってもよい。前者も後者もそれに要するコスト負担というのは必ず必要であり、福祉への支出額は確実に増加せざるをえない。

選択肢は二つある。一つは多くを国家に依存する方法で、国家が税や社会保険料をこれまで以上に徴収して、国民に福祉サービスを提供するといった、いわゆる福祉国家への道である。もう一つは後者の例のように、福祉の提供を民間業者に期待する案で、国民はその費用を自己負担するのである。これには政府は関与せず、国民に自立と自助を求めることと同義である。すなわち、自分の福祉は自分でしっかり準備せよ、そして福祉の提供は市場主義で運営する、ということである。アメリカ型の福祉のあり方と言ってよい。

日本人はごく近い将来に、ヨーロッパ型の福祉国家の道に向かうのか、それともアメリカ型の自立と自助の道に向かうのか、選択を迫られる時代を迎えているのである。

既に取り上げた三つの対応策、すなわち、(1)日本がヨーロッパ型の福祉国家に向かう案、(2)アメリカのような自立国家に向かう案、(3)家族の絆を再び強くして福祉の担い手としての家族の復権をはかるといういわば元の日本に戻る案である。私個人は(1)を好む。(3)は非常に困難なことと思われる。なぜならば家族の絆の弱まったことは国民が選択したことであるし、そもそも家族をつくろうとしない（すなわち結婚しない）人が増加していることも国民の判断である。このような国民の自由意思で発生したことを、まわりからいろいろ介入して家族の復権をはかることは、自由主義・個人主義の行きわたっている日本では困難なことである。残された道は(1)か(2)の選択である。

福祉国家の賛成論者は、国民に一定程度の福祉サービスが浸透すると、国民は生活上で安心感を持つので、人間生活が豊かになる。社会から取り残される人がいなくなることも、人間社会にとって大切なこととみなす。そして逆に自立と自助主義の重視は福祉を享受できる人とそうでない人の格差が拡大することが必至であることを危惧する。代表例はアメリカのように公的医療保険制度がごく一部の高齢者（メディケア）と貧困者（メディケイド）を除いて準備されていないと、民間保険会社の提供する高い保険料の医療保険に加入できない低所得者が多くなり、貧乏人の早死にという健康格差が深刻となる。

一方で自立主義を好む人は、福祉国家になると国民や企業の税・社会保険料の負担が大きくなり、これは民間経済の活性化にとってマイナスになることを主張する。代表的には大きな政府を嫌ったアメリカのレーガン大統領、イギリスのサッチャー首相、日本の小泉首相などの説はこの線にいると言ってよい。公共部門による福祉の提供は最低限に抑えるという考え方である。さらに福祉が充実すると、それにタダ乗りする（すなわち福祉のサービスだけを受けて自分は財政負担しないとか、働くことをしなくなるといったこと）人が必ず出てくるので、福祉国家にはムダが多くなるし公平性からも問題が生じるという声も根強い。

アメリカの公的医療保険：高齢者対象（メディケア）、貧困者対象（メディケイド）

私の個人的好みはヨーロッパ型の福祉国家への道であるが、ヨーロッパにおいても様々な取り組み方法がある。ごく大雑把に区分して、高福祉・高負担のデンマークやスウェーデンの北欧、中福祉・中負担のドイツ、フランス、イギリスの中欧、低福祉・低負担のスペイン、ポルトガル、ギリシャの南欧の三種がある。もっとも南欧に属するとみなせるフランスは図12-3によると高福祉・高負担の国である。日本はこれらの国よりも政府による福祉の規模は小さいので、ヨーロッパ型の福祉国家を目指すにしても、どのクラスを求めるかも課題である。急激な変化を実践することは不可能であるし、徐々に変化させることが好ましいので、さしあたりはヨーロッパの大国であるドイツ、イギリスのような中福祉・中負担の国を目指すのが当面の目標であろう。そして国民が望むなら、その後に北欧型の高福祉・高負担への道もありうる。

とはいえ、日本では家族の絆を再び強くして福祉の担い手を家族が担うことを再び期待する人が根強くいる。現に自民党の一部には、憲法を改正して、家族は助け合うべし、という文章を入れるという案を主張しているし、それを支持する国会議員はかなりいる。それに加えてアメリカ型の自立と自助主義を好む人が多いので、国家が福祉の担い手になるような福祉国家論には抵抗が強い。福祉の充実は経済効率の達成（すなわち高い経済成長率）にとって支障となると考える人が多い。特にこうした経済思想は経営者層、新自由主義者や保守系の政治家に支持が多く、これらの人が現代の日本を統治しているのでその声の影響力は強い。

高福祉・高負担：デンマーク、スウェーデンの北欧
中福祉・中負担：ドイツ、フランス、イギリスの中欧
低福祉・低負担：スペイン、ポルトガル、ギリシャの南欧

アメリカ型の自立と自助主義か、それともヨーロッパ型の福祉国家か、今後の日本の進むべき道はこれまた国民投票で決定してもよいほどの大きな課題であるが、国民投票が無理ならば国会議員の選挙に付託して政治の決着に待つしかない。それを決めずに今のままの中途半端な状況で進むと、日本人の福祉は最低水準を脱却できずに、不幸な国民にならざるをえない可能性がある。

12・3 出生率を引き上げる政策

出生率上昇政策に対する不要論

これまで本章では日本の出生率の低下現象が様々な課題を生んだので、それにどう対処したらよいかを議論してきた。これは出生率の低下現象がこのまま続くという前提の下にある。これに対しては、出生率を上昇させればここでの課題は消滅するので、まずは出生率を引き上げることが最優先の政策目標になる、ということになる。この政策については後に詳しく論ずるとして、出生率を引き上げる必要性がないとする主張もあるので、まずはそれを述べておこう。

第1に、日本をはじめとして多くの先進諸国は出生率の低下に悩んでいるが、世界に眼を広げると、発展途上国を中心にして出生率はかなり高く、地球規模での人口減少という事実はなく、むしろ人口増加率の高いことの方が心配である。特に世界的な資源・環境・食糧問題を考えると、むしろ人口抑制策が大切になるので、例えば日本のような一国だけの人口減少は大した問題ではない、という説がある。

もしある国で出生率の低下が問題になるなら、人口過剰な国から移民の導入をはかればよい、ということになる。当然のことながら移民の導入はどの国でも種々の社会問題を発生させているが、この困難を越えてでも新しい人口がほしいと国家と国民が覚悟して決断すれば、社会問題を小さくさせながら移民の導入をはかればよいと考えられる。

第2に、過去に人口減少で悩んだ国はかなりあったし、逆に人口を増加させるために特別な政策を採用した国もあった。例えば戦前におけるいくつかのファシスト政権における兵力確保のための出生奨励策や旧東欧諸国の同様の政策は、人権尊重や個人の自由を奪う手段を用いたので、人道上からは許されないことである。例えば、避妊手段の禁止、中絶の非合理化、逆に特定の人種に対しての非道な措置など、それらの悪い記憶があるために、人口政策を採用することへの危険性の記憶がある。従って、出生率向上策への抵抗が残っている。

第3に、人間の生き方は自由であり、政府の出生率を上げる政策に応じる必要がないという主張がある。特に最近になって同性による結婚、あるいは独身志向の人が増加しているので、そういう人にそもそも出生を期待するのは不可能なことである。さらに結婚した夫婦であっても子どもを持つか持たないか、あるいは持つとしても何人か、というのは自由に関わる問題であり、出生率上昇策を掲げることはナンセンスであるとの意見がある。第4に、人口の減少は人間生活を楽にする。例えば交通混雑の解消、環境廃棄物が少なくなる、住居の条件が良くなる、一人当たりの所得が上がるかもしれない、などの様々なメリットがあるので、あえて強い政策を採用して人口増加策に走る必要がない、という考え方がある。

以上が出生率上昇策に対しての不要論であるが、これらの主張は少数派に属するので、むしろ多くの国で出生奨励策がとられている。次にそれを考えてみよう。

出生率上昇のためにはどのような政策が考えられるか

経済成長率へのマイナス効果、社会保障財源不足などが少子化のもたらす悪効果であり、多くの国が出生率を引き上げることに熱心である。もう一つ、政府がこの政策にこだわる理由がある。それは世界における発言力の違いを憂えているのである。一般に世界の政治、経済、外交の場において大国（それは人口数、GDP、兵力の規模などに依存する）の発言力や指導力が高いので、政府はこのことに関心が深い。日本の例を挙げれば、数年前に日本のGDPが中国のGDPに追い抜かれた時に、アメリカはこれまでは日米関係が重要だとしてきたが、中米関係の重視にシフトしたことが明白となり、日本の政治家、指導者が地団駄を踏んだことは記憶に新しい。

私自身は脱成長論者、あるいは定常状態（ゼロ成長）論者なので、中国にGDPで追い抜かれたとしてもまったく気にはならないし、たとえ小国であっても世界への発言力を保っている国のあることに注目したい。例えばスイスや北欧諸国である。大国というヘゲモニーはなくとも「山椒は小粒でもぴりりと辛い国」に日本はなればよいとすら思う。もっとも日本は一億人超の人口を抱えているので小国ではなく大国なので、むしろ超大国ではなくなりつつあると言った方がよい。

国力増強のための出生率上昇作戦には与しないが、他の目的であればそれなりの価値があるので、ここでそれを考えてみよう。

待機児童ゼロ作戦

少子化対策はこれまで議論をされてきたし、提言もされてきたが、どの内閣の政策も成功しなかった、その最大の理由は、その実行が伴わなかったということにある。象徴例を示そう。歴代内閣ではどの内閣もほぼ20年間、「待機児童ゼロ作戦」を標語として掲げてきたが、いまだに成功していない。毎年の標語がむなしいほどである。少子化対策についてはいろいろなところで論じられているので、ここでは詳しく語らないが、私が大切と考えることを中心にして論じてみたい。

第1に、女性が働くことと子育てを同時にできるような支援をあらゆる側面から行う。出産後に職場に戻れる保証を与えることや、育児休暇を取ったことで社内のキャリア・アップにとってマイナスとはしない。保育環境の充実策は言い尽くされていることなので、ここではこれ以上は述べない。

第2に、家庭内で男性が家事・育児に積極的に関与する方向に持っていく必要がある。もっとも重要なことは、働きすぎである男性の現状を和らげて、定時になれば夫が帰宅できるような働き方にする。しかし職場を去ってから寄り道をしていて、酒場に行ったりパチンコ屋に行っては元も子もないので、男性もワーク・ライフ・バランスの必要性を理解する必要がある。このことは男性が大人になってからではなく、学校教育の段階から教えることが肝心である。

第3に、このことがもっとも効果的な策と考えるので、やや詳しく論じておこう。それは子ども手当（日本では児童手当と称される）の充実策である。日本では0〜3歳の子どもには一律の月額1万5000円、3歳〜小学生終了時までは第1子、第2子が1万円、第3子以降が1万5000円、中学生が一律に1万円の支給である。これらの支給をしていても、先進国の中で子ども手当を含む家族関係支出の総額がGDPに占める比率では世界最低水準にある。図12-4はそれを示したもので、スウェーデンの3・21％、フランスの3・00％に比較すると、日本は0・81％にすぎず、恥ずかしいほどの低さである。

低い出生率に悩んでいたフランスでは、1993年には1・6ほどまで低下したが、最近では2・0を超えている。その最大の要因は充実した子ども手当にあるとされるので、フランスの例を述べてみよう。2013年のデータによると、出生手当として903ユーロの祝い金、0〜3歳までが月額181ユーロの子ども手当であり、円換算すると2015年レートで2万4435円であり、日本よりもかなり高い。

ワーク・ライフ・バランス

子ども手当（児童手当）

図 12-4　各国の家族関係社会支出の対 GDP 比率の比較：2005年

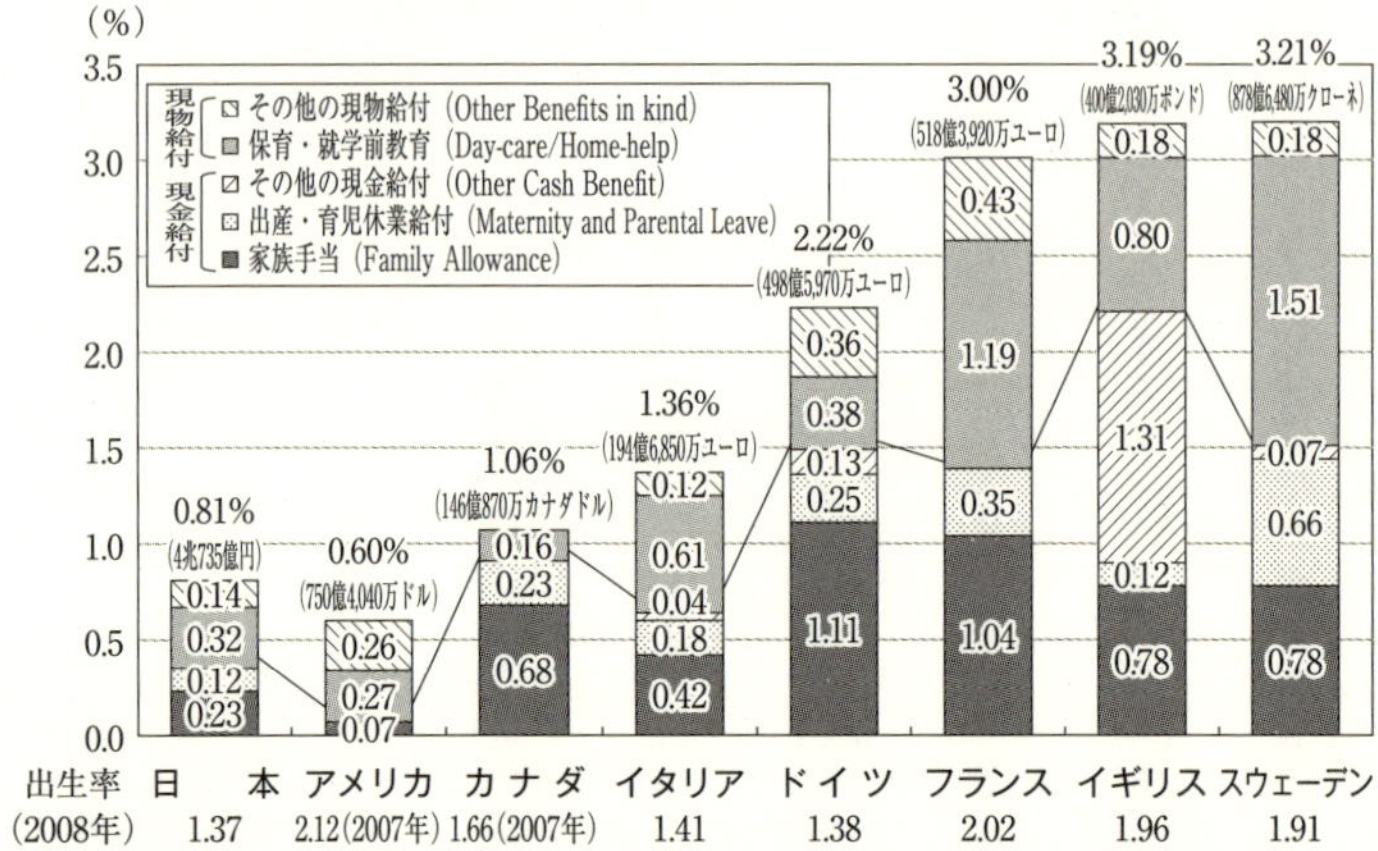

（出所） OECD, Social Expenditure Database（Version: November, 2008（2012年 2 月 8 日取得データ）等.

20歳未満の子どもを持つと、2人で128ユーロ、3人で290ユーロ、4人で453ユーロの手当となる。その他に育児休暇手当が出生後の6カ月間で毎月573ユーロ、さらに2人目が生まれて以降も同様の手当がある。画期的なことは、学童手当が6～10歳で288ユーロ、11～14歳で304ユーロ、15～18歳で314ユーロの支給があり、子どもの教育への補助となっている。ただし学童手当には親の年収制限がある。

以上をまとめると寛大な子ども手当の支給であることがわかる。フランスでは対、図12-4によると家族手当関係でGDP比率は3・00%の高さ、図12-3によると社会保障給付費がGDP比率に占める比率は32・1%で世界のトップの高さである。フランスは今や世界に冠たる福祉国家になっているのである。充実した子ども手当を筆頭にこれらのことが出生率を引き上げることに貢献したことは、フランスの多くの研究で証明されている。

日本ではまだ子どもは親のものであって、社会のものという意識が低いので、フランスの水準まで充実した子ども手当や家族手当は無理であろうが、出生率を引き上げることが至上命題であるという合意があるのならば、さらなる充実策が実行されてよい。なぜなら多くのアンケート調査によると、若い人が子どもを持たない理由の一つとして、生活費の不足や将来の教育費負担の重さを挙げているのである。結婚できない理由として、「年収300万円の壁」については既に紹介したが、子どもを持つことの経済負担が重くのしかかっていることを手助けするのが政府の役割であると考える。

嫡出子と非嫡出子の間の差別

第4に、嫡出子と非嫡出子の間に横たわる差別の撤廃が必要である。最近に至って遺産相続に関しての差はなくなったが、国民の意識としてまだ非嫡出子を冷たい目で見る慣習が残っている。「できちゃった婚」が社会で許容される時代となったので、もう少し時間がすぎれば、日本においても非嫡出子について何とも思わなくなる時代が到来しそうな気はしている。ヨーロッパにおいては出産の半分前後が結婚していない男女の間の出来事なのであり、日本でもそういう時代になれば出生率はかなり上昇するのかもしれない。

参考文献

青木昌彦［１９７８］『企業と市場の模型分析』岩波書店

青木昌彦［２００１］『現代の企業――ゲーム理論からみた法と経済』岩波書店（*The Co-operative Game Theory of the Firm*, Oxford University Press, 1984、の日本語版）

伊藤秀史［１９９８］「日本企業の変革と分社化」小宮隆太郎・奥野正寛編著『日本経済　21世紀への課題』東洋経済新報社、第5章

ヴォーゲル、エズラ（広中和歌子・木本彰子訳）［１９７９］『ジャパン・アズ・ナンバーワン――アメリカへの教訓』ＴＢＳブリタニカ

梅村又次・赤坂敬子・南亮進・高松信清・新居玄武・伊藤繁［１９８８］『労働力』（大川一司・篠原三代平・梅村又次編集『長期経済統計』第2巻、東洋経済新報社）

太田聰一・橘木俊詔［２０１２］『労働経済学入門』（新版）、有斐閣

奥野正寛［１９９７］「日本企業の将来像」小宮隆太郎・佐瀬正敬・江藤勝編『21世紀に向かう日本経済――人口・国際環境・産業・技術』東洋経済新報社、第6章

尾高煌之助［１９８４］『労働市場分析――二重構造の日本的展開』岩波書店

金森久雄・大守隆編［２０１３］『日本経済読本』（第19版）、東洋経済新報社

玄田有史［２０１１］「二重構造論――『再考』」『日本労働研究雑誌』№６０９（２０１１年4月号）、2-5頁

小林雅之［2009］『大学進学の機会――均等化政策の検証』東京大学出版会
斎藤修［1996］「労働」西川俊作・尾高煌之助・斎藤修編『日本経済の200年』日本評論社、第18章
向坂逸郎、山川均、大森義太郎、荒畑寒村など［1927- ］『労農』政治雑誌
佐口卓［1977］『日本社会保険制度史』勁草書房
ジョンソン、チャルマーズ（矢野俊比古訳）［1982］『通産省と日本の奇跡』TBSブリタニカ（*Miti and the Japanese Miracle: The Growth of Industrial Policy 1925-1975*, Stanford University Press, 1982）
竹内洋［1999］『学歴貴族の栄光と挫折（日本の近代 12）』中央公論新社
竹信三恵子［2013］『家事労働ハラスメント――生きづらさの根にあるもの』岩波新書
橘木俊詔［1998］『日本の経済格差――所得と資産から考える』岩波新書
橘木俊詔［2000］『セーフティ・ネットの経済学』日本経済新聞社
橘木俊詔［2002］『安心の経済学――ライフサイクルのリスクにどう対処するか』岩波書店
橘木俊詔［2005］『消費税15％による年金改革』東洋経済新報社
橘木俊詔［2006］『格差社会――何が問題なのか』岩波新書
橘木俊詔［2008］『女女格差』東洋経済新報社
橘木俊詔［2010a］『安心の社会保障改革―福祉思想史と経済学で考える』東洋経済新報社
橘木俊詔［2010b］『無縁社会の正体――血縁・地縁・社縁はいかに崩壊したか』PHP研究所
橘木俊詔［2013a］『学歴入門』河出書房新社

橘木俊詔［２０１３ｂ］『宗教と学校』河出書房新社
橘木俊詔［２０１５ａ］『フランス産エリートはなぜ凄いのか』中公新書ラクレ
橘木俊詔編著［２０１５ｂ］『共生社会を生きる』晃洋書房
橘木俊詔・浦川邦夫［２０１２］『日本の地域間格差――東京一極集中型から八ヶ岳方式へ』日本評論社
橘木俊詔・迫田さやか［２０１３］『夫婦格差社会――二極化する結婚のかたち』中公新書
デューゼンベリー、ジェームズ・S（大熊一郎訳）［１９５５］『所得・貯蓄・消費者行為の理論』巌松堂出版（*Income, Saving, and the Theory of Consumer Behavior*, Oxford University Press, 1949）
ドーア、ロナルド（松居弘道訳）［１９７０］『江戸時代の教育』岩波書店
ナカムラ、ジェームズ・I（宮本又次・岩橋勝・水原正亨・宮本又郎訳）［１９６９］『日本の経済発展と農業』東洋経済新報社
中村隆英［１９７８］『日本経済――その成長と構造』（第1版）、東京大学出版会
野口悠紀雄［１９９５］『１９４０年体制――さらば戦時経済』東洋経済新報社（２００２年に新版、２０１０年に増補版）
野田知彦［１９９５］「会社役員の昇進と報酬決定」橘木俊詔・連合総合生活開発研究所編『「昇進」の経済学――なにが「出世」を決めるのか』東洋経済新報社、第2章
野呂栄太郎、山田盛太郎、平野義太郎など［１９３２-33］『日本資本主義発達史講座』（全7巻）、岩波書店
ピケティ、トマ（山形浩生・守岡桜・森本正史訳）［２０１４］『21世紀の資本』みすず書房

ヒックス、ジョン・R（古谷弘訳）［１９５１］『景気循環論』岩波書店

星岳雄／カシャップ、アニル［２０１３］『何が日本の経済成長を止めたのか――再生への処方箋』日本経済新聞出版社

ミル、ジョン・スチュアート（末永茂喜訳）［１９５９-61］『経済学原理』（全４巻）、岩波文庫（*The Principles of Political Economy: with some of their applications to social philosophy*, 1848）

谷沢弘毅［１９９２］「戦後日本の地域間格差の動向」一橋大学経済研究所編『経済研究』第43巻第2号

八代尚宏［２０１３］『日本経済論・入門――戦後復興からアベノミクスまで』有斐閣

Atkinson, A. B. [1995] *Incomes and the Welfare State*, Cambridge University Press

Miyazawa, Kensuke [2011] "Measuring Human Capital in Japan," RIETI Discussion PaperSeries, 11,037

Tachibanaki, T. [1987] "Labour Market Flexibility in Japan in Comparison with Europe and the U.S." *European Economic Review*, vol.31. pp.647-684.

Tachibanaki, T. [1996] *Wage Determination and Distribution in Japan*, Oxford, Clarendon Press.

【著者紹介】
橋木俊詔（たちばなき　としあき）
1943年兵庫県生まれ。小樽商科大学卒業、大阪大学大学院修士課程修了、ジョンズ・ホプキンス大学大学院博士課程修了（Ph.D.）。京都大学経済学部教授、同志社大学経済学部教授を経て、現在京都女子大学客員教授、京都大学名誉教授。その間、仏米英独で教育・研究職。2005年度日本経済学会会長。専攻は経済学。
本書と関連する著書には以下がある。
『日本の経済格差——所得と資産から考える』（岩波新書、1998年）
『セーフティ・ネットの経済学』（日本経済新聞社、2000年）
『安心の経済学——ライフサイクルのリスクにどう対処するか』（岩波書店、2002年）
『消費税15%による年金改革』（東洋経済新報社、2005年）
『格差社会——何が問題なのか』（岩波新書、2006年）
『女女格差』（東洋経済新報社、2008年）
『安心の社会保障改革——福祉思想史と経済学で考える』（東洋経済新報社、2010年）
『無縁社会の正体——血縁・地縁・社縁はいかに崩壊したか』（PHP研究所、2010年）
『日本の地域間格差——東京一極集中型から八ヶ岳方式へ』（共著、日本評論社、2012年）
『学歴入門』（河出書房新社、2013年）
『宗教と学校』（河出書房新社、2013年）
『夫婦格差社会——二極化する結婚のかたち』（共著、中公新書、2013年）
『21世紀の資本主義を読み解く』（宝島社、2015年）
『共生社会を生きる』（編著、晃洋書房、2015年）
Wage Determination and Distribution in Japan, Oxford, Clarendon Press, 1996
Confronting Income Inequality in Japan: A Comparative Analysis of Causes, Consequences, and Reform, MIT Press, 2009.

日本人と経済
労働・生活の視点から

2015年10月22日発行

著　者——橘木俊詔
発行者——山縣裕一郎
発行所——東洋経済新報社
〒103-8345　東京都中央区日本橋本石町1-2-1
電話＝東洋経済コールセンター　03(5605)7021
http://toyokeizai.net/

装丁・本文レイアウト……吉住郷司
DTP・印刷・製本………丸井工文社
編集担当…………………村瀬裕己
©2015 Tachibanaki Toshiaki　Printed in Japan　ISBN 978-4-492-39619-3

本書のコピー、スキャン、デジタル化等の無断複製は、著作権法上での例外である私的利用を除き禁じられています。本書を代行業者等の第三者に依頼してコピー、スキャンやデジタル化することは、たとえ個人や家庭内での利用であっても一切認められておりません。

落丁・乱丁本はお取替えいたします。

索引

ア行

カ行

サ行

タ行

ナ行

ハ行

マ行